凤凰出版社

同仁集

凤凰出版社编写组 编

1984
—
2024

凤凰出版社

图书在版编目（ＣＩＰ）数据

凤凰出版社同仁集 / 凤凰出版社编写组编. -- 南京：
凤凰出版社，2024.3
ISBN 978-7-5506-4177-8

Ⅰ．①凤… Ⅱ．①凤… Ⅲ．①出版工作－中国－文集
Ⅳ．①G239.2-53

中国国家版本馆CIP数据核字(2024)第063273号

书　　　名	凤凰出版社同仁集	
编　　　者	凤凰出版社编写组	
责 任 编 辑	汪允普	
装 帧 设 计	陈贵子	
责 任 监 制	程明娇	
出 版 发 行	凤凰出版社(原江苏古籍出版社)	
	发行部电话025-83223462	
出版社地址	江苏省南京市中央路165号，邮编:210009	
照　　　排	南京新洲印刷有限公司	
印　　　刷	金坛古籍印刷厂有限公司	
	江苏省金坛市晨风路186号，邮编:213200	
开　　　本	718毫米×1005毫米　1/16	
印　　　张	16	
字　　　数	261千字	
版　　　次	2024年3月第1版	
印　　　次	2024年3月第1次印刷	
标 准 书 号	ISBN 978-7-5506-4177-8	
定　　　价	68.00元	
	(本书凡印装错误可向承印厂调换,电话:0519-82338389)	

编者的话

2000 年，是江苏古籍出版社创建的第十六个年头。这一年，我们把建社以来出版的学术图书中的序跋与发表在各大媒体上的书评辑录出来，汇为一编，名曰《江苏古籍序跋与书评》。编集的目的不仅仅是存旧文、续旧谊，更希望在新旧世纪交替之际，温故知新、展望未来。

2002 年，江苏古籍出版社更名为凤凰出版社，2009 年改制为江苏凤凰出版社有限公司。日月不居，春秋代序，2024 年我们又迎来了建社四十周年，重温《江苏古籍序跋与书评》，其中不少作者已成古人，健在者也大多年过花甲。在这样一个值得纪念的年份，我们把 2000 年至今的书评、学术论文再次精选结集，厘为两册，各 44 篇。第一册的作者是本社之外的专家学者，这其中既有我们多年的知交好友，也有闯劲十足的可畏后生。第二册的作者为本社同仁，其中大部分仍然奋战在出版一线，还有一些离开出版岗位开启了新的人生旅程。通过这两本小书，我们尽最大努力展示新世纪以来的工作成果，以及古籍出版人的精神风貌。

需要说明的是，出版两本集子的目的除了回望我们曾经走过的路，也希望能供同行交流互鉴，供学界参考检阅。限于篇幅，在选编的过程中，难免有遗珠弃璧之憾，这又是我们要恳请各位作者谅解的。

凤凰出版社编写组

目　录

近代文献

第三辑　学林漫步

第一辑　书业洞察

规划引导 专业实践

——凤凰出版社实施古籍专业出版的思考与实践

姜小青

凤凰出版社作为一家地方古籍出版社，近年来在"国家古籍整理出版专项经费资助"项目评审中，一些项目得到了专家学者的认可，近5年，共有31个项目入选，获专项经费资助1200多万元。在项目申报、编辑出版过程中，我们不断总结经验，虚心向同行学习，寻找自身差距。这里，简要介绍我们在实际工作中的一些思考与做法。

一、实施古籍整理出版规划是做好古籍专业出版的重要前提

我们认为，古籍出版社内容生产的一项基础性工作，就是要制定并实施好具有专业优势的选题规划。2014年，凤凰出版社成立30年，我们没有搞任何庆典活动，只是编了一本纪念册和一本总书目，希望从走过来的路中，找出一点规律性的东西。我们深深体会到，在一个出版社发展过程中，凡是依据自身优势，坚持专业化出版方向与发展路径，出版社的文化影响力和市场竞争力就会更强，其中，专业化选题规划是出版社可持续发展的关键，也是各类项目申报的基础。

1. 制定和实施专业选题规划，可以使出版社的定位更加明确，可以体现出版社的发展思路，更可以反映出版社的长期发展追求。

2. 制定和实施专业选题规划，可以使出版社的专业优势更加突出。就古籍社而言，各社在内容生产、人才结构、社会认可、市场接受等方面，都有不同程度历史积累与优势，扬长避短，可以让出版社的内容生产更有特点，也更有综合竞争力。

3. 制定和实施专业选题规划，可以使出版社的工作更有抓手。实践证明，通过重点项目持续出版，有利于形成出版社内容生产重点板块与优势板块。

4. 制定和实施专业选题规划，可以使专业编辑人才培养更有手段。项目实践带动专业编辑人才培养，理论知识在专业项目出版过程中运用，青年编辑可以从中知不足而学习到更多专业技能。

5. 制定和实施专业选题规划，可以使项目经费更有保障。凤凰出版社近十年来获得国家古籍整理出版专项经费资助 1600 多万元。另外，以凤凰出版社入选"十二五"国家重点图书出版规划的 20 个项目为例，在已完成的 16 个项目中，5 项获得国家出版基金资助，9 项获得国家古籍整理出版专项经费资助。

二、古籍整理出版规划项目实施中的几点做法

1. 注重选题工作常态化。凤凰出版社将传统的年度选题论证调整为一季一次专业重点选题论证，并以"2011—2020 年国家古籍整理出版规划"为基础，建立起出版社自己的古籍整理选题库。

2. 注重选题规划专业化。凤凰出版社的选题原则是不求面面俱到，但求精求专，强调既要有长期规划，又要有所舍弃。凤凰出版社依据自身实际，并结合国家行业政策方面的倡导，将选题的重点主要落实在重要典籍整理、近代文献汇刊、传统经典普及和相关学术研究等几个类别。正是注重了选题规划专业化的问题，凤凰出版社近几年在国家古籍整理出版专项经费资助、国家出版基金评审中，申报成功率相对较高。

3. 注重依靠专家搞选题。出版社在制定选题规划时，切忌闭门式"自说自话"，尤其是出版社的经营者，不要以个人好恶定选题方向，更不可"自以为是"，否则，不利于出版社形成优势内容生产板块，不利于出版社可持续发展，特别是古籍整理类选题，更需要依靠各专业领域的专家学者。近年来，凤凰出版社在确定各类专业重点选题时，都会以不同的方式，或当面请教、或书面函询，征求专家意见。特别是在申报各类项目前，更会请专家学者把关。为了做好这项工作，凤凰出版社鼓励每一位编辑结合自己的专业，并根据出版社选题重点板块，长期跟踪一两个相关学术领域，尽可能地参加相关学术会议，

了解学术动态，结识更多学者。

4. 注重项目实施的计划性。项目实施的计划性使凤凰出版社既能保持持续性内容生产能力，又充分尊重了内容生产规律。凤凰出版社每年分两次制定重点图书出版计划表，从书稿发排到付印每个环节都落实到具体日期，其中还包括本年度拟申报各类项目、奖项的选题。这样做也可以使各类项目申报更有针对性。

5. 注重重点项目负责人制。凤凰出版社是一个仅有四十几人的小社，两个古籍整理编辑室、一个古籍影印编辑室、一个文化综合编辑室，编辑人员相对偏少，针对有些古籍整理图书或专业套书规模较大的情况，出版社只能采取编辑室分工不分家的管理方式，每一个重点项目都实行项目负责人制，根据各人专业或选题来源，几乎所有编辑都会作为一个或多个项目负责人，所有编辑出版环节，一人统筹，多人合作，较好地保证了图书出版质量。更重要的是，通过这种方式，年轻编辑得到了很好的锻炼与成长。

6. 注重项目经费管理制度化。实践证明，制度化的项目经费管理，有利于项目出版规范，也有利于保障项目质量与进度。具体而言，一是建章立制，二是规范程序，三是严格执行，四是实事求是。

三、实施重点出版规划项目中应处理好的几对关系

1. 重点项目出版与重点板块形成的关系。重点项目是出版社内容生产的基础，重点板块则是出版社可持续发展与形成竞争优势的关键，因此，确定重点项目时，应考虑项目出版对板块形成的作用，否则可作适当放弃。

2. 重点项目与一般选题比例的关系。专业出版的选题应该是多层次立体结构，保持各级选题合理比例，有利于选题的优质实现与市场占有。

3. 内容质量与出版进度的关系。这是实际工作中常常遇到的一对矛盾，也是难题，特别是古籍整理选题，专业性强、难度大，出版周期相对长，我们认为，应结合自身实际，从内部机制，特别是考核机制上探索解决问题的办法。

4. 项目出版与人才培养的关系。一方面要注重通过项目带动专业人才培养，另一方面也要提倡"适应就是人才"理念。合理的人才岗位配置，有利于调动多种积极因素，做到人尽其才。

通过近年来的出版工作实践，我们越来越感到，只要出版社明确专业目标，立足专业优势，重视选题规划，突出重点项目，被许多人认为是"小众"的古籍专业出版，一定会有广阔天地。

（原载《古籍整理出版情况简报》2017 年第 6 期）

饮水思源　薪火相传

——凤凰出版社古籍专业出版概述

倪培翔

1981 年 9 月 10 日中共中央书记处召开会议讨论并同意陈云关于古籍整理工作的谈话要点，9 月 17 日中共中央〔1981〕37 号文件下发《中共中央关于整理我国古籍的指示》。这是中华人民共和国成立后党和国家领导人对古籍整理出版工作做的最全面系统的指示，使停顿十余年的古籍整理出版事业重获生机，迎来古籍整理出版工作的春天，至今发挥着无可替代的作用。

今年(编者按：2021 年)是《中共中央关于整理我国古籍的指示》发布 40 周年纪念，凤凰出版社在《指示》精神的指引下，从江苏古籍出版社起步，经历 37 年的发展，出版了一大批古籍精品图书，在探索中前进，在艰难中坚守，在守正中创新，取得了一定的成绩。回顾历史，展望未来，从中寻找创新发展的路径，与时代发展同行，这是古籍出版工作者应尽的责任和使命。

40 年前《中共中央关于整理我国古籍的指示》发布后，全国许多省先后创办了一批古籍出版社，如巴蜀书社、岳麓书社、黄山书社、浙江古籍出版社等，江苏古籍出版社是据文化部 1983 年 12 月 19 日文出字(83) 第 2348 号文件批准成立，1984 年由江苏人民出版社文史编辑室独立出来组建的，2002 年更名为凤凰出版社，2009 年改制为江苏凤凰出版社有限公司，是一家以出版中国古代文史哲典籍及其相关研究著作为主的古籍专业出版社。建社以来，始终秉承"传承文明、传播文化、贡献学术、服务大众"的出版理念，致力于出版文献价值高、学术水平高、社会影响大的专业图书，追求出版物的学术质量与文化品位，已成为能够承担各类大型专业出版项目，并具有一定文化影响力的古籍专业出版机构。37 年来，有创业之初的艰辛，有初尝成功的喜悦，有发展中的迷茫，有守正创新的探索，更有对未来的希望，无论在哪个阶段，凤凰出版社始终坚守古籍出版的初心，以弘扬中华优秀传统文化为己任，立足江苏，面向全国，走向世界，业已成为全国古籍出版的重镇，始终发挥主阵地、主力军作用。

一、立足江苏，面向全国

凤凰社始终牢记自身所肩负的文化使命，牢牢抓住中华传统文化这根主线，坚持古籍专业出版的特色和优势，在坚持专业发展的民族性、经典性、系列性、时代性、特色性的基础上，从专业发展的长远出发，制定了符合自身实际的专业化发展规划，确立了切实可行的专业化发展目标，规划出有特色的专业化选题结构，并建立起稳固的专业市场渠道，培养了一批既负有文化使命感又具有市场意识和能力的专业化人才队伍，实施了有效的专业化内部组织结构和业务方式。

江苏古籍出版社创建之初，困难重重，举步维艰，在首任社长高纪言先生的带领下，仅凭七八个人，几万元开办经费，开始了艰苦创业，虽"蜗居"于印刷厂内，却心存高远，怀着弘扬中华优秀传统文化的理想，规划并追求着江苏古籍出版事业的未来。甫一成立，即确定了"立足江苏，面向全国"的办社方针，首先是充分挖掘和利用江苏地方的出版资源，在丰富的江苏文化历史遗存中，寻觅作者和选题。江苏学界的一批知名学者从繁荣江苏古籍出版事业出发，为刚刚成立的古籍出版社建言献策，谋划未来，并身体力行，将自己的著作交给成立不久的江苏古籍出版社，包括钱仲联、唐圭璋、徐复、程千帆、孙望、段熙仲、洪诚、蒋赞初、韩儒林、张宪文、周勋初、郁贤皓、吴文治等，特别是从1986年开始出版，由钱仲联先生主编的《清诗纪事》，凡1200余万字、22册之巨，是出版社成立之初出版的规模最大、影响最广的一部古籍整理著作。该书以资料全、整理精而广受学术界好评，并荣获第一届(1994)国家图书奖提名奖，2013年又入选国家新闻出版广电总局"首届向全国推荐优秀古籍整理图书"。最先规划、出版了一批具有明显江苏特色，又在中国学术史上具有重要历史地位与价值的选题，尤以"江苏地方学人文集"为重点，遴选江苏历史上的学术大家，对其著述进行系统收集与整理，以突出江苏在中国历史上的学术重镇地位，如《金圣叹全集》《袁枚全集》《冯梦龙全集》《李审言文集》《高邮王氏四种》等。值得一提的是，这类文集的编纂出版不仅遵循了古籍整理基本规范，使读者关注到江苏古籍版图书的学术质量，更在学术上大胆突破，如金圣叹、冯梦龙的著作，长期为所谓"正统文学观"所不容，被视为异端，《冯梦龙全集》除了在学术上肯定了俗文学在中国文学史上的重要地位，而且对那些曾经一直被主流文学史认为是"低俗"，实际上是反映百姓日常生活情趣的民间创作，进行了首次汇集整理，这在上世纪 80 年代末、90 年代初，确实需要一定的学术自信与胆识。其后又陆续出版了《范仲淹全集》《嘉定钱大昕全集》《李伯元全集》《赵翼全集》《段玉裁全集》《冒辟疆全集》《缪荃孙全集》《高攀龙全集》等，成为出版社最重要的选题系列与品牌之一，如今《俞樾全集》《张岱全集》《王鸣盛全集》等十余种选题正在陆续出版。还有当代学人文集，如《韩儒林文集》《洪诚文集》《周勋初文集》《卞孝萱文集》《任中敏文集》《莫砺锋文集》等。除此以外，当时在全国古籍出版界有影响的图书还有徐邦达的《古书画伪讹考辨》、郁贤皓的《唐刺史考》、段熙仲的《水经注疏》、诸祖耿的《战国策集注汇考》等。

在"立足江苏"的同时，积极"面向全国"，诸如任继愈主编的《佛教大辞典》、金开诚主编的"中国古文献研究丛书"、余冠英等著名学者编选的"文苑丛书"，程千帆主持、全国数十位著名学者参与的《中华大典·文学典》，李修生主编的《全元文》，以及《康有为大同书手稿》(上海博物馆等)、《雍正朝汉文朱批奏折汇编》(中国第一历史档案馆)、《版画纪程——鲁迅藏中国现代木刻全集》(上海鲁迅纪念馆)、《敦煌壁画摹本珍藏本》(敦煌研究院)等，这些图书的出版，让江苏古籍版图书一开始就以起点高、品位高、水准高被各界认同，为出版社后来的发展打下了坚实的基础。

二、勇于探索，迎接挑战

在上世纪 90 年代初、中期，古籍出版面临新的环境与挑战。在市场经济地位逐渐得到确立的环境中，如何坚持古籍专业出版，如何保持出版社良好的古籍专业出版势头，这对自成立伊始就是事业单位、甚至在许多方面靠财政拨款或扶持的古籍出版社而言，有众多不适应，遇到了前所未有的困难，特别是在图书经营上，一时甚至茫然不知所措。这对刚刚接任的薛正兴社长及其领导班子而言，无疑是极大考验。在这种情况下，出版社首先确立坚定信念、解放思想、勇于探索、大胆创新的基本工作思路。坚定信念、解放思想，就是要求在工作中，既要坚定弘扬中华优秀传统文化的决心与信心，把抓住中华传统文化这根主线，作为出版社生存发展的基本方向，又要与时俱进，根据不断变化的条件与环境，适时应变。勇于探索、大胆创新，就是要勇于实践，勇于创新，探索出在市场条件下古籍出版的有效路径，走出古籍专业出版生存困境。一方面，坚持以书立社，延续办社十年的基本方向，抓精品图书，特别是加强高学术水平古籍整理图书的开发与出版，对已启动的项目，有再大的困难，也不放弃，从而进一步扩大出版社的特色与优势。1997 年开始陆续出版的《全元文》就是一例，全书收录有元一代文章 35000 多篇，凡 3000 余万字，计 61 册（含《索引》1 册），至 2005 年出齐，至今仍是我社出版规模最大的古籍整理著作，也是教育部高校古籍工作委员会"八全一海"出版规划中最早完成的项目之一，该书出版后得到了各方面肯定，荣获教育部第四届全国高校人文社会科学研究优秀成果一等奖、首届中华优秀出版物奖提名奖；如今《全元文补编》出版已提上日程。又如 1998 年完成出版的《敦煌文献分类录校丛刊》，按不同类别从敦煌文献中录校了大量珍贵、特别是传世典籍中所缺佚的文献，对推动敦煌学研究，起到了有益帮助，得到了敦煌学界的高度评价，获第四届国家图书奖提名奖。再如"江苏地方文献丛书"，是第一次对江苏历代地方文献进行集中搜集、整理、编辑与出版，其中既有许多珍贵历史文献，又具有鲜明地方特色，体现出"立足江苏"的基本办社宗旨。

面对市场环境，在保持专业特色的同时，调整选题结构，强调专业与普及并重，力求古籍专业出版更加贴近大众、贴近现实，让中华优秀传统文化在当代现实生活中生生不息，为此，一大批中华传统文化普及性选题得以开发与实施，使我社古籍专业出版工作又有了新的亮点。更重要的是，图书选题结构调整，使我们对古籍出版如何适应市场环境，在观念上有了新的突破。"文史普及小丛书""古典文学知识丛书""新编民间传说故事丛书""古代文化知识丛书""名碑名帖实用临摹丛书"以及"古典小说名著系列"等，都在这一时期集中出版，取得了较好的社会效益与经济效益。特别是薛正兴先生策划、组织与实施的"语言文字规范手册"系列读本，配合国家"在各类学校，特别是中小学说好普通话，写好规范字"的要求，以数百万册的印数，使出版社一举走出了多年经济上的困境。探索与实践市场条件下古籍专业出版工作，不但使我们增强了坚持古籍专业出版的信心，也为后来进一步面向市场，甚至转企改制，在思想观念、内部机制、出版流程、产品结构等方面，都奠定了良好的基础。

三、守正创新，寻求突破

2002 年，经国家新闻出版总署批准，江苏古籍出版社更名为凤凰出版社，2009 年转制为江苏凤凰出版社有限公司。在姜小青同志主持下，在坚守、调整、改革、创新中，我们的古籍出版事业又站在了一个新的起点。

凤凰社始终坚持古籍专业特色，在坚持专业发展的民族性、经典性、系列性、时代性、特色性"五性"的基础上，抓住制定国家"十一五""十二五""十三五""十四五"重点图书出版规划项目、"国家古籍整理出版十年规划项目"的契机，从凤凰社的长远发展出发，经专家学者论证，制定出了《凤凰出版社重点古籍整理出版选题规划》，并及时组织实施了一大批既有重大影响，又具有地方特色的选题，以此引导凤凰社内容生产，体现专业发展与专业特征。出版社列入国家"十一五""十二五""十三五"重点图书出版规划项目共计 32 项，"2011—2020 年国家古籍整理出版十年规划"项目 50 项。比如《文选》这部我国现存最早的诗文总集，历来受到学人关注。《文选》问世 1500 多年来，其影响已远播东亚邻国，在整个汉文化圈占据重要地位。凤凰社以中国社会科学院文学研究所所长刘跃进教授的《文选旧注辑存》(20 册) 为核心，策划影印日本东京大学东洋文化研究所藏朝鲜活字本六臣注《文选》、朝鲜版五臣注《文选》两种，且推动落实尤袤本《文选》整理、奎章阁本《文选》影印、"《文选》文献丛编"等系列选题，由点及面，扩大影响。

在出版规划制定中，坚持短、中、长相结合，专业与普及相兼顾，既有年度规划，更有五年甚至十年长远规划；既有各级专业重点规划，又有符合当代读者审美趣味和阅读习惯的大众选题规划，既有基础文献整理，又有传统经典当代诠释。

作为古籍出版人，始终牢记使命，坚守理想，不懈努力，积极进取，不因一时困难而退缩，恒心、决心、信心"三心"并举，克服困难，化危为机，将许多人认为是"小众"的古籍专业出版，开拓出一片广阔天地，让"小众出版"大有作为。

四、注重积累，打造品牌

凤凰社坚持通过具有"特色性""标志性"的专业重点项目，体现凤凰社专业个性，在系列化、规模化的基础上形成了具有自己专业特征与优势的图书内容生产板块。

"十一五"期间，完成了《赵翼全集》《中国地方志集成》等多项国家"十一五"重点图书规划项目、国家古籍图书"十一五"规划项目。2009 年完成的《中华大典·文学典》(全 23 册、5400 余万字)，是新中国古籍整理出版事业的一项重大成果，被称为学术界、出版界的文化盛事，无论规模还是质量，超越了历代类书，被誉为"古代文学的百科全书"。

根据陈云同志指示和中央文件中要求的关于"散失在国外的古籍资料，也要通过各种办法争取弄回来，或复制回来，同时要有系统地翻印一批孤本、善本"的指示精神，凤凰社先后出版《日本国会图书馆藏宋元本汉籍选刊》《日本国立公文书馆藏宋元本汉籍选刊》《和刻本中国古逸书丛刊》《子海珍本编(海外卷)》等。

凤凰社先后有数十种图书荣获全国各级奖项及推荐：《册府元龟(校订本)》《赵翼全集》《陕西神德寺塔出土文献》《李太白全集校注》《文选旧注辑存》等图书荣获中国出版政府奖；《全元文》《陆士衡文集校注》《宋代文学编年史》《文心雕龙解析》等荣获中华优秀出版物奖；《册府元龟(校订本)》《水经注疏》《清诗纪事》《说文解字注》入选首届向全国推荐优秀古籍整理图书；"古代文史名著选译丛书"(修订版)(134 种)、《史记今注》、《唐诗入门》入选首届向全国推荐中华优秀传统文化普及图书；《二十世纪三十年代国情调查报告》《宋代文学编年史》《〈尚书〉学文献集成·朝鲜卷》《九寨侗族锦屏文书辑存》等 26 个项目入选国家出版基金资助；《南京城墙志》《台湾简史》为国家新闻出版总署"三个一百原创出版工程入选图书"。在全国古籍整理出版规划资助项目中，《册府元龟(校订本)》、《中国地方志集成》、《凌濛初全集》、《陆士衡文集校注》、《陆士龙文集校注》、《赵翼全集》、《韩非子校注(修订本)》、《江南通志》、《汉书地理志汇释(增订本)》等 100 余种图书入选。《话说民国》《谪仙诗象：历代李白诗意书画》《画屏：传统与未来》《50 绝美：御宋》入选"中国最美的书"；同时，一大批重要古籍整理、历史文献的编辑出版，将凤凰社专业出版能力推到了一个较高平台，例如：《历代赋汇（校订本）》、《京剧历史文献汇编》（清代卷、民国卷）、《明清之际西方传教士汉籍丛刊》、《缪荃孙全集》、《沈德潜全集》、"国家图书馆藏未刊稿丛书"、《南京图书馆藏未刊稿本集成》、《历代小说话》、《清代词话全编》、"中国近现代稀见史料丛刊"、《历代唐诗珍稀选本汇编》等，以及历时 20 余年的《中华大典·文学典》《中国地方志集成》等，都在很大程度上受到学术界、出版界的关注与肯定，打消了因出版社更名而带来的一些疑惑。实践证明，"以书立社"从根本上抓住了内容产业基本特征，是出版企业发展的基本途径。

凤凰社长期得到全国高校古委会的指导、支持和帮助，出版《中国典籍与文化》杂志及大型学术丛刊《中国典籍与文化论丛》，为高校及全国的古籍整理研究工作者服务，为促进古文献学学科的发展和弘扬中华优秀传统文化奉献绵薄力量。

这些亮点树立了凤凰社在古籍出版界的专业品牌优势，赢得了学术界、出版界的高度好评，在全国古籍出版同行中处于领先地位。

2016 年启动的"江苏文脉整理与研究工程"，是在江苏省委、省政府直接领导下，由省委宣传部组织实施的全省性文化发展战略工程，计划用 10 年时间，全面梳理江苏历史文化发展脉络，提炼江苏历史文化精神，并努力实现历史文化的创造性转化与创新性发展，对于传承发扬江苏地域文化具有重要的历史意义。"江苏文脉整理与研究工程"重要成果之一是编纂总规模 3000 册的《江苏文库》，这是江苏历史乃至中国历史上的文化创举与创新。省委书记娄勤俭、省长吴政隆担任工程成果《江苏文库》总主编。《文库》由书目编、文献编、精华编、史料编、方志编、研究编六部分组成，堪称江苏历史文化的一次整体呈现，是江苏文化的百科全书。凤凰社承担其中除研究编外的五编出版任务，目前已出版 500 多种，今年又将出版 300 余种。

五、面向市场，创新发展

2009 年，凤凰社借转企改制的机遇与推动，转变观念，积极面向市场，从企业化的角度思考和定位内容生产，主动实现适应市场化的自我调整，这包括内部组织结构、产品结构、业务流程、经营方式等。专业出版大众化是当今古籍专业出版谋求发展的有效新途径，积极以创新的理念从事当代视野中的古籍出版，谋求古代经典的当代转换，专业普及读物的出版形成了新的势头，在"历代名家精选集"（30 种）之后，又出版了"历代名著精选集"（90 种）、"中国古代小说系列"（30 种）、"近代名家学术大讲堂"（30 种）、"名家批注四大名著"、"名家批评本四大名著"等系列古代文史普及读物，形成低、中、高三个层次的市场覆盖，为中华传统文化的普及起到了积极的作用。

追求专业出版大众化，在新的历史条件下，我们更加强调以创新的理念从事当代视野中古籍专业出版，谋求古代经典当代转换，特别是 2011 年出版的由章培恒、安平秋、马樟根三位先生担任主编的"古代文史名著选译丛书"（修订版），是为贯彻落实党中央和陈云同志关于古籍要今译、让读懂报纸的人都能读懂古书的指示，由全国高等院校古籍整理研究工作委员会策划组织编写的大型古籍普及类图书，全书共 134 册，包括从先秦至清末的著名文史哲典籍，每种典籍选其精粹，加以注释，并翻译成现代汉语，是一套规模宏大、收录种类相对齐全、译注质量较高的传统文化普及图书。目的在于弘扬中华优秀文化，对青少年进行爱国主义教育，而事实证明也取得了这样的效果，丛书已经成为凤凰社古籍图书的品牌产品，并衍生有"古代文史名著选译丛书（珍藏版）"（30 种）、"中华文史名著精选精译精注（全民阅读版）"（49 种）等多个子系列，在读者中引起了很大反响，并取得一定的经济效益，专业知识大众化的出版理念在实践中取得了成效。

2021 年 3 月，全国古籍整理出版规划领导小组办公室公布了经典古籍版本推荐工作，为广大读者遴选中华优秀传统文化的"最要之书""最善之本"。首批向全国推荐的 40 种经典古籍及其 179 个优秀整理版本中，凤凰出版社出版的《韩非子校注（修订本）》《文心雕龙解析》《李太白全集校注》《李白全集注评》《文选旧注辑存》《说文解字注》《苏轼集》等 23 个优秀整理版本入选。

在坚持古籍普及的同时，勇于创新，利用自身优势，积极探索古籍数字化，2010 年古籍数字产品实现零的突破，《中华大典·文学典》光盘版正式出版。凤凰社数十年积累的古籍整理成果，为数字化工作提供了丰富的资源，凤凰社加盟中华古联公司开发的"中华经典古籍库"，集中优质内容，为用户提供"一站式"服务，不断推动纸质出版与数字出版共同发展。在专业出版的数字化方面，凤凰集团领导积极推动《江苏文库》数字化工程，打造《江苏文库》网络版平台，及时将已经出版的纸质版图书转化为数字内容，让读者可以在线搜索查阅。今后我们还将利用文库图书中丰富的江苏地方文化资源，进一步加大传播宣传力度。近年来，融合出版快速发展，凤凰社借助《中国诗词大会》的火爆，重点打造了"诗词中国"系列，主要包括《莫砺锋讲宋诗课》《王兆鹏讲宋词课》等，配合录制讲座视频、音频，进行多媒体呈现，扩大传播面。

六、人才为先，有为有位

凤凰社从建社开始一直重视人才培养和队伍建设，人才为先。80年代引进硕士如薛正兴、吴小平等人才，90年代引进硕士如姜小青、常宁文、王剑等人才，新世纪后引进更多人才，许多博士加盟，如吴葆勤、林日波、樊昕、吴琼、许勇等。其中涌现出一批在全国著名的人才，如薛正兴作为学者型古籍整理专家，被任命为全国古籍整理出版规划领导小组成员；吴小平担任上市公司江苏凤凰出版传媒有限公司总经理；姜小青长期担任中国出版协会古籍出版工作委员会副主任兼秘书长，参与组织全国古工委的业务工作；高纪言、黄希坚、薛正兴、姜小青被评为享受国务院政府特殊津贴专家；姜小青入选中宣部文化名家暨"四个一批"人才；林日波荣获首届宋云彬古籍整理奖优秀青年编辑奖、入选中宣部"宣传思想文化青年英才"；一批青年编辑不断成长，挑起大梁。凤凰社为编辑参加各类学术活动一路开绿灯，甚至要求编辑结合自己所学专业与实际工作需要，定人紧跟国内几大学术团体，参加每届年会，了解学术动态，结识专家学者，提高专业水平。这几年，凤凰社有几名编辑被一些学术团体吸纳为理事，有的还成为国家社科基金重大项目的课题参与者。古籍出版周期长、专业性强、收入较低，跟踪出版一部"大书"，编辑也许会从满头青丝"熬到"皓首苍颜，让不少从事古籍出版的年轻人望而生畏，转向他业。怎样留住这些来之不易的宝贵人才？营造风清气正的工作环境很重要。转企改制后，不讲经济效益难以生存，但出版单位一味追求经济效益则无异于"自掘坟墓"。在凤凰出版社，无论是考核还是激励机制，均强调社会效益优先，社会效益与经济效益有机结合。在这样追求高质量发展的工作氛围下，编辑人才"有为"就"有位"。除此之外，出版社为编辑提供一切可能的培训、学习机会，鼓励各类在职学习、在职读博等。通过三种途径，探索人才培养机制：一是通过在岗与轮岗培训；二是通过与高校等古籍科研机构进行专业培训、定向培养；三是通过参与(或主持)具体项目，在理论与实践中培养青年员工的综合素质与能力。

习近平总书记反复强调中华优秀传统文化是"中华民族的基因""民族文化血脉"和"中华民族的精神命脉"，中办、国办印发《关于实施中华优秀传统文化传承发展工程的意见》，教育部印发《完善中华优秀传统文化教育指导纲要》，一系列文件对古籍整理出版工作进行了正本清源的指示。各级规划规范有序，政府财政投入逐年增加，像"十四五"国家重点图书出版规划、"2021—2035年国家古籍工作规划重点出版项目"、国家出版基金、国家古籍整理出版专项经费资助等入选比例、经费划拨都有了一定提高。

《中共中央关于整理我国古籍的指示》明确指出：整理古籍，把祖国宝贵的文化遗产继承下来，是一项十分重要的关系到子孙后代的工作，整理古籍是一件大事，得搞上百年。在全国古籍整理出版规划领导小组办公室的业务领导下，欣喜古籍出版取得的巨大成绩，回顾凤凰出版社成长走过的37年历程，饮水思源，致敬前辈；展望未来，薪火相传；守正创新，砥砺前行。凤凰出版社全体员工满怀信心，在坚持弘扬中华传统优秀文化，发挥凤凰社古籍专业出版优势的基础上，追求专业出版的特、精、尖、强，力争做"小众"出版中的"大家"。

(原载《古籍整理出版情况简报》2021年第9、10期，《〈关于整理我国古籍的指示〉发布四十周年纪念专刊》)

第二辑　书里书外

第二辑　中医外科

盛世修文　展现元代辉煌

—— 写在《全元文》全部出齐之际

卞　岐

　　由凤凰出版传媒集团、凤凰出版社(原江苏古籍出版社)出版发行，被列为国家"十五"重点图书出版规划项目、国家古籍整理出版"十五"重点规划项目、国家教委人文科学研究"九五"规划项目、全国高等院校古籍整理研究工作委员会"十五"规划重点项目、江苏省"十五"重点图书出版规划项目的大型总集《全元文》，经过十多年的努力，现已全部出齐。《全元文》共60册，收集元代用汉文撰写的文章，包括除诗、词、曲、谣谚、小说以外的一切散文、骈文、辞赋等，从文体上来说，有辞赋、诏令、奏议、公牍、书启、赠序、序跋、论说、杂记、箴铭、颂赞、传状、碑志、哀祭、祈谢等。所收作家的时间范围，前承金和南宋，后与明代相接，由金、宋入元的文学家和由元入明的文学家，其主要活动在元代的，亦作为元人收录。粗略统计，《全元文》所收作者达 3000 余人，文章有 35000 多篇，总字数约 3000 万字。《全元文》的问世，是学术界和出版界值得庆贺的一件大事。

　　在中国历代封建王朝中，元代存在的时间虽不算长，却是一个辉煌的王朝。金克木先生曾以《元代的辉煌》为题撰写文章(载 1994 年 11 月 28 日《中华读书报》)，其中写道："秦、隋、元作为王朝都只有几十年，所开创的制度却是汉、唐、明、清的渊源和范本。大帝国是短命王朝的继承人，秦、隋、元好比书的引言、概论。"金先生的这段话，指出元代不是一个无足轻重的时期，而是一个承前启后的重要阶段，甚至可以把它看作是中国近代文化的开创时代。元代的政治、经济、文化，对明、清两朝发生重要影响；元代儒学、道教、喇嘛教、伊斯兰教等多种文化并存，而且在中西文化交流方面有着重要的发展。所有这些，均可说明元代在中国历史发展中的重要地位。《全元文》的编纂出版，是一项巨大的文化建设工程，也是元代文化研究和元代历史研究的基础工程，对弘扬中华民族优秀传统文化具有重大的意义。正因为如此，《全元文》的编纂出版工作，一直为方方面面所关注和重视。《全元文》与《全宋诗》《全宋文》《全明文》《全明诗》《全清词》等重大项目一样，在 1990 年底经全国高等院校古籍整理研究工作委员会批准被列为重点项目。

《全元文》由北京师范大学古籍所负责编纂，著名学者、古籍所原所长李修生教授担任主编。北京师范大学古籍整理研究所，是教育部 20 世纪 80 年代初在全国大学中批准成立的第一个古籍整理研究机构。北师大古籍所以整理研究中国古代文史文献、弘扬和发展传统文化为宗旨，继承国学大师陈垣先生的学术精神和传统，以元代古籍整理、元代文化研究为方向，成为元代文史研究的中心。北京师范大学古籍所的老中青学者及国内部分专家参加编纂整理工作。白寿彝、周林、郭预衡、启功、刘乃和、钟敬文诸先生担任顾问。今天，德高望重的 6 位顾问中，已有 5 位先后离开了我们。在庆祝《全元文》胜利完成的时候，我们不会忘记他们对《全元文》编纂出版工作的关心和所作的贡献。

凤凰出版传媒集团及凤凰出版社，始终坚持力求精品、打造名牌的出版思路，承担了许多国家级图书出版规划项目，并多次获得国家级大奖。《全元文》于 1990 年底被列为重点项目后，凤凰出版社在次年也就是 1991 年就与北师大古籍所达成合作意向，并签订了图书出版合同，开始了长达十几年的合作。1997 年《全元文》1 至 5 册出版，初战告捷。此后，一直按照每年 5 册的进度出版，至 2004 年底、2005 年初，《全元文》60 册全部出齐。

《全元文》是凤凰出版社所承担重点图书出版项目中，部头最大、难度最高、花费时间最长的一个项目。在《全元文》的出版过程中，所遇到的各种困难是可想而知的。就全国出版界的情况来看，总的形势是好的，唱响主旋律，展现多元化，精品促繁荣，呈现一派生机勃勃、繁荣发展的景象。但许多重大图书出版项目，特别是古籍整理项目，需要投入大量的人力和资金，而且出版周期比较长，往往得不到应有的重视。凤凰出版社为出版《全元文》，采取了最有效的措施。一方面，在资金上大量投入，做到无后顾之忧；另一方面，在编辑人员上也是大量投入，并且做到相对稳定。同时，在装帧设计、印制质量上，都力求最优。这些措施，有力地保证了《全元文》的顺利出版。在"七全一海"重大古籍整理项目中，《全元文》是起步比较晚的一个，却是完成得比较快的一个。

《全元文》的编纂单位是北京师范大学，在北京；出版单位是凤凰出版社，在南京。一北一南，分处两地，给工作上的沟通带来极大不便。但是，在《全元文》项目启动之初，凤凰出版社就积极介入了书稿的相关工作，编辑人员参加了北师大组织的几次元代文化研讨会和历次《全元文》编纂、审稿工作会议，并就《全元文》体例等进行研讨，对《全元文》样稿进行审阅。在此期间，凤凰出版社的负责人和编辑人员几十次来到北京，与主编、作者商讨有关《全元文》的问题。平时两地的通信、特快专递、电话、传真、电子邮件等，更是频繁得无法统计。凤凰出版社还和北师大多次联合组织关于《全元文》的座谈会，广泛听取各地专家学者的意见。可以说，《全元文》的编纂出版，是学术界与出版界通力合作的成果。

编辑工作，常常被称作"为他人做嫁衣裳"。作为《全元文》的责任编辑，更要有一种甘愿奉献、甘坐冷板凳的精神。《全元文》的书稿，都是各种版本图书的复印件，其中有排印本，也有刻印本和手写本，不仅字体各异，而且不少漫漶不清，更增加了辨识的困难。所有这些，都给编辑加工以及排版、校对工作，带来很大难度。但编校人员不惮烦苦，精益求精，以《全元文》的出版质量为最高追求。编校人员经常为了一个字，去查阅大量资料。有部分书稿由于改动太多，在一般书稿进行三校的基础上，读校次数增加到四校、五校。有的编辑人员自始至终参加了《全元文》编辑工作，前后历时达十年之久，但他们耐住寂寞，埋首故纸，默默奉献。《全元文》的顺利出版，与他们所作出的贡献是分不开的。

望着摆在面前的这一大排洋溢着浓浓墨香的图书，无论是该书的作者，还是该书的出版者和责任编辑，一种满足感都会从心底油然而生。我们可以欣慰地说，我们完成了一项非常有意义的工作，做了一件利在千秋的大事。

（原载《古籍整理出版情况简报》2005年第12期）

《金圣叹全集》(全6册)出版

倪培翔

金圣叹(1608—1661)，名采，字若采；又名人瑞，号圣叹；别号唱经子，或称唱经先生，又号大易学人、涅槃学人；室名沉吟楼，堂号唱经堂。苏州府长洲县(今江苏苏州)人。生而颖异，负有才名，遍读经、史、子、集，又对佛学禅理有独悟之妙，早年从事扶乩降神的活动，在吴中一带声名卓著。他登坛讲经，口才捷利，"听其说法，快如利刃，转如风轮，泻若悬河"。他性喜批书，著书立说，颇受李贽影响，标新立异，思想激进，锋芒毕露。赞之者，"怀刺三年"而求，一识为荣，仰慕之至；恨之者，"见其书，闻其行，必欲杀之"。金圣叹愤世嫉俗，因参与轰动一时的苏州"哭庙案"，惨遭朝廷斩首，天年不假，一直萦怀于心倾力批点的"六才子书"(《庄子》、《离骚》、《史记》、杜诗、《水浒》、《西厢》)，仅完成后二种。但其批点文字"灵心妙舌，开后人无限眼界，无限文心"，300年来风行不衰，成为中国文学批评史上的一道独特风景。

金圣叹一生著述计划庞大，成果甚丰，仅见《唱经堂遗书目录》就有"外书"13种、"内书"21种。只是他中年被杀，有的计划成为永远遗憾了。其生前出版者：《第五才子书》《第六才子书》《唐才子诗》《小题才子书》及《大题才子书》(晚清尚存)；身后出版者：《天下才子必读书》《贯华堂才子书汇稿》(收书11种)，加上抄本《沉吟楼诗选》，以及被后人收入丛书的一些零简短篇，今所见者，共有篇幅长短不一的近20种。

1985年江苏古籍出版社(现凤凰出版社)首次出版《金圣叹全集》(全4册)，长期以来影响颇著，以后各种单行本和"全集"屡有问世。但是，鉴于当时条件，存有缺点不足：一是"全集"不全，有重要遗漏，如20万字左右的《小题才子书》即失收遗漏；二是未做金圣叹散佚诗文的辑佚工作；三是当时校点所据版本大多不是初刻本、原刻本；四是书后没有任何附录，缺乏对金圣叹生平史实进行研究，未做资料爬梳辑录工作；五是限于当时的出版条件，对评点本版式的特殊性考虑不够，正文用五宋，批语用小五楷，版式拥挤，字小文密，不便阅读。

有鉴于上述缺憾，加之经过20余年金圣叹研究的发展，重新整理出版一部高质量、高水平的《金圣叹全集》，势在必行。

南京师范大学文学院博士生导师陆林教授，长期从事元明清文学研究和戏曲小说文献整理研究，先后出版专著《元代戏剧学研究》、《知非集——元明清文学与文献论稿》、《清人别集总目》(合作)等，主编《清代笔记小说类编》，校点《青泥莲花记》《明语林》《舌华录》等，尤其是在金圣叹生平史实和诗文辑佚方面，研究成果甚丰，先后发表《金圣叹佚文佚诗佚联考》《金圣叹佚文佚诗佚联新考》《金圣叹基本史实考论》《金圣叹晚明事迹编年》等近20篇专题学术论文，承担全国高校古籍整理研究工作委员会立项项目《金圣叹年谱》《金圣叹全集》和国家社科基金项目《金圣叹史实研究》，对金圣叹的文献实证研究，在学术界首屈一指。凤凰出版社(原江苏古籍出版社)看重他具有文学文献学的深厚功底，又具明清文学史实研究的精深造诣，2005年专门约请他承担新版《金圣叹全集》的辑校整理工作。该选题先后列入"国家'十一五'重点图书出版规划项目""国家古籍整理出版'十一五'重点规划项目"。经过陆林教授多年倾心辑校整理，新版《金圣叹全集》于2008年金圣叹诞辰400周年之际，由凤凰出版社精装6册隆重出版。

综观该书，举其大端，有四大特点：

一、体例完备，搜辑齐全

综合考虑金圣叹著述的特色、古今文体概念的融通、今人的阅读习惯和研究分类的需要、装帧分册的整齐均匀等因素，此书将林林总总的金圣叹著述分为三大部类，依次为"词诗曲卷"七种，按照所评对象时间先后，收入《唱经堂释小雅》一卷、《唱经堂古诗解》一卷、《贯华堂选批唐才子诗甲集七言律》八卷、《唱经堂杜诗解》四卷、《唱经堂批欧阳永叔词十二首》一卷、《贯华堂第六才子书西厢记》八卷、《沉吟楼诗选》六卷(含辑佚一卷);"白话小说卷"一种,收入《第五才子书施耐庵水浒传》七十五卷;"散文杂著卷"十种,收入《唱经堂左传释》一卷、《唱经堂释孟子四章》一卷、《天下才子必读书》十五卷、《小题才子书》六卷、《唱经堂通宗易论》一卷、《唱经堂语录纂》二卷、《唱经堂随手通》一卷、《唱经堂人千案》一卷、《西城风俗记》一卷、《金圣叹文辑佚》一卷。书后附录资料长达 250 面,厘为《金圣叹年谱简编》《金圣叹著作序跋》《金圣叹传记资料》《"哭庙案"史料》四个系列。全书共计六册,分类得当,便于检索。整理前言对金圣叹生平事迹、文学成就、批评特色作了系统的阐述,对全书体例作了简明扼要的介绍,其中尤以论述早期扶乩降神活动对其文学批评的具体影响,最具个人创见,予人启迪,开人视野。

二、底本可靠,校点精善

陆林《金圣叹全集》在交代版本方面的创意和优点是:将所收每种著作均以校点底本书影置于卷前,并以题记交代底本以及所参校诸本,形象而具体,严谨而科学。此次整理,校点底本基本上以初刻本、原刻本为底本。这不仅是古籍整理的一般原则,而且由于它们基本成书于金圣叹生前,在文字、内容或篇目上较少后人出于种种原因的窜改,更加符合作者本意或最近原始面貌。如《贯华堂选批唐才子诗甲集七言律》卷首之《鱼庭闻贯》所载金圣叹与友人书信,《与许祈年来光》《与顾晦年陈昽》,末字前人整理本一般据有正书局本排作"先"和"陇",据方志和家谱,可知原本正确。又如《天下才子必读书》卷六贾谊《治安策》一文,"天下之势方倒悬"至"可为流涕者此也"一大段,因在评语和正文中均言及"匈奴",被清代重刻本删去而注"文阙"二字,从此相沿至今,此次据初刻本整理,始得以示人全貌。选择好的底本,并非一切问题自然解决。如《唱经堂杜诗解》卷三《秋兴八首》批语引述清初徐增咏杜诗"清霜两臂寒",整理本据《而庵说唐诗》引文将"清"校改作"秋"。作为一位有着丰富古籍整理经验的古代文学研究者,陆林教授力求从便于研究出发整理文本,并注意处理好版本存真和方便使用的关系。如《第五才子书读法》和《鱼庭闻贯》,分别是几十、上百条的短语,现均加序号,既便读者征引,也与金圣叹《第六才子书读法》体例一致。再如《沉吟楼诗选》,同题如《访周粟仲不遇》《效李义山绝句》《甲申秋兴》《上元词》等,有原选和"逸诗"各若干首,原本中间夹杂其他各题，同题之诗相隔遥遥，现均以首题为据，将后面同题"逸诗"合并，并出注说明其原先位置。

三、研究深入，资料珍稀

陆林教授对金圣叹生平、著述的研究深入而具体，成果迭出。今人评价"其高出前人之处在于综合运用谱牒、尺牍、笔记、别集等多种史料，通过考订金圣叹所交往过从的士人的生平事迹，揭示圣叹的精神生活状态"（吴正岚《金圣叹评传》，南京大学出版社，2006 年，第 4 页）。他将自己从事 10 余年的金圣叹史实研究成果浓缩于书中附录《金圣叹年谱简编》，应该说是目前最详备的金圣叹生平、著述、事迹编年，为金圣叹研究提供了知人论世的坚实基础。加之对金圣叹著述文本的精校辑佚补遗，对其著作序跋、传记资料，哭庙案史料的辑录，新版《金圣叹全集》的出版，为研究金圣叹提供最基础的史料和最完备的文本。如《小题才子书》，虽然现存仅是光绪十五年石印本，但存世者海内外大约仅有三部，其中包含有丰富的金批文献，对研究其文学思想和生平史实都提供了新史料。再如徐增撰《天下才子必读书序》极稀见，此次以徐增文集抄本所录者为底本，以初刻《天下才子必读书》本参校，不仅可补刻本之脱文，有关校记对于研究金圣叹也颇有价值。此外像赵时揖《贯华堂评选杜诗总识》、褚元勋《西厢辨伪》、朱璐《西厢记序》、余扶上《六才子书删评序》、王之绩《评注才子古文序》等珍稀资料，亦多为首次披露者。

四、版式疏朗，装帧典雅

版式设计方面，考虑到金圣叹著述乃是以评点为特色。为方便读者阅读，将正文一律用小四号字，金批文字根据所在位置分别用小四号和五号，从而使得全书疏朗大方，尤其是金氏批点文字十分醒目。全书按古籍整理规格，繁体竖排，精编精校。书前收有彩插十二幅。其中金圣叹像两幅，弥足珍贵；手迹书法八幅，几乎将现今存世金氏书法墨迹尽收；印鉴四枚；曾发生"哭庙案"的苏州文庙今影和位于苏州城西五峰山西山坞的金圣叹墓照片各一幅。装帧设计典雅，封面上线描金圣叹方脸大耳，虽与"太瘦生"的自述不合，但其一副睥睨群伦、桀傲不驯的神态，颇为传神。由于金圣叹著作数量较多、子目繁杂，为方便读者，封面上将各册内所收金圣叹著作一一标明，让读者一目了然，省翻检目录之劳，具画龙点睛之效。全六册精装，印银书脊，侧面以古典装饰图案烘托，封底"圣叹"银色印鉴与封面银色线勒人物遥相呼应，可谓匠心独具。

总之，凤凰版《金圣叹全集》(全6册)的出版是近年古籍整理出版的佳作，充分显示了原创性古籍整理的重要学术价值和文献价值，为金圣叹研究提供了完备的、可靠的文本，为明清文学研究提供了重要作品文献资料，应该说达到了一个新的高度，相信在此学术基础上，金圣叹研究必将有深入的进展。

(原载《古籍整理出版情况简报》2009年第9期)

精心修订　求精求新
——简评《韩非子校注（修订本）》

薛正兴

先秦诸子散文，是中国文学遗产中的瑰宝。从其创作特色来说，《孟子》的磅礴犀利，《庄子》的汪洋恣肆，《荀子》的谨严绵密，《韩非子》的峻刻奇峭，都独具匠心，各擅其胜，学者得其一端，均可名家。从其思想内容来说，都是"百家争鸣"的产物，可以由此探索先秦时期各种思想互相冲突又互相吸收的情况，是研究中国思想史的宝贵资料。《韩非子》一书，是先秦诸子中最后出现的一部重要典籍，其涉猎甚广，包容甚富，不仅集先秦法家之"法、术、势"思想之大成，而且批判和吸取了其他许多学派的观点，记叙了众多的历史人物和历史事件，汇集了大量的民间传说和寓言故事，吸收和包容了春秋战国时期的许多文化成果，对唯物主义哲学思想的发展作出了出色的贡献。它对研究中国古代哲学、文学和史学等，都有着重要的价值。

《韩非子校注》的初版本，写定于 1977 年，出版于 1982 年。在当时，是中华人民共和国成立以来第一部用现代汉语行文，对《韩非子》全书进行校勘、注释的简化字横排本。一经出版，即受到学术界和广大读者的欢迎，当时学界、读者的评论，普遍认为该书水平颇高，深入浅出，雅俗共赏，校勘、注释和各种附件都做得不错。《韩非子》研究专家陈奇猷、张觉《韩非子导读》一书，评述 20 世纪出版的《韩非子》各种读本时说："其中最值得称道的，当然是《韩非子校注》。作者校勘时利用了国内各大图书馆珍藏的善本，取舍比较慎重，凡有校改，必列出校记。注释虽也有不妥的地方，但大多数比较简明精确，深入浅出。所以，该书也可以说是一种雅俗共赏的《韩非子》读本。"

《韩非子校注（修订本）》是在初版本的基础上，经当年负责全书定稿的南京大学周勋初教授精心修订后推出的新版。新版保留了初版原有的特色和优点，同时又吸收了三十多年来很多新的研究成果。相对于初版本来说，修订本又有了明显的改进：

第一，文字使用规范化。初版本出版于 1982 年，为了便利广大读者的阅读，对《韩非子》全书进行校勘、注释均用现代汉语行文，采用简化字横排本的版式。但是，当时正是颁行所谓"二简"方案之时，初版本也不可避免地出现了一些"二简"字。就是"一简"方案中以"迭、复、象"代替"叠、覆、像"字，在初版本中也比比皆是。这些，都是时代留下的烙痕。

还有，由于对《简化字总表》第三表应用第二表所列简化字和简化偏旁得出的简化字，即类推简化字，理解不深，认识不准，在该书初版本中出现了诸如"钜、钮、飑、阃、赀、颏、诇、谨"等自造简体字。除此以外，还有编校中出现的一些错别字。上述这些不规范的用字现象，在修订本中都得到了校正。

第二，正确使用通假字。通假字与正字的纽带是音同（或音近），若无此先决条件，则不成其为通假字。例如，适音 shì，谓适合、符合，今简化作"适"。而适音 dí，通"嫡"，又通"敌"；音 zhé，通"谪"。适读上述二音者，就不能简化作"适"（shì），其原因就是读音不同。初版本中凡"適"字都简化作"适"，就使通假字"適"的读音与正字"嫡""敌""谪"的读音不一致，也就难以成为通假字了。修订本对上述情况都作了必要的纠正。例如，《八经篇》："庶適不争。"注释："適，通'嫡'，正妻的儿子。"（第 536页）《制分篇》："不用誉则毋適。"注释："適，通'敌'。"（第 601页）《解老篇》："而圣人强以其祸败適之，则怨。"注释："適：通'谪'（zhé 哲），责备。"（第 156页）这样的注释就符合科学性和准确性。

第三，增补和修订校勘记。初版本的校勘工作做得精深，得到了专家们的赞扬。修订本在原有的基础上，对个别校记作了补充和修改。修订本增补了初版本漏略的一条校记。《外储说左上·说五》："昭侯曰：'非所学于子也。听子之谒，败子之道乎？亡其用子之谒乎？'申子辟舍请罪。"这是初版本的文字，"听子之谒"与"用子之谒"同义，选择问句的两个选项一样，这就不合乎逻辑，显然文字有误。修订本作："昭侯曰：'非所学于子也。听子之谒，败子之道乎？亡其用子之术而废子之谒？'申子辟舍请罪。"（第 326页）并增补了一条校记："[八十六]乾道本'用子'下无'之术而废子',据顾广圻说补。《战国策·韩策一》作'又亡其行子之术而废子之谒乎'。"（第333页）校记既引清代校勘大家顾广圻之说为据，又引《战国策》异文为证，确凿不移。

第四，注释求精求新。修订本对初版本注释中的汉语拼音、词语诠释等，都作了审慎的校正和修改，修订本的注释就更精确。例如，《五蠹篇》："则民奚遽治哉？"初版本注释："奚：怎么。遽(jù 巨)：就。"修订本注释："奚遽(jù 巨)：如何，怎么。"（第552页）"奚遽"是一个复音疑问词，不能分训。清代训诂大家王念孙在《读书杂志·汉书九》"何遽不若汉"条中说："遽，亦何也，连言何遽者，古人自有复语耳。"王念孙的观点无疑是正确的。因此，修订本将"奚遽""奚距"都作复音疑问词处理。例如，《难二篇》："已得管仲之后，奚遽易哉？"注释："奚遽(jù 巨)：为什么，哪里。"（第432页）《难四篇》："燕哙虽举所贤，而同于用所爱，卫奚距然哉？"注释："奚距(jù 巨)：哪里，难道。"（第466页）精确的词义诠释，就能帮助读者更好地理解原文。修订本对原文中的古地名，都依照最新的行政区划，在注释中标明现今位置。例如，《初见秦篇》："大破荆，袭郢。"初版本注："郢：楚国都城，位于今湖北省江陵市北。"修订本注将"江陵市"改作"荆州市"（第4页）。江陵，自解放以来，多次易名：江陵县—沙市市—荆沙市—荆州市。现今定名为荆州市。若再注释作"江陵市"，则在近年出版的地图上就找不到这一地名了。再如，《有度篇》："睢阳之事，荆军老而走。"注释："睢(suī 虽)阳：宋国地名，位于今河南省商丘市睢阳区。"（第36页）《难一篇》："靡笄之役。"注释："靡笄(mí jī 迷鸡)：古代山名，在今山东省济南市长清区内。"这样的注释，就能给予读者最新的地理知识，使之能比较容易找到古地名所对应的现今地名。

第五，增加了不少附件。修订本增入了周勋初教授的两篇文章：《韩非子》一书的《导读》和《疯狂的年代，理性的思考——〈韩非子校注〉编写始末》。前者用以帮助读者扩大视野；后者用以存史，记录了该书的编写历程和修订经过，也记下了作为该书初版定稿者和再版修订者的心得体会。修订本对初版本的附录进行了校正和调整，例如，将《〈韩非子〉版本书影》八幅调至书首，将《〈韩非子〉人名索引》和《春秋时期形势图》《战国时期形势图》都调至书末，使之便于翻检。《〈韩非子〉人名索引》，在书眉印上人名首字的笔画数，更便于读者查检。

　　总之，《韩非子校注(修订本)》的校勘、注释质量属于上乘，校勘取舍慎重，校必有据，注释简明精确，深入浅出，可以说是一种雅俗共赏的《韩非子》读本。

（原载《古籍新书报》2010 年 7 月 28 日）

《赵翼全集》出版

卞惠兴

赵翼（1727—1814），字耘松，或作云崧、云菘、云松、耘崧、耘菘，号瓯北。江苏阳湖（今常州市）人。他是清代乾嘉时期著名诗人和史学家。诗与袁枚、蒋士铨齐名，并称"乾隆三大家"。袁、蒋去世后，独称雄诗坛十余年。史学与钱大昕、王鸣盛比肩，为清代三大考据史学家。

赵翼早年生活艰难，家中经常断炊。23 岁时幞被入都，靠卖文或代笔度日，没想到竟因捉刀而文名动辇下。其后任内阁中书、军机处行走。乾隆二十六年（1761）恩科会试，35 岁的赵翼以军机中书身份参试，终于脱颖而出，然乾隆帝以为"江浙多状元"，遂将第一名的赵翼卷与第三名的王杰卷对调，将状元授给陕西籍的王杰，赵翼自然只得了探花。此后，他辞别军机处入翰林院任编修，充方略馆纂修官，纂修《平定准噶尔方略》《通鉴辑览》，为史学上的精深造诣奠定了坚实基础。乾隆三十一年（1766）冬十一月，被皇上特授广西镇安府（治所在今广西德保）知府。不久，滇有征缅之役，赵翼奉旨赴滇参军事。乾隆三十五年（1770）三月得旨调守广东广州府。翌年，升任贵州分巡贵西兵备道。在黔不到一年，乾隆三十七年（1772）十月，因广州谳狱旧案，部议降一级调用。时赵翼 46 岁，家中老母年已七十有五，思子心切，他于是决计辞官孝养。此后，在长达 40 余年的里居生涯中，赵翼主要从事诗歌创作与史学著述。《清史稿》说他晚岁"以著述自娱"，"尤邃史学"，"有经世之略，未尽其用"。

"皓首犹勤手一编，丛残旧稿卷盈千。"赵翼生平著作等身，可惜大多未经整理刊刻，或已删汰及佚失。同时学者姚鼐在《瓯北先生家传》中谓先生《瓯北集》外，"其他著述凡十余种，而《陔余丛考》《廿二史札记》尤为人所称道云"。当时所见的十余种著述，目前所见，仅收入赵氏生前校定之《瓯北全集》者7种，即《廿二史札记》三十六卷补遗一卷、《陔余丛考》四十三卷、《檐曝杂记》六卷附一卷、《皇朝武功纪盛》四卷、《瓯北诗钞》二十卷、《瓯北诗话》十卷续二卷、《瓯北集》五十三卷，共一百七十六卷。此卷数与"卷盈千"相去甚远，连五分之一都不到。由上海古籍出版社曹光甫编审校点整理的《瓯北全集》，新近由凤凰出版社出版发行，并更名为《赵翼全集》。现将其特点略述如下：

一、整理规范，校勘严谨。该书以嘉庆十七年(1812)湛贻堂原刊《瓯北全集》本作底本，以光绪三年(1877)滇南唐氏寿考堂重刊本作校本。湛贻堂原刊本经过赵翼亲自审定，版本可靠，质量较高。对全集内文字有关涉者，如《瓯北集》与《瓯北诗钞》、诗集与《陔余丛考》等进行互校；对全集中引文出处、人名地名等，以相关经史典籍与诗文总集、别集以及诗话笔记等作校勘，凡有校改，用校改符号标出，或写出校记。如《瓯北集》卷四十二《书放翁诗后》"亦当带汗逃"，而《瓯北诗钞》五言古四同诗却作"亦当带汁逃"，"汗"与"汁"刻本形近，当有一误。一般以为争战与奔逃均不免流汗，"带汗"或是。《陔余丛考》卷三十八《混号》："开禧中，有郭倪为殿帅，自以为卧龙，酒后辄咏'三顾频烦'之句。后出师竟败，对答出涕，时号为'带汁诸葛'。"校点者据以定为"带汁"，避免了望文生义之误。又如《瓯北诗话》卷六陆放翁诗摘句"老病频辞客，嬉游不出村"，原与后两句"病苏身渐健，秋近夜微凉"相连，下注诗题《小集》。四句诗"病"字两见，且不协韵，实则此四句分属两诗，前两句诗题为《穷居》。同卷"甜酸园果半青黄"句，似无可疑，校点者查《剑南诗稿校注》卷六十二《石帆夏日》之一，发现陆游原诗押"青"韵，"青黄"当作"黄青"，改正了《诗话》原刻的误倒。

采用传统古籍整理方式，新式标点加专名线，文字全部采用新字形。原文除诗集外，内容大抵接排，很多篇目文字多、篇幅大，整理者皆据文意予以分段，以清眉目，便于阅读。底本中《瓯北集》《瓯北诗钞》等原无细目，整理者均重编或增补了详细目录，俾有利查找。标专名线是很见功力的一件事，容易出差错，往往吃力不讨好。整理者迎难而上，值得钦佩。

二、赵翼著作，有一些已经有单行本，如《瓯北集》《廿二史札记》《檐曝杂记》《瓯北诗话》等，校点者在吸收前人时贤成果的同时，做到后出转精，精益求精。如《瓯北集》卷九《闻友人有以家难系狱论罪悼之》"春来城旦鬼催薪"，"春"通行本误作"舂"。春、城旦均为秦汉时的一种徒刑。《汉书·惠帝纪》应劭注："城旦者，旦起行治城。""春者，妇人不预外徭，但春作米。"卷四十《西湖寓楼即事》之五："柏烛檀香三竺路，一观音养百千僧。""柏烛"指用柏脂做成的蜡烛，通行本误作"柏烛"。再如《廿二史札记》卷十四《帝王行三年之丧》"御史胡纮言"，"胡纮"通行本作"胡絃"，查《宋史》卷三十四有《胡纮传》，当属形近致误。卷三十三《永乐中海外诸番来朝》中，原文有："十七年，满剌加王母干撒于的儿沙来朝。"查《明史》卷三百二十五《外国六·满剌加》条，所载为："十二年，王子母干撒于的儿沙来朝，告其父讣。"可知"十七年"为"十二年"之误，来朝者系"王子"而非"王"，即据以校正。

三、整理者撰有一篇具有学术意义的《前言》，洋洋 4 万余言，详细叙述赵氏的生平经历和创作情况并进行评价，系统阐述赵氏的史学思想和诗歌创作理论。其中，如从政治谋略的高度认识乾隆帝在赵翼殿试时的易名次事件，认为当时西北边陲连年兴兵，百姓深受其苦，"以江浙并不稀罕之状元头衔，畀满足西北久旱望霖之民情"，充分显示乾隆帝"从政治大局着眼善于借题发挥的雄才大略"；对《瓯北集》刊刻的考订，以及《瓯北诗钞》与《瓯北集》对比分析研究，特别是分析《诗钞》取得成功的原因、逐首考订《诗钞》中收录《瓯北集》未存录的诗作情况，翔实可信，多有创见。

四、资料丰富，信息量大。书前彩页，收入赵翼墓照片、赵氏之书法和绘画作品、光绪三年寿考堂校本的书影等，7 种书所用底本的书影则缀于每种书之前，给人以直观印象。附录《瓯北先生年谱》《赵翼生平与传记资料》，对了解赵翼的生平创作经历很有帮助。值得特别指出的是，整理者广加搜罗，进行了初步的辑佚工作。《辑佚》部分收入赵翼佚作近 30 篇，其中《禹九公家传》，不仅记述赵翼曾祖禹九公的生平经历，而且也记述其祖父骈五公、父亲子容公的大致经历；《亡室刘孺人传》《继室程恭人行略》以及与李调元、王昶的书札等，对了解赵翼之生平、著述和交游等有较大的参考价值。

赵翼年轻时就立志"拟作人间第一流"，他生前诗名满天下，身后以史学闻世间。《赵翼全集》的出版，为读者提供了完整、可靠的赵翼著作文本。

（原载《古籍整理出版情况简报》2010 年第 10 期）

《陕西神德寺塔出土文献》的出版及其意义

王华宝

敦煌学研究专家黄征教授主编的"十二五"国家重点图书出版规划项目、国家古籍整理出版专项经费资助项目《陕西神德寺塔出土文献》，8开4册，2012年5月由凤凰出版社出版。该书全部彩色印刷，又得国学大师饶宗颐先生题签，精美大气。该书的出版既是学术界的一件大事，也是出版界的一件盛事。以下从文献的发现与再发现、文献的整理与分类、该书的基本内容与出版经过、文献的学术文化价值等方面来简要评价该书出版的意义。

一、文献的发现与再发现

陕西神德寺塔位于距离古城西安市以北约70公里的铜川市耀州区，高达35米。据专家研究，神德寺唐代以前在耀州区照金镇的寺坪村，唐代移到耀州城北的步寿原下。据明代乔世宁的《耀州志·地理志》记载："大像阁在步寿原南崖下，元魏时龙华寺也。隋仁寿中建阁覆弥勒像，高二十余仞，故名焉。唐改神德寺。宋时人游览最盛，有富郑公登阁诗石刻，宣和时兵火，阁废。金承安中再建，更寺额曰'明德'。今阁与像久废，寺改书院，独故塔存。"可见，唐代神德寺已移至今塔的所在地。今塔建造年代无明确记载，一般认为是宋塔，也有学者认为可能是唐塔。

该塔结构紧凑，气势雄浑。1956年被公布为陕西省第一批重点文物保护单位。2004年9月24日修缮时，人们意外发现了一个藏经洞，出土了大量的文献资料。由于当时被鉴定专家认为是"金元时期"的文献，个别学者"与唐宋写经体有相近之处"的看法未得到重视，因而这一出土文献未得到及时修缮和研究。2006年，该塔被公布为第六批全国重点文物保护单位，但这批出土文献仍未得到很好的整理研究。

因缘巧合，2009年黄征教授和王雪梅博士接触到了这批文献，并在有关方面的支持配合下，开始了修缮和整理工作，进行拍照、编号及考释研究。在整理过程中，他们发现了两个年款，一是"雍熙二年"，即宋太宗雍熙二年，公元985年；一是"开宝九年"，即宋太祖开宝九年，公元976年。如果只根据这两个纪年题记来确定年代，那么就只能断为北宋。尽管"北宋经卷"已比此前文物专家鉴定的"元明时期"或"金元时期"往上提了一大截。他们从神德寺塔出土文献的纸张、行款、俗字特征等方面分析，认为与敦煌文献高度一致。后又在文字避讳方面有了惊人发现，得到了只有唐、五代才可能出现避讳的铁证——唐太宗李世民之"民"的缺笔避讳等。

根据经卷所标年代、避讳情况以及与敦煌文献的比较研究，黄征教授等初步认为，这是唐五代宋初的写经、刻经和版画精品，具有极高的文物价值与文献价值。这一重新发现，特别是时代的考定，大大提高了神德寺塔出土文献的价值。正如西安佛教文化研究中心副主任、西北大学佛教研究所所长李利安教授在该书《序言》中所说："现在学界能够确证为北宋以前的刻本佛经，不过十件上下，而神德寺塔出土文献就有40多个卷号为刻本，虽然有的残缺，但也弥足珍贵，写本中更有长达8米的抄写精良之作。"同时，也给人们一个启示，加深对已发现文献的研究，不盲从，也许会有比初次发现更大的新发现。

二、文献的整理与分类

对这批文献，黄征教授和王雪梅博士等做了大量的整理研究工作。首先是对所有文献进行拍照、编号和分类。全部的编号和分类情况是，"神德寺塔出土文献可编为242个入藏号，加上续加编号，共计306个卷号。其中手写纸本经卷241个卷号，雕版印刷纸本经卷54个卷号，包含带有版画者10种；此外还有几种纸本彩绘、绢本彩绘。这批文献除尚未定名的经卷外，包括40余种佛经，内容丰富，部分经卷还尚存题记、发愿文等，其中有两个经卷标有明确纪年"（见该书《前言》）。

此外，更重要的是整理工作。据该书《校录整理条例》可知，内容包括：一是全文直录，二是标点文句，三是著录解题，四是年代判断，五是校勘字词，六是考证疑难，七是注释佛教术语，八是辨析俗字、古今字、繁简字、避讳字，等等。关于著录解题，具体做法是，先列编号，再据原卷前题、后题定名。原卷失题者则查考《大正藏》等拟定经名。然后说明原卷情况，包括纸张、尺寸、行款、书法、装潢、《大正藏》参照文本、抄写印刷绘制年代等。关于校勘字词，是对录文中所见各种字形、词语作出校订，或据《大正藏》等补出阙文，便于阅读。考证疑难，是指在卷子内容、时代等方面遇有疑惑问题时，广泛征引资料加以证明。辨析俗字、古今字、繁简字、避讳字等，是在逐字逐句整理文本之时，将极具时代特征的文字加以细心辨别，纵横考察，既录准文本，又比定时代，为读者提供最有证据价值的细节材料。

三、该书的基本内容和出版经过

该书内容主要分为三大部分：一是全部图片。图片由黄征、王雪梅与耀州区博物馆人员共同拍摄并按照流水号一一编定。在出版过程中商定，凡是连卷者每张图片切分时都保持一行重叠，以便于读者确认前后关系；残卷碎片，经过照片小图的挪动、缀合与排列，连为长卷，然后再行切分，各张切分图片之间一般也保持一行重叠。凡是未能作录文的细碎残片，作者切图时将其放置图录末尾以备考。为便于了解全貌或更加突出重点，该书还收入了部分全图和局部图片。二是全部图片的录文及其校勘整理。涉及八个方面，已见上述，这也是本书的主要内容和重点工作。三是相关的研究资讯和索引。主要包括"经名索引""印刷品索引""绘画索引"等8种索引；关于神德寺塔出土文献最早发现经过的记录与描述、专篇论文、资讯检索，等等。相信附录的内容，对于今后的研究工作有着导夫先路和便于检索的作用。

这里也介绍一下该书的出版经过。2009年底，黄征教授带着少量照片向凤凰出版社介绍该批文献，立即引起了出版社的高度重视。我们在查核了一些报道，并征询了一些专家的意见后，基于对黄征教授在敦煌学研究方面所取得的成就，以及该批文献从未出版来判断，认为神德寺塔出土文献具有很高的出版价值。此后进展顺利，黄征教授获得陕西方面的授权，与凤凰出版社签订了出版合同。经专家推荐，凤凰出版社申报，此一出版计划又得以列入"十二五"国家重点图书出版规划，并获得国家古籍整理出版专项经费资助。此后黄征教授与王雪梅博士做了大量艰辛的工作，提供了图文资料，而在编辑、排版、校对、印制等环节，出版方也投入大量的人力和物力，使得该书得以顺利出版。可以说，作者与文献收藏单位，出版社与出版管理部门，排版和印制单位等相互信任和支持，共同努力，使该书得以顺利出版。

对于这批文献，出版方不是简单地影印一下，而是支持作者方在认真整理的基础上，进行相对充分的研究。不只是一般的著录解题、录文断句，而是进行了较详细的校勘、注释，对年代的考定、文字的辨析等，大大提高了该批文献的学术价值。在出版过程中，我们也不断提高了对该批文献的认识，认为这是继敦煌莫高窟藏经洞之后的又一重大发现。该书也为这批文献的研究，提供了一个很好的学术平台。

四、文献的学术文化价值

由于这批文献是首次向世界公布，因而其资料的新颖性绝对是至高无上的；由于这批文献的年代恰好与敦煌莫高窟出土的后期文献在时间上平行延伸，因而具有极高的比较价值。尤其是这批文献出土在唐代首都长安附近的耀州，因而对于了解当时靠近政治中心的区域在佛教传播与影响方面具有很重要的史实证据价值，也与远离政治中心的敦煌莫高窟出土文献形成最佳横向比较关系。

黄征教授等的研究成果正在陆续公开，如《陕西神德寺塔出土文物考察》，在2010年8月"饶宗颐先生95华诞暨敦煌学国际学术研讨会"上宣读；《陕西神德寺塔藏经洞出土文献Y0001〈金光明经〉卷第二为唐人写经考》，发表于《中华文史论丛》2011年第2期；《陕西神德寺塔出土文献编号简目》，发表于《敦煌研究》2012年第1期。这些成果，让学术界对神德寺塔出土文献有了更多的期待。

作者初步评估了这批文献的时代和价值。从研究角度看，这一出土文献对佛学、民俗学、文献学、语言学、建筑史研究、印刷史研究、书法绘画史研究等，均有很大的价值。我们相信，《陕西神德寺塔出土文献》一书的出版，应当是其研究的一个新起点。这一出土文献的价值究竟有多大，随着研究的深入，必然会有更多的成果，会有更加客观和科学的认识，我们期待着。

（原载《书品》2012年第5辑）

宋元遗珍回归故里　化身千万以享国人

——"国外所藏汉籍善本丛刊"编辑散记

王　剑

　　"日本藏宋元汉籍丛刊"，为全国高校古籍整理研究工作委员会主任、北京大学中文系教授安平秋先生主编的"国外所藏汉籍善本丛刊"的子项目，包括《日本国立公文书馆藏宋元本汉籍选刊》与《日本国会图书馆藏宋元本汉籍选刊》两种。本项目列入"2011—2020年国家古籍整理出版规划"。

　　早在1981年，《中共中央关于整理我国古籍的指示》中就特别要求流失在海外的古籍要想办法弄回来或复制回来，同时要有系统地翻印一批孤本、善本。2011年4月，由安平秋先生挂帅的国家社科基金重大项目"国外所藏汉籍善本丛刊"选题论证会在北京大学如期举行，这标志着我国对国外所藏汉籍的整理和研究由个人零散的研究进入到国家扶持下系统研究的新阶段。

　　我国古代文献典籍是中华民族在数千年历史发展过程中创造的重要文明成果，蕴含着中华民族特有的精神价值、思维方式和想象力、创造力，是中华民族绵延数千年、一脉相承的历史见证，是中国社会主义核心价值观的重要源泉，也是人类文明的瑰宝。加强对海外汉籍的调查、整理与复制出版，对展示我国悠久灿烂的古代文明、弘扬民族精神、促进文化传承、联络海内外华人民族感情、加强国际交流与合作，都具有重大意义和价值，是一项功在当代、利在千秋的大事业。

　　在汉字文化圈内，书籍传播是重要的交流形式。据史书记载，早在两汉时期，《诗经》《论语》等中国典籍就流入朝鲜半岛，并辗转传入日本。隋唐时期，朝鲜半岛、日本列岛诸国屡有遣隋使、遣唐使远赴中国，其中一项重要任务就是购求书籍。官方使臣之外，入唐求法的留学僧侣也携回大量书籍。日僧

"入唐八家"，求得总计数以千卷的经卷，所编《将来书目》传承至今。两宋以降，朝鲜和日本使臣、僧侣购求书籍的事例，仍不绝于书。中国古代既有汉文典籍的东传，同时也有汉文典籍的回流。早在宋代，司马光（一作欧阳修）就有"徐福行时书未焚，逸书百篇今尚存"之叹。时至今天，海外中国珍本古籍的复制回归，更是形成一股潮流。

2013 年 7 月，凤凰出版社隆重推出"国外所藏汉籍善本丛刊"的子项目：《日本国立公文书馆藏宋元本汉籍选刊》《日本国会图书馆藏宋元本汉籍选刊》，这是江苏出版界与北京、日本等学术研究机构联合进行"系统复制流失海外珍稀汉籍工程"的一大重要成果。

2010 年课题立项之后，两个项目的主编即着手开展日本国立公文书馆、日本国会图书馆藏汉籍的普查工作，经过两次赴日目验考察原书，并与日方课题组成员反复磋商，最后确定复制书目。2011 年初，凤凰出版社收到两个项目的缩微胶卷 11 盒，并请相关方面进行数据转换。两个项目的课题组成员进行工作分工，目标落实到人，利用已经掌握的底本，于 2011 年初完成了各书学术前言的写作，详细阐述各书的内容价值和版本价值，为出版社的影印工作打下了基础。《日本国立公文书馆藏宋元本汉籍选刊》（15 册），由北京大学中国古文献研究中心副主任杨忠先生、日本早稻田大学稻畑耕一郎先生等编选，含《周易新讲义》《礼记句解》《孟子集成》《史略》《子略》《新编诏诰章表事文拟题》《新编诏诰章表事实》《淮海集》《淮海居士长短句》《淮海后集》《豫章先生文集》《豫章先生外集》《平斋文集》《类编增广颍滨先生大全文集》等，共 14 种。

《日本国会图书馆藏宋元本汉籍选刊》（8 册），由北京大学教授刘玉才先生、日本早稻田大学稻畑耕一郎先生等编选，含《礼记》《春秋经传集解》《姓解》《大唐西域记》《无文印》等，共 5 种。

日本国立公文书馆，即学界惯称的"内阁文库"，是日本收藏汉籍古本最多的藏书机构，其汉籍古本的藏书量居全日本各公私文库之冠。此次影印的宋元刊本，大多已列为日本"重要文化财"。如宋人龚原撰《周易新讲义》十卷，在元代还通行，时见于诸家论著的引述，但至明初时，《文渊阁书目》以下各家公私目录，均无著录，其书或在元末即已亡佚。这次影印的内阁文库藏本，为日本昌平学旧藏，森立之《经籍访古志》卷一有著录，定其为"北宋椠本"，以为其书"字画道劲，墨色妍好，北宋刊中尤佳者"。而阿部隆一先生认为，此书字样系建安字体，略带朴拙，字划清劲，墨色妍好，纸是白色坚厚的楮纸，故而推定为南宋绍兴中闽刻本，时间当不晚于孝宗前期（《阿部隆一遗稿集》第一卷《宋元版篇·日本国见在宋元版本志经部》，第249页，汲古书院，1993年）。此本宋讳玄、弦、铉、敬、惊、警、弘、殷、筐、贞、恒缺笔，而媾、慎不缺笔，故定其为南宋刻本，当无疑义。1805年，是书入藏日本昌平坂学问所，1808年，林述斋刻入活字本《佚存丛书》，始为清代学界所知晓。所谓"佚存"，指中国已散逸但在日本存藏的古籍。《佚存丛书》传入中国，在清朝学界影响很大。再如，高似孙《史略》六卷，为南宋宝庆间刊本；黄庭坚《豫章先生集》《豫章先生外集》，为南宋孝宗光宗年间刊本；其他如《孟子集成》《类编增广颍滨先生大全文集》《平斋文集》等，都是难得一见的宋元珍本。这次均以原书影印，对人们获睹并研究宋元本珍藏，可谓幸甚。

日本国会图书馆，是日本战后仿照美国国会图书馆而建立的国家图书馆，所藏汉籍亦不乏珍本。如此次影印的《姓解》，刊刻于北宋仁宗年间，世无匹本，被列为日本"重要文化财"；再如《春秋经传集解》三十卷，为南宋建安刊本；《无文印》二十卷等，亦为宋刊本，弥足珍贵。

为使读者在阅读或查检该书时的方便，我们选择16开本，单面影印，并加书眉。对编辑来说，加书眉却是一个费劲不讨好的工作。丛书的名称原来作"珍稀本"，后来在出版过程中改为"宋元本"，所有校样的书眉均需修改，增加了编辑的工作量，但对提高这两部书的质量，还是大有好处的。

由于日本两家图书馆提供的底本均为胶卷，要进行影印，首先要将胶卷转换为电子文件。而国内能做这个转换工作的单位却不多。我们通过多方了解，始知上海图书馆有做转换工作的机器，于是请上图将胶卷文件转换为电子文件，为下一步的工作打下了基础。

我们在做影印图书时，第一步的基础工作就是做卷页表，这是我们从做《中国地方志集成》以来就一直保持的传统。20多年前，我们做影印书的条件与现在有很大的不同，那时是可以将线装书从图书馆借到社里进行拆书复印的。做卷页表，主要是为了与图书馆进行核对，确保重新装订时，能尽量恢复到原貌，而卷页表就是重新装订的重要依据。卷页表的另一功能，就是对原书的有效面数进行统计，同时对原书的残、漏、倒、溅等情况进行记录，便于下一步的补配及分册工作。20多年后的今天，线装书已经不能出库，而且拆书复印或扫描的情况，也已经完全不可能。但卷页表是对图书各方面基本情况的记录，仍然是我们做影印工作基础条件。

日本国会图书馆所藏的宋本《礼记》，原胶卷就是没有拆书而拍摄的照片。每帧照片，为原书的半个筒页。由于只有半个筒页，因此所有筒页的页码，也只有半个。而且，由于页码的位置在书口，很容易残缺。这个时候，判断是否漏页，既要看页码的连贯性，还要看内容的连贯性。如《礼记》电子文件图126（首字"伪"）为卷二之二五页上，而图127（首字"棺"）为二六页上，这里肯定漏掉了卷二之二五页下。通过对通行本《礼记》的检索，发现所漏的二五页下，大字当为"子蒲卒，哭者呼灭……还葬，县"。再将电子文件与胶卷核对，发现是在进行胶卷转换时遗漏了。再如，《礼记》图168（首字"能"），为卷三之十六页下，胶卷所拍照片，第一行字只拍到一大半，书眉则全部没有。图176（首字"故"）为卷三之二十下，也是同样的情况。在做卷页表时，我们就已把这个情况记录下来，并请时在东京的南京大学域外汉籍研究所金程宇先生帮助，从国会图书馆重新复制，以成完璧。

国会图书馆另藏宋刻本《春秋经传集解》，电子文件图96之正文大字为"发之，以临照百官……违乱之赂器于大庙，其"，为卷二之五页上，图97正文大字为"义以出礼……国家之立也，本"，为卷二之六页下。显然，这里漏了五页下六页上（大字当为"若之何……夫名以制义"）。经查，此处胶卷原稿即缺。图1053之正文大字为"或左或右……曰国子"，为卷三十之十九页上，图1054之正文大字为"陈秋七月……叫天无辜"为二十页下，似漏十九页下、二十页上（大字当为"实执齐柄……陈人御之，败，遂围"）。我们在做卷页表时，即发现这些问题。但当时受条件限制，并不清楚这两处缺失是原书已缺还是拍照时的遗漏。我们及时与主编刘玉才先生联系，由刘先生与日本国会图书馆联系，结果发现是拍摄时的遗漏。这两处原稿遗漏的照片，如果仅以原稿为据，可能误认为是原书即缺。而通过编辑的认真排查，以及中日双方学者的沟通，使得极可能发生的错误消解于无形。如果不做卷页表，这一类的问题，很难及时发现。

日本国立公文书馆藏宋刻本《平斋文集》三十二卷，书口特别窄，且页码大多已残，无法完全作为点数的依据。如图416（首字"双"）为卷六之二二页下，而图417（首字"生"）当为二五页之上，图418（首字"谋"）当为图二五页之下。而页码"二十三"与"二十五"残缺之后，字形非常接近，这在做卷页表的时候很难判断。本书的毛样做出来后，我们特地发给复旦大学的侯体健先生，请他帮助把关。果然，侯先生就发现了此卷最后三页的问题，原来，二二页后的三页，原书装订错了，错成了：二二、二五、二四、二三、二六。如果从保留原貌来说，此处三处页码的顺序不作调整，也不算错。但既然已经发现，改正宋本的装订错误，更为合适。我们后来就是根据侯先生的提示，将此处宋本的装订错误调整过来，从而方便了读者的阅读，又免增疑惑。

同样是日本国立公文书馆的宋刻本《史略》，胶卷图 54、图 55（为卷二之第六页，首字"浅""刊"）的页码还能看出一点，图 56、图 57（当为卷二之第八页，首字"初""李"）的页码没有拍摄出来，而图 58（首字"张"）的页码，可以判断为九上。由于图 56、57 的页码看不清楚，其页码究竟是七，还是八，无从确定。为搞清楚状况，我们从网上找到原书的电子版，发现此处为白页，胶卷在拍摄时，将这个白页直接删掉了。我们与这部书影印说明的撰写者顾歆艺先生联系，商量处理办法。双方一致认为，此处的白页，当为卷二的第七页。既然原书加装一个白页，以提醒读者，我们也应该一仍其旧。所以顾歆艺先生在影印说明中说："宋版《史略》全书基本保存完好，只是卷二的第七叶上下均为白纸，前后内容也不连贯。从白纸上沾有第六叶下的朱墨点痕迹来看，该处可能很早就残缺而以空白页填补了。今依原样影印。"

古籍影印，并不仅仅是数数页码而已，其中涉及的问题，可谓形形色色。从事古籍影印，既要对底本选择的问题有所把握，还要对古籍本身的特点了然于心。在做古籍影印时，要尽量保持原貌。要做到保持原貌，最重要的一条就是对其特点要有所把握。而要做到这一点，卷页表的工作就是不可缺少的一环。上面这两个项目所发现的漏拍、倒页等问题，都是在做卷页表的过程中发现的。

2014 年 9 月，《日本国立公文书馆藏宋元本汉籍选刊》与《日本国会图书馆藏宋元本汉籍选刊》获全国古籍图书奖一等奖，这既是对我们成绩的肯定，也是对我们的鞭策。

（原载《古籍整理出版情况简报》2015 年第 3 期）

二十年磨一剑

——《中国地方志集成·善本方志辑》出版

王爱荣

地方志乘与国家史书共同组成了中国官修历史文献。与西方国家的地域地理志不同，地方志是以行政区划为主兼赅地理、历史、人物、文献的中国特有文化传统。中国古今方志据《中国地方志联合目录》统计现存 8264 种，不下 11 万卷，占传世典籍的十分之一以上。偌大数量的地方志，是巨大的知识宝库，其中蕴藏着大量的珍贵资料，诸如天文气象、地理气候、社会民族、经济科技、文物古迹、民俗掌故等，是涉及历史、自然和人文各方面的文献记录。其中史料或为国史不载；或虽载之，然语焉不详。地方志因其为地方官修，地近迹真，有裨信史。故此，明人方鹏指其"一邑之全书"，清人章学诚誉之"一方之全史"。地方志书自有其特别价值，为中华民族的优秀文化遗产。

为保护、继承和利用这一珍贵的文化遗产，凤凰出版社自 20 世纪 90 年代起就编选出版大型丛书《中国地方志集成》。至 2013 年，凤凰出版社已出版江苏、湖南、湖北、宁夏、内蒙古、新疆、陕西、青海、广西等地区《府县志辑》及各《省志辑》《乡镇志辑》。这些地区方志的出版恰好适应了近二三十年各地掀起的新修方志热潮，并为这些新修方志及时提供了可信的基础资料，具有极好的社会效益，同时也给出版社带来一定的经济效益。2014 年，凤凰出版社又推出《中国地方志集成·善本方志辑》（以下简称《善本辑》）。《善本辑》依《中国地方志集成》既有成熟体例，精选善本方志 339 种影印出版，并对原书缺损模糊之处进行修描补配等技术加工，形成新的更善之版本。该辑分第一、第二两编，共 162 册。该辑为"十二五"国家重点图书出版规划项目、"2011—2020 年国家古籍整理出版规划"项目，亦是国家古籍整理出版专项经费资助项目。《善本辑》为补各《府县志辑》《省志辑》未收之善本方志而影印出版，与已出版的上述各辑共同构成《中国地方志集成》完整体系。较之以前各辑，《善本辑》具有以下特点。

首先，《善本辑》收书涉及地域广，涵盖我国大江南北各省市府县志书，而这些志书的寻访、复制、整理等亦是经年积累而成。第一编收书地区为上海市、河北省、山西省、陕西省、山东省、江苏省、浙江省等，第二编收书地区为安徽省、江西省、福建省、湖南省、湖北省、广东省、海南省、四川省、河南省等。这些地区为我国沿海或中原地区，政治经济活跃，文献留存丰富。这些地区的府县志已分别以各自省市单列一辑以《中国地方志集成》"某地府县志辑"为名出版。而一些诸如新疆、内蒙、青海等相对偏远地区，其文献留存相对稀少，在出版它们的"府县志辑"时将历代志书基本搜罗殆尽。而那些文献留存丰富地区，由于种种原因，当时各府县志在收书出版时某些善本有所遗漏。后来，或得知相关遗漏志书信息，或复制条件成熟，或与各馆藏地沟通顺畅，陆陆续续又得到这些地区的一些善本志书。经年积累，汇成一辑。《善本辑》收书可谓地区跨度广、时间积累长，经二十多年磨砺而成。《善本辑》正是补上述各地"府县志辑"缺收之憾，与已出版各辑共同构成《中国地方志集成》的完整体系。

其次，《善本辑》所收志书史料价值大，编印质量高，且经过补配与修描（只描不改）等技术加工而形成一种新的集大成之版本。《中国地方志集成·编辑弁言》中称所收书"如有残缺，力争从他本复制补齐；模糊不清之处，尽量加以修描"。这就是《中国地方志集成》这部大型丛书影印出版的技术加工特色。由于补配修描的运用，使得原书数据更加完整，也就形成了一种较为完整的新版本。这一技术加工的目的是便于读者更好地利用方志材料，但同时也增加了访书、制作的工作量与工作难度。《善本辑》依《中国地方志集成》这一体例，在全国各地图书馆寻访、汇辑，广泛采撷各馆藏志书中的精善之本，再经过补配修描形成新的更善之本展现给读者。当然，由于善本本来就十分稀见，补配难度很大，而某些孤本页面或者各地馆藏同缺页面只能一仍其旧。如《康熙大田县志》，孤本，虽卷四缺职官五、卷五缺兵防十三，只能付之阙如。而某些漫漶不清之页面能补者尽量补配修描，如《乾隆上海县志》卷二第四十一页缺字，页面有折角，发现可补，即补。再如《康熙无锡县志》所用底本原书卷三十七最后一页为第十九页，然内容未完，查其他馆藏，发现可补，即补。再如《正德江宁县志》用正德十四年（1519）刻本，以钞本补配。而《乾隆贵池县志续编》原书刻本全国就两家有藏，且书品不佳，钞本也仅有两家收藏。我们用各家馆藏刻本及钞本补配。

这里需要特别指出的是，我们在处理底本漶漫不清之处时，始终保持谨遵原书、不作臆改的原则，也就是只描不改。善本收藏单位少，很难有能用几个版本互相比勘的。上述所做的对模糊缺页补配的工作就是在各版本比勘后的择善而从。所谓的修描加工，主要是指在原书文字完全能够辨识的情况下，对原书复制出来后产生的模糊不清处进行加工。这种模糊不清一是由于原书在刻印时造成的，如墨色不匀，某些字有重影；二是在复制印刷过程中造成的数据损失。底本扫描、纸样打印等工序在处理校样时复制一次往往就意味着数据损失一次，几道工序下来，数据损失严重以致字迹难辨。特别是那些原书字迹较淡或图像边缘的文字，最容易发生变形或淡到无法认识。对于这些模糊不清的地方，对照原书加以修描。在编辑过程中，有时在电脑上看原书扫描图和拼制而成的 PDF 文档，发现文字还是可辨的，然一出纸样，发现字迹淡了，页面边缘字数据损失，这种情况需对原图再加工，加重颜色，调高对比度，或者对扫描图边缘区域特别加工，这样处理以后，出毛样时字迹清晰，或者虽不能做到百分百清晰，然完全可辨识。而对于那些原书缺损而造成的缺字或缺笔画，如果补配不到，万不妄加揣测、随意修改，而是尊重原书，付之阙如。等待日后若能发现可补的新材料，重印时就加以补配。

地方志中蕴含大量宝贵数据，而善本方志更由于其修纂年代久远，为读者了解和研究古代中国各地的政治经济文化等提供了一手材料。补配与修描使得这些珍贵资料尽可能完整可读，增加了原书的文献史料价值。

再次，《善本辑》着眼善本，所收志书底本选择考究。因其善本特性，某些志书具有文献版本价值及文物价值。《中国地方志集成·编辑弁言》中称"所收志书尽量选用版本珍贵书品较好的底本"。《善本辑》的底本选择很好地体现了这一体例原则。如《雍正平远县志》，本辑用清康熙九年（1670）刊刻、雍正九年（1731）增刻本。所谓增刻，实即在康熙志的基础上增刻了部分章节的部分内容，故中缝的页码有散乱之处，某些内容与原目录也不甚吻合。康熙志即康熙二十三年（1684）刻本，仅国图收藏，为孤本。而在目前影印出版的各种方志丛刊中，康熙志均未被收录，可见书品甚差，无法影印。故该志选用雍正增刻本(雍正志亦仅科学图书馆与故宫有藏)。《善本辑》中所收书除一种外其余都为全国收藏单位在五家以内，甚至仅两家、一家的清乾隆前所纂修志书。这一种为《嘉庆嘉兴县志》，全国只有两家单位收藏，版本史料价值高，故收录。

《善本辑》着眼于善本，不同于一般的稀见方志。稀见未必善本，而善本绝大部分稀见。"善本"与"稀见"两题并非重复，而是各有侧重，内容亦有所不同。据统计，《善本辑》与一些已出版的稀见方志丛刊收书的重复率极低。由于补配特色及"择善"的出发点，即便是同一志书，《善本辑》亦是具有自己鲜明特色的。《善本辑》中的善本志书，有其独特的版本价值，为善本的版本考定提供参考。有些志书因年代久远，保存不易，影印出版，使其化身千万，便于读者利用，同时也有利于原本的保护。

善本地方志书是古代中国各地人民创造文明的文献记载。影印出版《善本辑》，使这些散落于全国各地图书馆且不易为普通读者所见的珍贵资料得以展现给广大读者，便于查阅，利于学术研究，古为今用。我们在阅读和研究这些材料中缅怀先民劳动生产、缔造文明的艰辛历程，增强热爱祖国家园的观念、提升为社会发展贡献力量的信念。

(原载《古籍整理出版情况简报》2015 年第 7 期)

当代李白研究的扛鼎之作

——评郁贤皓教授《李太白全集校注》

李相东

在中国诗歌史的璀璨星空，李白，无疑是最闪亮的那一颗。"青莲居士谪仙人"，是后人永远无法超越的存在。他的诗歌脍炙人口，他的传说世代相传。"长安一相见，呼我谪仙人"，这是贺知章的李白；"千载独步，唯公一人，横被六合，力敌造化"，这是李阳冰的李白；"李白一斗诗百篇，长安市上酒家眠。天子呼来不上船，自称臣是酒中仙"，这是杜甫的李白；"李杜文章在，光焰万丈长"，这是韩愈的李白；"雄姿逸气，纵横无方，天马行空，一息千里"，这是陆时雍的李白；"大江无风，波浪自涌，白云从空，随风变灭"，这是沈德潜的李白；"酒入豪肠，七分酿成了月光。余下的三分啸成剑气，绣口一吐，就是半个盛唐"，这是余光中的李白……那么，在当代李白研究大家郁贤皓先生心目中，李白又是什么样的呢？让我们一起走近郁贤皓先生的新著《李太白全集校注》。

从 20 世纪 70 年代初，郁贤皓先生把李白研究确定为自己的学术研究方向，到今天《李太白全集校注》(全 8 册)由凤凰出版社出版，已经四十多年了。在这四十多年里，郁贤皓先生探赜索隐，兀兀以穷年，钩玄提要，孜孜而不倦。他凭借超常的毅力和长期坚守，在李白研究方面，解决了一个又一个长期存在的疑点和难点，为学术界奉献了一个又一个让人耳目一新的学术观点，把李白研究一步一步推向高峰。在李白研究的登攀之路上，郁先生一路走来，直到凭借全新的《李太白全集校注》，登上李白研究这座高山之巅。

郁贤皓先生在前贤和今人研究的基础上，用"竭泽而渔"的方法搜集资料，以认真审慎的态度，通过实证研究的工夫，对李白的全部诗文重新整理编集，删除伪作，补入遗诗逸文，并进行校勘、注释、评笺，从而为学界提供了一种全新的李白全集校注本，堪称当代李白研究的最新总结。这个总结建立在版本、考据、义理之上，继往开来，具有重要的学术价值和文献意义。

一、精选底本，正本清源

李白集在唐代即有编集，如魏颢《李翰林集》（2卷）、李阳冰《草堂集》（10卷）、范传正本《草堂集》（20卷）等。宋初有乐史的《李翰林集》（20卷）、《李翰林别集》（10卷），宋敏求的《李太白文集》（30卷），曾巩的《李太白文集》（30卷），为李白诗文的保存、分类、编次，作出了重要贡献。然而非常可惜，这些刻本今日皆已无存。现存最早的李白集刻本，当为刊刻于北宋末年的蜀本《李太白文集》（30卷），收李白诗歌九百九十八篇，文六十五篇。现存于世的宋蜀刻本《李太白文集》，仅有两部。其中一部藏于国家图书馆，惜为残本。另一部辗转流传，曾为皕宋楼主人陆心源收藏，后藏于日本静嘉堂文库，成为海内孤本。后来，日本京都大学人文科学研究所曾将此《李太白文集》影印出版，世人才得以一睹其风采。南宋时，杨齐贤对李白诗进行注释，其后元代萧士赟进行补注，刊刻《分类补注李太白诗》，为现存最早的李白诗注本。明代以后，李白诗的整理、注释与编刻蔚为大观。如杨慎批点《李诗选》，胡震亨批注《李诗通》，各具价值。到了清代，影响最大、价值最高、流传最广的，当属王琦注本《李太白文集》。其注释之繁富详赡，至今仍然是研治李白诗文者案头必备之书。但遗憾的是，由于时代原因，王琦并没有见到宋本《李太白文集》。

静嘉堂文库藏宋蜀刻本《李太白文集》，是存世最早、最接近历史原貌的李白集刻本，具有无可替代的学术价值。郁贤皓先生对李白集的编集、刊刻与传播，曾经有过系统而深入的研究，先后有《宋蜀本〈李太白文集〉提要》《〈李翰林集三十卷〉提要》等专论。因此，本次《李太白全集校注》的整理，即选择日本京都大学人文科学研究所影印静嘉堂文库藏宋蜀刻本《李太白文集》为底本。源正方能流清，底本的精心选择，保证了《李太白全集校注》在学术上的高起点。

但宋本也有其不足之处，那就是其中错字较多。清人缪曰芑在翻刻时，所改正的宋本中的错字有二百三十余处。故而，整理者又参校元至大勤有堂刻本宋杨齐贤集注、元萧士赟补注《分类补注李太白诗》，《四部丛刊》影印明郭云鹏重刊《分类补注李太白集》，南京图书馆藏清初刻本明胡震亨《李诗通》，清康熙缪曰芑翻刻宋本《李太白文集》，清乾隆刊本王琦《李太白文集辑注》，清光绪刘世珩玉海堂《景宋咸淳本李翰林集》，以及唐宋重要总集如《河岳英灵集》《又玄集》《才调集》《唐文粹》，傅增湘校本《文苑英华》，敦煌写本《唐人选唐诗》等，改正宋本错讹，并精心出校，从而保证了《李太白全集校注》能够成为更接近历史真实的李白作品全集。

二、实证为本，考论结合

《李太白全集校注》的校注者郁贤皓教授，早年曾师从著名学者孙望、徐复等先生，具有深厚的朴学功底，讲证据，重训诂，学风谨严，考论缜密，长期从事唐代文史和李白研究，是当代研究唐代文史的著名学者，更是被国内外学术界一致推崇的李白研究大家。他在李白研究方面的系列论文和著作以及唐史研究方面的代表作《唐刺史考》《李白丛考》《天上谪仙人的秘密——李白考论集》等，不但在国内，而且在日本、美国、韩国以及我国港台地区都享有很高的声誉。郁贤皓先生从 20 世纪 70 年代初"就将李白研究作为研究课题之一，并决定从对李白生平及其交游进行深入的考证研究着手，以期逐步解决李白研究中长期存在的疑难问题"（《李白研究的回顾与展望》，载《唐风馆杂稿》）。多年以来，郁先生一直在细致地阅读李白作品和相关史料中寻找问题和解决问题。经过不懈的努力，在李白一生事迹、行踪、交游、作品辨伪的考证方面，以及在对李白古风、乐府、歌行、绝句各诗体特点和成就的理论研究方面，郁贤皓先生不断推陈出新，都有非常精辟的发明。他先后撰成论文数十篇，考证前人未知的行踪、事迹，作品辨伪，订正前人研究中的错误，勾勒出李白一生事迹的新轮廓，为李白研究开创了新局面。

比如，郁先生考出李白供奉翰林乃出于玄宗妹玉真公主之推荐，推翻了自《旧唐书》以来沿袭千年的吴筠推荐李白的旧说；考明《江夏别宋之悌》诗乃李白早年作品，订正前人认为晚年流放夜郎时所作的臆测；考明李白十首诗中的崔侍御乃崔成甫，订正郭沫若认为是崔宗之的错误；考出黄锡珪《李太白年谱》附录三文乃独孤及之作，并考明其致误之由；用充分的证据，证明了"李白两入长安说"；阐发《古风》的三大内容，乐府与行的不同特质，李白思想在不同时期的不同特点；等等。

由于校注者对李白生平事迹和交游的众多发明，从而对李白许多诗文，尤其是一些代表作如《蜀道难》《梁甫吟》《将进酒》等诗的诗旨和作年提出了与旧说不同的独创见解。所有这一系列的发明，都为国内外学术界一致公认和接受。

在《李太白全集校注》的整理和校注过程中，郁贤皓先生把这些学术观点和最新发现，一一融入进去，或在题解中，或在注释里，或在按语内。或三言两语，或娓娓而谈，或推荐相关论文、专著，有理有据，毫不枯燥，如春风化雨，润物无声。读者在阅读过程中，也不禁为郁贤皓先生新颖的观点、严密有据的论证所折服，击节赞叹。

三、体大思深，完备体例

李白是中国诗歌史上最优秀的诗人之一，千百年来，深受人们的喜爱，大量的优秀作品流布人口，稚子能颂。明清以来，各种选本、注本，层出不穷，各有所长。20 世纪 70 年代以来，李白研究蓬勃发展，随之而来的，是多种李白集校注本、选本陆续问世。它们在不同程度上，推动了李白研究的不断向前发展。作为在 21 世纪最新推出的校注本李白全集，如何后出转精？除了新的学术观点、新的学术视角之外，体例的兼容并包，是另外一个重要因素。

编次。宋本第一卷是唐宋人写的序和碑志，卷二至第三十为李白诗文。郁贤皓先生的《李太白全集校注》，则把宋本的第一卷移至本书最后，作为附录；原宋本卷二至第三十，为本书的卷一至第二十九。宋本集外诗文及集内、外存目诗文，则收入卷三十。这样开卷为诗，按诗体分卷；继之以文，以文体分卷；再后为宋本集外诗文，宋本集内、外存目诗文；最后是附录，收入相关的唐宋人序、志，以及校注者《〈旧唐书·李白传〉订误》《〈唐才子传·李白传〉校笺》等相关文献。"三十卷＋附录"，卷次编排更加清晰、合理，使用更加方便，足见校注者之用心良苦。

题解。主要是阐明题意，简要解释题中的人名、地名、官职以及写作年代和背景，有的还对各本题中的异文和题下的夹注进行辨析说明。

校记。《李太白全集校注》以宋本底本，参校众本，对底本的选择、异文的处理，则在校记中作出说明和解释。

注释。主要是训解词语，疏通文句，为诗文阅读扫除障碍。凡诗文中运用典故或化用前人诗文的语句，都注明出处，提供书证。从中亦可看出李白对前代文学遗产的继承和自己的天才创见。对诗文中出现的人名、地名、官名，校注者都通过查稽典籍或地下出土资料进行考证，提供切实可靠的根据。对艰深的语句含义予以诠释，使读者正确理解其内容及艺术妙趣。

评笺。前人对李白诗歌尤其是名篇的品评和解读，汗牛充栋，多有可取之处，对读者参读诗意，领悟象外之意、弦外之音、味外之旨，有着重要的启示作用。因此，校注者从历代评述中，选取精彩片段，列于篇后。在选择过程中，校注者褒贬同取，历史上对李白诗文的批评意见，也是有代表性地选取，并不是仅仅罗列"誉美"之词。这样，也更有利于读者对作品的全面理解。

按语。列于篇后，集中体现了校注者在四十多年李白研究中的发明和创见，代表了最新的学术研究成果。

宋本集外诗文和存目诗文。本次校注所用底本，是现存最早的李白全集，价值最高，收诗最多。但集中有误收他人之作。而在唐宋诗歌总集、笔记、传奇、类书、道藏、地方志中，却有不少署名李白的诗文，真伪混淆，前人对此众说纷纭，莫衷一是。因此，判定真伪，剔除伪作，成为最能考验整理者学术功力的试金石。整理者郁贤皓先生凭借多年的学术经验和非凡的识见，剔除伪作，仅存其目，将它们列入存目诗文，如实为高适诗的《观放白鹰》其二，被判定为后人伪作的《留别贾舍人至二首》等。对集外失收的、考定为确为李白作品的，将它们列入集外诗文，如《文苑英华》中之《送史司马赴崔相公幕》，《茅山志》中之《唐汉东紫阳先生碑铭》等。经过一番去伪存真，《李太白全集校注》更接近于真实的李白全集。于此，郁贤皓先生功莫大焉。

书后还附有篇目索引，方便读者检索和使用。

四、精益求精，悉心编校

《李太白全集校注》是郁贤皓先生毕生研究李白的总结式著作，凝结了他多年的心血，又是"十二五"国家重点图书出版规划项目、"2011—2020国家古籍整理出版规划项目"、全国高等院校古籍整理研究工作委员会资助项目、2015年国家古籍整理出版专项经费资助项目。对出版社而言，堪称一项重大出版工程。对责任编辑而言，也是一个挑战。

为此，社里充分调动各方面资源，合理安排人手，责编及早规划，上下一心，共同努力，并充分利用出版社和作者都在南京的地利优势，最终保证了该项目的顺利完成。无论是开本的选择、内文版式的确定、封面设计的风格，还是在编校过程中出现的大大小小的疑难问题，事无巨细，责任编辑一次又一次赶赴郁先生府上，当面请教。在这个过程中，郁先生渊博的学识，和蔼的态度，长者的风范，给大家留下了深刻的印象——其识也，潘江陆海；其人也，温其如玉。每次登门拜访，听郁先生娓娓而谈，都让人如沐春风，满载而归。对责编而言，《李太白全集校注》的编辑过程，也是一次难得的学习过程，一次获益良多的精神之旅。李白"仰天大笑出门去，我辈岂是蓬蒿人"的傲岸人格，李白诗歌"笔落惊风雨，诗成泣鬼神"的艺术魅力，都让人叹为观止。校注者郁贤皓先生博学多识，沉潜几十年、默默耕耘的大家风范，也让责编感佩不已。生活在这样一个浮躁的时代，我们太需要像郁贤皓先生这样沉潜下来的学术大家，太需要《李太白全集校注》这样几十年磨一剑的学术著作。

版式设计、装帧形式上，先后几易其稿，最终确定下现在大气的开本、疏朗的版式，确保读者可以获得更好的阅读体验。为了让读者更好地了解李白和李白集的版本传承，还精心选择了 12 幅彩色图片作为书前插页。其中有关李白的有故宫南熏殿藏《唐翰林供奉李白像》，李白唯一传世书法真迹《上阳台》帖，李白青少年时期居住和生活过的陇西院，晚年生活地安徽马鞍山的太白祠，人生归宿当涂青山墓。由此，读者可以大致了解李白的人生历程。与李白集刊刻、传播相关的，有最早的李白集刻本——宋蜀刻本《李太白文集》，最早的李白诗注本——元建安余氏勤有堂刻本《分类补注李太白诗》，明代有代表性的刻本——胡震亨《李诗通》，流传最广的古注本——清代王琦注本《李太白文集》，将宋、元、明、清最有影响力的四个李白集刻本一一呈现，以见其传承有序。还有两幅文艺作品中的李白：宋梁楷《李白行吟图》和清苏六朋《太白醉酒图》，以见"谪仙人"之风采。校注者和编辑之用心良苦，于此可见。

郁贤皓先生的李白研究，被誉为"代表了20世纪70年代以来李白研究的最高成就""20世纪李白研究的里程碑"（台湾《书目季刊》35 卷），"为李白研究开创了新局面"（日本早稻田大学教授松浦友久《李白——诗和心象》单行本《后记》），"为唐代研究作出了巨大贡献"（日本《东方》杂志55 期）。这次郁贤皓先生以数十年之功、一人之力编撰的《李太白全集校注》，堪称其毕生研究李白的集大成式著作，将为学界提供一种全新的李白全集注本，其意义是对当代李白研究进行总结，这个总结建立在版本、考据、义理之上，将对开创李白研究、唐代文学研究乃至整个古典文学和文化的研究工作的新局面，提供极大便利和裨益。"让书写在古籍里的文字活起来"，相信每一位读者读后，都会有一个鲜活的李白形象跃然目前。这个李白，既属于校注者郁贤皓先生，也属于我们每一位读者。

（原载《古籍新书报》2016 年 4 月 28 日，有增补）

《庞虚斋藏清朝名贤手札》编辑装帧手记

姜　嵩

上海图书馆有庞元济旧藏的《国朝名贤手札》，凤凰出版社于 2016 年将此书彩印出版，新题书名《庞虚斋藏清朝名贤手札》。新书中手札图版力求逼真再现原书原貌，原大四色印刷，八开精装六册，每册书前另附一册手札作者小传及释文。相较于一般手札收藏而言，本书收录的名人手札渊源有自，蔚为大观；相较于一般的尺牍影印出版而言，本书的编辑印制可谓精工细作，达到下真迹一等之水准。

《庞虚斋藏清朝名贤手札》原件册页盒装，分初集二十册、续集十册，每三册装一木盒，共计十盒。每册前后有木质夹板，板上有陆恢题签，签上钤"虚斋藏札"印，由此知为庞元济旧物。

庞元济（1864—1949），字莱臣，号虚斋，浙江吴兴南浔人，民国著名实业家、收藏家，为"南浔四象"之一的庞云鏳次子。庞元济自幼嗜画，未及弱冠即购乾嘉名人字画手迹加以临摹。从光绪二十一年（1895）起，在南浔、绍兴、苏州、杭州等地兴办实业，开设米行、酱园、酒坊、中药店、当铺、钱庄等大小企业，并在以上地方拥有大量田产和房地产。庞元济既富财力，又具书画功底，精于鉴赏，收藏丰厚，其中尤以书画最精，撰有《虚斋名画录》《虚斋名画续录》。郑孝胥称他"收藏甲于东南"。世人皆知庞元济书画收藏至精至美，而鲜知其收藏的清朝名贤手札亦极为可观。关于收藏，庞元济说："靡不唯日孜孜，潜心考索，稍有疑窦，宁慎毋滥，往往于数十百幅中选择不过二三幅。"此说虽指藏画，然我们披览这部《庞虚斋藏清朝名贤手札》，亦可知其手札收藏与其藏画同样精审。

本书收 260 家 586 通手札。这 260 家作者，自生于明万历十四年(1586)的恽本初起，至生于清嘉庆十年(1805)的姚燮止，绵延二百余年，以这一历史时期的存世手札而论，这部集藏的规模是相当惊人的。其中收藏的名贤如群星璀璨，有名臣如朱珪、翁同龢、毕沅、徐乾学、阮元、林则徐、刘墉、尹继善、赵怀玉等，有大儒如顾炎武、钱大昕、段玉裁、全祖望、万斯同、王鸣盛、孙星衍、桂馥、洪亮吉、惠栋、钱泳、高士奇、秦蕙田、秦松龄、姚燮等，有文学家如吴伟业、袁枚、方苞、归庄、王士禛、洪昇、厉鹗、钱维乔、尤侗等，有书画家如恽南田、陈洪绶、朱耷、金农、翁方纲、傅山、奚冈、改琦、恽本初、伊秉绶、梁同书、王时敏、何焯、王芑孙、张廷济等，有藏书家、刻书家如鲍廷博、卢文弨、法式善、范永祺、石蕴玉等。手札墨迹灿然，具有重要的文献史料价值、书法艺术价值、文物原迹价值。

1. 文献史料价值。手札，尤其是名人手札，作为亲笔信，与日记同样是研究作者、"知人论世"的珍贵的私人一手材料。本书收录二百多位作者，涵盖了清代学苑艺林的多位代表性人物，对了解他们的生平、交游以及书信辞章有直接的帮助，有助于清代尤其是乾嘉时期学术文化的研究。他们在札中或谈论政治、文学、艺术，或品评人物，或劝诚酬谢，等等。由于手札的私密特性，这些内容更可见名士内心的真实思想，可印证、纠正、补充正史记载。对这些珍贵资料展开深入研究，我们能更深刻、更客观地认识这一时期的史学、文学、艺术、社会等诸多方面。

2. 书法艺术价值。名人手札即名人书法。更重要的是，手札在书写时往往不是刻意为书法作品，重书写内容，轻书写形式，大多是随意书之。作者心态自然，信手拈来，这就能突出表现其内心修养与书法功底。本书收清初至中叶众多名贤，其中不乏著名书画家，如朱耷、王时敏、恽南田、陈洪绶、金农、伊秉绶等。翻阅本书，清初至中叶各名书家墨迹一一展示，尤其是初集二册傅山致魏一鳌十五札、初集八册梁同书十札、初集十册王文治二十一札、初集十四册阮元十六札，在传世集藏尺牍中尤为可观。这些手札，对研究这一时期的书法艺术具有极高的参考价值，且有助于书法史的研究。

3. 文物原迹价值。《庞虚斋藏清朝名贤手札》底本《国朝名贤手札》为上海图书馆一级藏品，相当于一级文物。本书收录 260 家 586 通名人手书，翻看手书，品众多书画艺术家的神妙自然之作，可鉴可玩，什袭珍之。

除了名流墨迹之外，札中众多名人钤印、收藏者钤印亦极为可观。同时作为手札物质属性的用笺亦十分精美，不少是质量极佳的版画、印刷工艺品，尤其是多件仅见于乾隆时期的砑光彩笺，其珍稀程度绝不亚于墨迹，为版画史和印刷史的珍品。有花鸟笺，如初集三册厉鹗致张四科手札用笺为桂芳斋制饾版花鸟笺，初集五册袁枚致袁鉴札用笺为百尺楼制花鸟画笺；还有工艺笺，如初集十二册金榜手札用笺为哑光人物画笺，初集十三册吴锡祺致尤荫手札、陈廷庆手札用笺均为洒金蜡笺，初集九册周升恒致许兆椿手札用笺为哑光花卉蜡笺；有自制笺，如初集九册钱大昕手札用笺为自制八行笺，初集十三册王芑孙致许兆春手札用笺为自制七行笺。这些名流用笺展现了清代高超的彩笺制作水平，对于研究这一时期的笺纸工艺提供了丰富的实例。

《庞虚斋藏清朝名贤手札》内涵丰富，具有多重价值，为最大程度地将其价值展现给读者，本书八开，精装六册，四色彩印，其装帧设计及印制亦精益求精，达到下真迹一等的水准。

第一，将原书以五册为一单位拆分，重装为六大册，设计定位不奢侈、不张扬、不华丽，重在体现朴素、文气之美。比如弃用精装书常用的烫金、烫银类工艺，采用精装方脊(贴合传统中式)，封面与正文不粘合，锁线的画册可完全打开(不影响跨页图的阅读)。

第二，释文部分做成 16 开本且能与图版分离、独立成册，同时也可与图版相融(嵌在每一册的封面与环衬之间的夹板中)的形态，方便读者将释文与手札对应，分离的形态又让读者有两种阅读体验。释文部分都标注了与正文对应的页码，图版总目录沿用原手札目录重新排印并与画册中篇章页原手札目录呼应。字体以宋体、仿宋两种为主，除注释外，字号都控制在 10.5—12 磅之间(五号—小四号)。

第三，封面书名集字以热烙方式烫压，以体现厚重的时间印迹。为丰富图书的信息，除书背现有书名外，另在书的翻口处热烙原书名。书函弃用传统的纸板裱糊工艺，采用进口牛皮色瓦楞，有效减轻单本画册的重量。

第四，每册书前特别做了 8 页的前环经折装的信息设计，既方便了图册的展开，也延存了原手札的部分信息。上面按照原书每册手札所收数量多寡印有宽窄相合的丝线间隔，美观、实用又内涵丰富。

第五，本书图版正文纸张选择了既能较好还原四色油墨又不泛高光的柔软的具有东方气息的草香艺术纸，前言、目录部分使用淡灰色艺术纸，索引使用45 克轻柔半透明艺术纸单面印刷。

一本好书的完成，首先源于内容本身的价值，其次是整理编校者的专业素养及态度，最后是装帧设计的内容呈现形式。本书内容价值一流，整理、编校、装帧、印制各个环节均十分用心，且得诸多专家学者的助益。文稿经仔细辨识，反复推敲，力求准确。制作精益求精，强调细节，原大原色影印，高质呈现原书原貌，终不负先贤翰墨风华。

（原载《古籍新书报》2017 年 5 月 28 日）

融会群言 以资循览

——《世说新语汇校汇注汇评》评介

汪允普

　　《世说新语》是南朝宋临川王刘义庆组织门人博采魏晋杂书史乘编纂而成的一部笔记体小说，也是我国古代志人小说的代表作。其记事上追汉末，下及东晋，举凡三百年之名士风流，嘉言懿行，俯拾皆是。其"记言则玄远冷俊，记行则高简瑰奇"。作为"一部名士底教科书"（鲁迅先生语），撰成之后，很快在朝廷和士人中发生影响。及至南朝梁刘孝标为之作注，又"征引浩博，或驳或申，映带本文，增其隽永"。《世说》之文，传播愈众，影响日广。

　　唐修《晋书》，即多取材于此书。宋代以降，更是刻本繁多，尤为著名者，则有南宋高宗绍兴八年董弅刻本，宋孝宗淳熙十五年陆游刊本，宋孝宗淳熙十六年湘中刊本，元朝刘应登删注、刘辰翁批点之八卷本。进入明代，可能是因为书中所载名士作派较能激起明代士人的兴味，书稿的刊刻和评点均进入了兴盛期。刊刻较早且影响巨大的是袁褧嘉靖十四年嘉趣堂覆宋陆游刻本。此本被时人视为善本，一再加以翻刻，成为《世说新语》最为通行的一种版本，也是此后《世说》版本的主流。

　　评点方面，首开其论者为宋末刘辰翁，踵事增华者则代不乏人，诸如杨慎、王世贞、王世懋、王思任、陈继儒、袁宏道、李贽、冯梦龙、陈梦槐、凌濛初、张懋辰、钟惺、何焯、张端木等文人雅士纷纷注释评论，笔记专论更是屡屡涉及。纵观其评、校、注、论，不同程度上折射出传统士人思想文化演进的轨迹。

　　其书流风所及，在东亚汉文化圈也产生了重要影响，"世说学"在日本更是成为显学。自冈白驹、桃井白鹿、大典禅师，以至恩田仲任、田中颐大壮、平贺房父，批点研究、刊刻者，颇不乏人，留下了大量的相关文献，对研究"世说学"和研究中华文明的海外传播，具有重要价值。

目前学界关于《世说新语》的文献整理研究已取得一定的成绩，如龚斌先生的《世说新语校释》、朱铸禹先生《世说新语汇校集注》、刘强先生《世说新语汇评》等，但也存在一些不足，需要我们更为全面地占有各种《世说》版本加以汇校，更为完整地掌握关于《世说》评注文献，做一次全面的汇校、汇注、汇评。

周兴陆教授辑著的"汇校汇注汇评"本，立足于未刊、原始资料的发掘和整理，花费数年时间在海内外各图书馆中查阅评点文献，认真作第一手文献的考辨、汇辑、校点，整理、汇集了南宋刘辰翁以来直至明清时期名家批点、校注的重要文献。其中许多文献都是珍贵的手批本、过录本，为一般读者所不易见到，之前从未被纳入研究视野。将这些文献加以汇辑，就是将前人的阅读经验和研究心得汇聚一处，这不仅可以帮助今天的一般读者鉴赏古代文学名著，也为中国文学史、中国文学批评史和文学接受史的研究提供了珍贵的文献资料，具有重要的学术价值和文化意义。

首先，汇集资料丰富而全面。书稿汇集了目前可知的所有古人及部分之前很少被学界关注到的民国学者的评注本，以及类书、笔记、别集、杂史中的相关文献，同时广泛搜罗了 16 世纪以降日本学者对于《世说新语》的注释解说，为"世说学"的研究提供了更多的海外文献和异域视角。

此外，在收录了各种序跋和相关评论材料的同时，还对传世的重要《世说》版本的馆藏、文献信息及研究状况进行了简明扼要的介绍，为学者深入研究的开展提供了极大方便。

其次，校勘精审。整理者不仅仅是将历史文献汇集于一处，而是对一些文献的真伪进行了精当的考辨，如从台湾"国家"图书馆查阅到刘应登删注元刻本，这是现存最早的刻有刘辰翁批点的版本，整理者据此对后世辗转迻录而失去真相的刘辰翁批点文字进行了一次全面的厘清。同时从唐修《晋书》以及《北堂书钞》、《初学记》、《艺文类聚》、施宿等《会稽志》等类书、方志中将宋代《世说新语》版本定型前的引述文字列举出来，作为参证。

最后，底本选择审慎。虽然尊经阁藏董弅刻本为存世最早的宋本，但该本在国内长期失传，直到 1929 年才有珂罗版影印件传回国内。明清以来多数刊刻本都是基于袁褧嘉靖十四年嘉趣堂覆宋陆游刻本之重雕本。如以董弅刻本为底本，势必产生烦琐的校记。因此整理者选择了袁褧嘉趣堂本为底本，再校以唐写本残卷、宋刻本及明清各版本，避免了校勘的烦琐。

可以说，本书是对《世说新语》的一次集大成的文献整理研究，不仅为学术界提供了更为可靠的《世说新语》版本，丰富的汇注、汇评文献，而且提供了较为完整的"世说学"文献资料，从文本的搜集整理上为《世说新语》和"世说学"的深入研究奠定了坚实的基础，同时也将进一步推动对中国文学批评史、文化史以及海内外文化交流史的研究。

（原载《古籍新书报》2017 年 10 月 28 日）

新编大型地方历史文献丛刊出版中的几个问题

——以《江苏文库》为例

姜小青

《江苏文库》自2016年初启动，受到学术界、出版界关注，凤凰出版社作为江苏省属古籍专业出版单位，承担项目主体部分（即文献）编纂的组织与出版工作，一些出版同行也经常问起项目情况，故就相关情况、主要做法、工作体会等略述如下，与正在从事或准备开展类似工作的同行交流，并就工作中的问题与困难请教大家。

一、相关情况

新编大型地方历史文献丛书或总集，自20世纪90年代，已有一些省开始动议，至21世纪，有多个省进入实质性编纂出版，并形成一批成果，据笔者了解，目前除湖南省《湖湘文库》已完成编纂出版，共计700余册，山东省《山东文献集成》完成编纂出版200册，另有广东省《岭南文库》、湖北省《荆楚文库》、四川省《巴蜀全书》、山西省《山西文华》、浙江省《浙江文丛》等，也正在陆续出版；另外还有一些省也正在筹划之中，如福建省《八闽文库》等。不但有以省一级行政区划新编大型地方历史文献丛书，还有地市一级的，如江苏的《金陵全书》《无锡文库》《扬州文库》《泰州文献》，以及贵州的《遵义文库》、浙江的《绍兴文库》等（按：新近所见并统计，新编大型地方历史文献丛书或总集有：《湖湘文库》《荆楚文库》《浙江文丛》《八闽文库》《贵州文库》《巴蜀全书》《安徽文库》《山西文华》《燕赵文库》《中原文献》《山东文献集成》《陕西古代文献集成》《朔方文库》《岭南文库》《江右文库》《山右丛书》《齐鲁文库》《新疆文库》《江苏文库》《安徽古籍丛书》《广州大典》《杭州全书》《金陵全书》《无锡文库》《扬州文库》《镇江文库》《泰州文献》《常熟文库》《遵义丛书》《绍兴丛书》《嘉兴文献丛书》《四明文库》《滨湖文库》《温州大典》《浦江文献集成》《韶关历史文献丛书》《茂名历史文献丛书》等）。这些新编大型地方历史文献丛书，从内容上看，大多是以收录本地籍或长期寓居此地学人的代表性著作，时限也多上起先秦下至近代（1911 年或 1949 年），并结合本地文化特征，在丛书设置上，从实际出发，各有特点，有的以著者全集或文集为主，有的以专书为主，如《山西文华》还设收录壁画等的"图录编"，另外还有设"研究编"的，收录包括现当代学者的地方文化专题研究著作。从出版形式看，主要分两种，或对历史文献进行整理后排印出版，或对文献扫描复制后撰写提要影印出版。

盛世修典，是我国历史、文化、学术传统，历史上以《永乐大典》《四库全书》编修最著名。编刻地方文献丛书，在清中后期以后，就有不少，如《畿辅丛书》《豫章丛书》《山右丛书初编》《湖北先正遗书》以及《常州先哲遗书》等，各种丛书收录规模不等，如清人王灏所辑《畿辅丛书》，收乡邦文献 170 余种，民国山西省文献委员会编印《山右丛书初编》收晋人文献 38 种。这些丛书编印出发点，虽各有其意义侧重点，但都有表明一地文化兴盛之初衷。也正因为如此，上述乃至于今后会有更多省或地方组织编纂出版大型地方文献丛书，是可以理解的。

文化兴盛的标志，有多种形态，具有代表性意义的文献，是一个重要方面。江苏自古人文荟萃，典籍众多，是名副其实的文化大省，尤其明清以降，学人著述更是达到高潮。江苏学术界、出版界在挖掘、整理、研究、出版地方文献方面，一直持续不断努力，形成一大批成果，并有不少学者多次提议，希望能够编纂出版一部比较完整的江苏地方文献丛刊（按：笔者 2007 年曾代表出版社，给有关部门写过一封建议信）。仅笔者供职的凤凰出版社（原名江苏古籍出版社），自 20 世纪 80 年代，就有两项相关选题一直延续至今，即"江苏学人文集"和"江苏地方文献丛书"，前者已出版了《金圣叹全集》、《袁枚全集》、《冯梦龙全集》、《范仲淹全集》、《刘熙载文集》、《赵翼全集》、《嘉定钱大昕全集》、《缪荃孙全集》、《冒辟疆全集》、《段玉裁全集》（部分）、《焦循著作集》、《陆士龙文集校注》、《陆士衡文集校注》以及影印《高邮王氏四种》、《刘申叔遗书》等，同时列入出版计划的还有《惠栋全集》《孙星衍全集》《曾朴全集》《徐松全集》《冯舒冯班全集》等。后者则有江苏省人民政府 1998 年拨专款 100 万元资助整理出版的"江苏地方文献丛书"第一辑,包括《太湖备考》《至顺镇江志》《过云楼书画记》等 20 种。进入 21 世纪,特别是党的十八大以来,在习近平总书记关于大力弘扬中华优秀传统文化系列讲话精神引领和感召下,如何把江苏历史文化放在中华文化中考察,如何更加全面挖掘江苏历史文化底蕴,如何站在文化自信与文化自觉高度系统梳理江苏历史文脉,如何在总结历史经验中构建江苏当代文化新高地,成为江苏文化界、学术界、出版界共同面对、关注和思考的问题。

由此,在江苏省委、省政府领导与关心下,由江苏省委宣传部直接牵头,在征求多方面意见并召开多次专家座谈会基础上,于 2016 年 2 月,正式出台《江苏文脉整理与研究工程实施方案》(下简称《方案》)。《方案》的一项重要内容,即"成果呈现",计划用 10 年时间,编纂出版总规模在 3000 册左右的大型江苏地方历史文献丛书:《江苏文库》(下简称《文库》)。《文库》由"书目编""文献编""精华编""史料编""方志编""研究编"六个部分构成。"书目编",旨在厘清江苏籍学人历史上(1911 年前)的著述家底,以及历史上记述江苏相关内容的著述,同时对江苏目前所藏(主要指公藏)古籍文献进行全面普查,并分别编纂出版《江苏艺文志(增订本)》《江苏地方文献书目》《江苏典藏书目》(按:出版时,书名为《江苏地方文献志》《江苏典藏志》)。"文献编",拟收录历史上江苏籍学人代表性著作 5000 种左右,采用传统四部分类法编排,每种书撰写提要置书前,以影印方式出版。"精华编",在"文献编"收录基础上,拟精选江苏籍学人在中国各种文化形态中具有代表性意义、产生较大文化影响的著作 200 部左右,以当代学术标准加以整理。"史料编",以现有行政区划为主,拟收录反映江苏各地历史地理、政治经济、文化教育、社会生活、风土人情等相关地方史料类文献 2000 种左右(时间下限 1949 年前),分类编排,影印出版,撰写书前提要。"方志编",拟收录江苏历代古旧方志 600 种左右(按:考虑到已出版《江苏历代方志全书》,后调整为 250 种左右),以省通志、府县志及专志分类编排,影印出版,撰写书前提要。"研究编",则收录当代学者江苏历史文化等相关研究性著作(此编由其他出版社承担,不在此文所述之列)。如此设置,是希望对江苏历史文献进行一次全面梳理,溯源文化脉络,在中国文化、学术谱系中定位江苏文化。

经过专家学者努力,《江苏文库》编纂已基本完成前期文献书目普查,编印了8册《江苏作家现存著述目录》，作为编纂的基础性资料，同时，经过十多次反复论证，确定"文献""精华""史料""方志"四编拟收书目，并确定了"提要"撰写、文献整理体例，对出版体例、出版节奏、工作机制等，进行了整体规划。

二、几点体会

《江苏文库》编纂，之所以能在两年多时间里，有一个比较高的起点，取得预期的阶段性成果，我们有这样几点体会。

一是江苏省委、省政府高度重视，是项目实施的重要保证。作为政府主导的地方文化工程，此类大型地方文献丛书编纂出版，因涉及单位、部门多，实施周期长，经费投入大，统筹、组织、协调、保障工作尤其重要。"江苏文脉整理与研究工程"设"工作委员会""学术指导委员会""编辑出版委员会"，其中"工作委员会"主任由省委、省政府分管领导共同担任，全省各有关部门主要负责人任委员，并设"工程"办公室（设在省哲学社会科学规划办公室），负责日常统筹协调事务。仅举一例，《江苏文库》各编主编、副主编及参编人员，都是高校或科研机构的专家学者，他们有繁重的教学科研任务，如果承担的项目，不能与各自学校绩效考核对接，难免会在工作安排、人员留用、经费使用等方面有后顾之忧，为此，江苏对承担项目的主编单位，以省级社科重大项目委托的立项方式，滚动资助，将《文库》项目纳入各单位考核范围，从而解决了编纂人员上述后顾之忧。南京大学、凤凰出版社为此都成立了专门编纂、出版部门，安排专门办公场所，配备专职研究、编辑人员。

二是依靠专家学者、遵循学术规律，是项目实施的重要前提。编纂出版大型地方历史文献丛书，作为地方文化工程，各方参与积极性很高，特别是许多地方文史工作者，更会从各自熟悉领域建言，这是丛书编纂非常有利的条件。但同时，编纂大型地方历史文献丛书，本身也是一项要求很高的学术工程，关系到是否能够立得住，传得久，这就要求更宽的学术视野、更强的学术能力以及更多的学术资源；同时，文献编纂，还必须严格遵循文献学基本要求与规范。由于工作性质，大多数地方文史工作者的研究，地域性特征明显，但领域相对较窄。因此，《江苏文库》在最初组建各编学术团队时，首先明确，文献编纂，必须由学养深厚的文献学专家主持，故形成以南京大学、南京师范大学相关学科带头人领衔、全国众多高校专家学者参与的学术团队，同时将地方文史工作者研究"细微"与专家研究"精深"相结合，在能够比较好地保证《文库》学术性的同时，兼顾到各方面积极性，利用好各种有利因素。以《文库》"文献"、"精华"、"史料"三编"拟收书目"、"提要样稿"论证为例，不但编纂团队数易其稿，还以三级论证的方式，一是分别在南京、徐州召开了包括北京大学、中山大学、山东大学、浙江大学、清华大学、国家图书馆等高校和馆藏单位著名专家学者参加的论证会，二是在南京召开了十余次由省内高校专家学者参加的论证会，三是分别在扬州、镇江、常熟召开以地方文史研究工作者为主的论证会。其间，出版社还将"拟收书目"连同意见反馈表，分寄江苏所属 13 个地级市相关部门听取意见(不少意见后来被采纳)。这样做，学术上有保证，众多资源得到利用，各方积极性被调动，为《文库》编纂打下较好基础。正是有这样的认识，《文库》编纂完全遵循学术工作基本规范，从组建学术团队、开展文献普查、确定拟收书目、制定编纂体例、论证提要样稿、确立整理原则、印制图书样本等基础工作做起，看起来花了两年多时间，也投入了一些经费，但项目质量基础可以打得牢固一些。

　　三是学习、借鉴前人经验，是项目实施的有利条件。我们今天新编大型地方历史文献丛书，应该充分借鉴、利用、吸收前人在这个方面的经验与成果。我们做这项工作，既有开创性，也是在前人肩膀上的一种历史延续，是一种文脉传承。故此，编纂工作开始之前，首先应该梳理本地有哪些与将要实施项目有关的历史积累，可以使我们少走弯路。江苏不仅有《文选》《全唐诗》这样大型文献编刻历史，当代更有匡亚明先生主持的《中国思想家评传》、程千帆先生主持的《中华大典·文学典》、周勋初先生主持的新编《全唐五代诗》等大型项目组织、编纂经验和出版成果，为《文库》编纂出版工作提供了许多非常宝贵的经验。例如，《文库》采用主编负责制、编纂三级审稿制(撰稿人、副主编、主编，主编签字后交出版社)，都可以说借鉴了上述项目一些实施经验。又如，《文库》"精华编"采取了与多数省"以人立目"不同的"以书立目"编纂原则，不以"全集"或"文集"为主，而是按传统四部分类，着眼在中国文化史、学术史上有重要意义和影响的名著，之所以如此，一方面是结合江苏历史文献存续实际，另一方面也是对已有出版项目进行总结后确定的编选原则。上面提到，我们出版社从 20 世纪 80 年代，就开始了"江苏学人文集"

出版规划，一直延续至今，已有一批成果，如果沿这个思路设计"精华编"，相对而言比较省事，不仅有较多现成成果可以利用，还有不少选题正在实施，可以在较短时间内，使《文库》出版有一定规模，减轻编纂、出版压力；但这样做，带来的问题是，采用"全集"或"文集"编纂整理方式，规模较大，少则几册，多则几十册，根据《文库》总册数规定，"精华编"最终只能在600册左右，这样一来，入选人数相对就会比较少，初步估计，大约只能在70—80人，这对历史上的文献大省，不但存在取舍难题，而且代表性问题也难以解决。据本次文献普查成果《江苏艺文志（增订本）》统计，江苏历史上（1911年前）有著述记录的作家达29617人、85309种著作，现存世著作达50000余种。因此，我们借鉴《中华大典·文学典》"大家求精，小家求全"编选原则，并结合实际，采取"用弘取精"，专注于名著，专注于在中华优秀传统文化中具有典范意义和价值的江苏文献，不搞地区平衡，按照这样的编选原则，大约有200多位学者的重要著作入选，较好地解决了选目"量"与"质"的关系问题，也突出了"文脉"要义。再者如"书目编"中的《江苏艺文志（增订本）》，也是在20世纪90年代江苏出版成果基础上进行的。如果没有一定积累，或不注意学习、总结、借鉴和利用前人经验与成果，工作难度会更大，我们应该要有这样的思想认识。

四是做好基础性工作，是项目实施的基本要求。按照学术规律，文献编纂，特别是实施周期长、规模大、涉及面广，甚至还有许多不确定因素的地方文献编纂，基础性工作不能马虎，切忌只有大框架，基础工作没有做好就匆匆上马，这样容易造成编纂中的随意性，也不可持续。《江苏文库》编纂，从文献普查开始，首先对20世纪90年代出版的《江苏艺文志》进行增订（这项工作从2014年先行启动），要求所有书目标注著者、版本、存藏信息，不但订正原有讹误，还新增辑著者2088余人，共达29617人，著录著作85309部，这是江苏历史上著述情况最新最全一次摸底，为《文库》编纂打下了良好基础。其次，在上述基础上，于2016年辑录、编印出8册《江苏作家现存著述目录》，作为《文库》编纂资料。再者，在5万多种存世书目中，"文献编""精华编"以传统四部分类法遴选、论证拟收书目，并对所涉书目基本做到目验。虽然这项工作花了两年多时间，但为后面编纂打下了基础。

五是务实的工作机制，是项目实施的重要保障。新编大型地方历史文献，由于周期长，涉及单位、部门、人员较多，同时还有经费分配、使用等问题，如果没有一个好的工作机制，最终只能"事倍功半"。《文库》采取"工委会"领导下的主编负责制，首先由省社科规划办将《文库》立项为省级社科重大委托项目，委托南京大学、南京师范大学等单位分别编纂，并由"工程办"与凤凰集团、凤凰出版社签订委托组织编纂三方协议，由凤凰出版社具体组织实施，凤凰社再与各编主编签订以年度编纂工作为目标的出版协议，按"实施方案"，明确每一年任务、目标及完成时间；经费采用年度预算制，即每年初根据编纂出版任务，编制所需经费预算，报"工程办"批准后，统一拨付到出版社（按：2018年起，采用财政招标方式），再由出版社根据各编任务完成情况，依编纂出版协议分批拨付，同时制定专项经费管理办法，专款专用。这样既便于层级管理，又有较大自主权，各方面积极性容易调动，每年任务目标十分明确，便于落实，便于检查。这样的工程，如果没有一个务实的工作机制，很容易走向两极，要么好大喜功，图"量"不求"质"，成为没有学术意义的"面子"工程，要么有头无尾，久拖无果，成为"烂尾"工程。

三、几个问题

作为《江苏文库》具体组织实施的出版单位，我们在实际工作中，遇到不少问题甚至困难，如何避免或解决，希望大家一起探讨。

一是如何处理好集体项目实施过程中统一性的问题。新编大型地方历史文献丛书，作为集体项目，不同于自主研究课题，有一个大家统一遵循的基本原则是必要的。但由于这类项目规模相对较大，实施周期长，涉及单位、人员多，进度不好把控，质量也会参差不齐，完稿时间很难统一，文献获取需要收藏单位配合，特别是同类文献分藏不同机构等，更难以"步调一致"。如何保证项目在较长出版周期中保持相对统一，不至于出现"五花八门"现象，如何在分年、分批、分辑出版要求中，解决文献分类、分册、编号、方便查找等问题，如何对一些在学术上有分歧的问题，包括收录原则、收录标准、时间下限、作者界定、行政区划、整理方式、出版形式等，进行统一规定，都是我们在实际工作中遇到的问题，有的属于学术问题，有的是工作方法问题。

二是如何处理已有出版成果的问题。现有大型地方历史文献丛书编纂中，都会碰到如何处理拟收书目中已经有整理本的问题。据笔者观察，目前正在编纂的此类丛书，大多数采用出版社之间版权转让或与整理者直接签约获取的方式。这种方式确实可以避免不必要重复，但也存在一些问题，有的整理本已出版很长时间，没能吸收新的研究成果加以修订，甚至原有的差错也没有改正，就直接编到"丛书"中，有的或因版权转让困难，不能取得高质量整理本，只能退而求其次，这些问题都会影响到项目的学术质量。《江苏文库》"精华编"涉及数百部文献整理，也存在同样问题，我们要求主编在确定拟收书目时，需标注有无整理本，如有，需再标注三项：建议进行版权转让、需在哪些方面修订后再版、需重新整理。由于这项工作刚刚开始，还会有许多困难和不确定因素，如通过版权转让的整理本，在整理方式、体例上不统一等，如何处理。

三是如何解决好出版质量与进度的问题。这是此类项目普遍存在的一对矛盾。从出版社来讲，做这样项目需要政府经费资助，按财政经费管理规定，大多要求当年资助当年出版，一般来说，经费越多，出版要求，包括数量也越高，这对大多数出版社来说，一年出版几十种都能保证质量的古籍整理著作，难免压力过大，质量也很难保证。有些省采取省内多家出版社共同参与编辑出版的方式，看似解决了进度、数量上的问题，但由于古籍整理专业性特点，一些非专业古籍出版社或编辑，在书稿编辑过程中，大多缺乏专业古籍编辑素养和技能，质量上很难保证。达不到一定学术水准的古籍整理著作，既不会有文化影响力，也不会有市场竞争力，最终也失去了编纂"丛书"的意义。如何解决上述难题，需要做这项工作的同仁共同探讨。

四是如何看待学术性与普及性的问题。目前这类项目大多还是以学术性为主，或文献汇编，或文献整理，再者专题研究。但越来越多的人提出它的普及功能，不能仅仅满足"将散藏变成集中存放"，或仅仅满足于供少数人学术研究使用。如何在遵循古典文献学术传统的同时，满足更多读者需求，如何挖掘历史文献的当代意义，让更多的人了解家乡、热爱家乡，进而更加热爱中华优秀传统文化，也是我们所要面对的问题。

五是如何统筹"丛书"出版与出版社选题规划的问题。出版社内容生产以选题规划为基础，选题规划也是出版社可持续发展的关键所在。出版社承担地方历史文献出版，经费有一定保障，经营压力与风险相对小，有的出版社受编辑人员、出版能力等客观条件所限，可能所有编辑都只能去做这项工作，从而可能忽视或顾不上多年积累起来的一些优势选题板块，而且容易造成出版社选题相对单一，没有层级，特别在具有重大传承价值、重要文化意义、重点一流作者的国家级选题规划上无暇顾及。所以，如何在编辑出版大型地方历史文献丛书的同时，坚持各级重点选题统筹规划，将"丛书"选题放到一个更高层级上谋划，加强优势选题板块，突出内容生产特色产品线，也是我们在上马地方历史文献项目时不能不考虑的。

六是如何将项目实施与人才培养相结合的问题。我们都希望通过项目带动，起到培养年轻专业编辑人才作用。但实际工作中，包括目前所见正在新编的地方历史文献丛书，规模都比较大，出版进度又有一定要求，随着编辑工作量不断加大，处理不好，对年轻编辑容易流于重"用"轻"养"，编辑没有时间学习充实，最终不但不利于编辑人才培养和成长，出版社也留不住真正的人才。所以，如何真正做到通过项目，让年轻编辑得到锻炼与成长，任务十分艰巨。

七是如何认识和实施项目数字化的问题。数字技术在出版领域已被广泛运用，多种比较成熟的古籍数字产品也得到学术界认可和使用，古籍整理数字化平台建设也有新突破。在这样一个数字化时代，编纂大型地方历史文献丛书，不能不考虑其数字化问题，不能仅仅停留在纸本形态上。但问题是，数字技术的发展速度，让什么样的数字出版形态，成为出版企业可持续开发的产品，能够满足更久、更多市场和读者需求。同时，古籍数字化，不仅有产品设计问题，还涉及平台、渠道等。另外，内容和技术融合关键的复合型人才问题，也长期困扰着出版社。据报道，湖南省已开始《湖湘文库》数字化工作，期待成果和经验与大家分享。

编纂大型地方历史文献丛书，还有许多具体问题，有的甚至意想不到，有的看似很小，但并非出版社力所能及，处理不好，则可能影响全局，限于篇幅，此不赘述。

《江苏文库》编纂刚刚两年，基本还属于前期启动准备阶段，上述认识还很肤浅，也不全面；而要编好一部大型地方文献，问题或困难肯定还会不断出现，阶段性总结，或许也是必要的。

（原载《古籍整理出版情况简报》2018 年第 3 期，部分数据略有改动）

独创性设计《江苏文库·精华编》

单丽君

习近平总书记强调："盛世修文，我们这个时代，国家繁荣、社会平安稳定，有传承民族文化的意愿和能力，要把这件大事办好。"近年各地陆续启动的大型地方文库出版项目，正是"盛世修文"理念在实践层面的呈现，在这一过程中，各地文库都在为优化选目、提高整理质量、拓宽传播范围进行思考与实践。其中，《江苏文库》是迄今为止国内同类项目中规模最大的地方文献整理与研究出版工程，由文献、史料、方志、书目、精华、研究六编构成。以"精华编"为例，其在选目、整理与传播层面进行了相应的独创性设计，取得了丰硕的成果。本文即以"精华编"为研究对象，解析其出版过程中的独创性设计经验，以供其他大型地方文库及古籍整理出版参考。

一、选目：重在经典，突出地域

如何在选目上凸显特色，避免泛滥无归，是地方文库出版面临的现实课题。基于此，为更好地凸显江苏典籍文化的经典性、地域性和学术性，《江苏文库》"从古代至 1949 年的各个历史阶段中，选择对中外文化产生重要影响的江苏籍作者的著作 200 种左右，再从出版整理的文本中选取 10 多种翻译为外文出版"，推出"精华编"。截至 2023 年，"精华编"已出版 82 种 163 册，其中经部 12 种 28 册、史部 13 种 45 册、子部 29 种 46 册、集部 28 种 44 册，具体书目如下：

经部：《周易述》《尚书今古文注疏》《诗毛氏传疏》《春秋繁露注》《公羊义疏》《论语义疏》《论语正义》《孟子正义》《广雅疏证》《说文解字注》

《春秋大事表》《马氏文通校注》

史部：《战国策》《神仙传》《隋唐嘉话》《天下郡国利病书》《读史方舆纪要》《范成大笔记六种》《清嘉录》《藏园批注读书敏求记校证》《廿二史札记》《续资治通鉴》《明季北略》《明季南略》《元丰九域志》

子部：《新语校注》《淮南子》《说苑校证》《新序校释》《法言义疏》《焦氏笔乘》《陔余丛考》《九数通考》《抱朴子内篇校释》《抱朴子外篇校笺》《世说新语》《金楼子校笺》《后山谈丛》《钝吟杂录》《履园丛话》《扬州画舫录》《真诰》《出三藏记集》《喻世明言 警世通言 醒世恒言》《水浒传》《西游记》《封神演义》《浮生六记》《老残游记》《孽海花》《官场现形记》《本草经集注（辑复本）》《温疫论》《温热论》

集部：《楚辞补注》《陆士衡文集校释》《陆士龙文集校释》《鲍照集校注》《丁卯集笺注》《陆龟蒙集》《范仲淹集》《后山诗注补笺》《高攀龙集》《吴梅村诗集笺注》《述学校笺》《顾千里集》《瓯北集》《玉台新咏笺注》《河岳英灵》《文心雕龙》《艺苑卮言》《汉魏六朝百三家集题辞注》《原诗 一瓢诗话 说诗晬语》《养一斋诗话》《艺概笺注》《蒋捷词校注》《挂枝儿 山歌》《词苑丛谈》《白雨斋词话》《剧说 花部农谭 易余曲录》《范成大集》《唐伯虎集笺注》

"精华编"在选目上特色显著。首先，书目非经典不收，"精华编"在古代典籍中披沙拣金，收录了一批在古今中外文化史、思想史、学术史上都曾起到重要作用的经典文献。如《诗毛氏传疏》是清代研究《毛诗》的集大成之作；《天下郡国利病书》是记载中国明代各地区社会政治经济状况的重要历史地理著作；《西游记》是我国神魔小说的最杰出代表，四大名著之一，在海内外都有着深远影响；《文心雕龙》是我国第一部呈现出严密体系的文学理论专著。其次，作者非江苏籍不收。《淮南子》是西汉楚（今江苏徐州）人刘安主持编写；《抱朴子》《神仙传》是晋代丹阳郡句容（今江苏句容）人葛洪著……而如刘勰为山东人，但其出生于今江苏镇江，故《文心雕龙》列入"精华编"；《说文解字》作者许慎属河南籍，而对其进行注解的清代学者段玉裁则是江苏金坛人，因而《说文解字注》也列入"精华编"。

"精华编"选目重在经典，突出地域，很好地解决了大型丛书编纂如何平衡"全"与"精"的问题。"精华编"的设置及其具体选目标准，可以构建出一个具有江苏特色的地域文化体系，进一步彰显江苏文化的精神魅力，也为其他大型地方文库出版展现地方典籍文化高峰提供了参考。

二、整理：整合版权，深度整理

重复出版是大型地方文库出版面临的一大问题，一则所选书目多为传世经典，各家出版社多已出版；二则由于地理、行政、文化乃至选录标准的变化与差异，不同地区文库收录的文献多有重复，易造成资源浪费。为解决该问题，"精华编"整合版权、深度整理，达到了节约资源、提高质量的效果。

（一）整合优质版权。"精华编"精准把握已有出版资源，为己所用。第一，获取其他出版社授权，吸收已有古籍整理出版资源，其中以中华书局授权图书为主。如《玉台新咏》，市面上流行版本不下百种，不乏精校精注者，"精华编"以颇受好评的中华书局穆克宏点校版《玉台新咏笺注》为工作本，优中选优。第二，整合凤凰出版社自有资源。凤凰出版社出版过很多优质古籍整理本，如获得中华优秀出版物奖提名奖的《陆士衡文集校注》《文心雕龙解析》等，均被列入"精华编"工作本范畴。然而，并非所有已出版资源都能纳入"精华编"，有些版权书或因年代久远内容陈旧，或因学术价值不明显等，编委会已组织专家学者重新整理，将形成一批"精华编"的独有资源。

（二）深度整理。第一，是对版权图书的优化。编校层面，如《词苑丛谈》以中华书局唐圭璋校注本为工作本，对其文字和体例进行适当修订，如修改文字讹误，对词曲分上下阕、加书名号等，降低了差错率，提高了整理水平。作者层面，如中华书局李鹏点校版《钝吟杂录》，联系作者进行了修订，并增补了附录，如《冯定远先生挽词二十章》《访冯钝吟先生》皆为原版所无；凤凰出版社冯保善校点版《官场现形记》，亦请整理者重新核校，修订了原版的一些讹误。通过再度编校和作者修订，"精华编"版权图书亦在原有基础上有所提升，形成了自身特色。第二，是与《江苏文库》其他编的差异化整理。"文献编"为旧抄旧刻本影印，"精华编"则重在精校精注。以唐代许浑的诗集注本《丁卯集笺注》为例，"文献编"本据美国伯克莱加州大学东亚图书馆所藏清乾隆二十一年刻本影印，重在对稀见版本的保存；"精华编"则以"文献编"本为底本，延请专业学者详加校勘整理，重在推广、普及。

大型地方文库出版工程并非单纯地保存与复制，而是搭建古与今沟通的桥梁，继承中有所发展，根据时代变化，满足不同类型读者的多元化需求。面对重复出版这一问题，"精华编"采用"整合版权，深度整理"的模式，与其他同类图书做到了百花齐放，各占胜场，同时积极开发整理新品种，对地方文库出版乃至古籍整理事业发展也有一定的参考价值。

三、传播：加强数字建设，优化实用功能

中办、国办《关于推进新时代古籍工作的意见》明确指出，要"做好古籍普及传播。加大古籍宣传推广力度，多渠道、多媒介、立体化做好古籍大众化传播"，《江苏文库》同样担负着传播传统文化的重任。其中，"书目编"侧重于工具书检索，"文献编""史料编""方志编"侧重于文献的保存收藏，以上四编更多应用于学术研究、图书馆陈列等；"精华编"是对经典古籍的精选和阐释，阅读使用方便，更利于大众层面的传播。

《江苏文库》响应国家古籍数字化的号召，推出了数字化平台。文献、史料、方志三编为影印本，还未实现文字识别功能，仅支持搜索书目和提要；"精华编"作为排印本，支持全文搜索，极大便利了读者和研究者对内容的使用。平台的"可视化"栏目具有强大的统计功能，能以图表的直观形式呈现，如各编已出版数目、各朝代作者数量、各地区作者数量等。目前平台已上线2018—2021年的出版成果，且对省内四十多家图书馆免费开放，后续将陆续上新，并进一步完善使用功能。

通过平台的"可视化"栏目，我们可以清晰把握：西汉文学、学术的发展，与苏北文士群体的崛起有密切关系；魏晋时期道教的成熟与发展，得益于句容茅山诞生的《抱朴子》《真诰》《神仙传》等经典著作；而明清时期里下河地区的人文荟萃，更是《水浒传》《西游记》等名著创作的文化基础……借助《江苏文库》及"精华编"的数字化建设，能够在时间与空间两个层面把握江苏地域文化，立体、直接地呈现出不同时期、不同地域的江苏文人与典籍为中华文化作出的贡献。

《江苏文库·精华编》是大型地方文库出版中的普及化和创新性尝试，在选目、资源和传播上均展现了积极的效果，具有一定代表性，对《江苏文库》各编的后续出版，其他大型地方文库的编纂乃至我国古籍整理事业的发展，都有着相应的示范意义和参考价值。以"精华编"为切入点，进行展望：大型

地方文库出版的价值不仅仅止于保存、继承一端，还对未来学术的发展、传统文化的普及与弘扬都有着重要的现实意义。因此，在未来的大型地方文库出版工作中，当积极响应国家弘扬传统文化、增强文化自信的号召，扎实继承，不断创新，为传统赋能，向未来开拓，实现乡邦文献的多元化利用。

（原载《藏书报》2024 年 1 月 22 日）

摸清一方文献家底，指示学人治学门径

——《江苏艺文志(增订本)》出版

崔广洲　张　燕

中国传统意义的图书目录分为三种：史志目录、官修目录和私家目录。艺文志作为史志目录范畴，反映的是中国古代文献书写与保存的基本情况，而区域性的艺文志作为一方区域文献的总目，全面反映了该区域范围内学者在思想、文化、学术、科技等方面所取得的卓然成就。在中国悠久璀璨的文化史上，江苏无疑是一方重镇。江苏自古人杰地灵，文化昌明，历史上涌现出无数的名贤大儒，学术流派更是异彩纷呈，苏籍学人可谓恒河沙数，留下的著述宛若星辰。记录好江苏区域内的文献著述情况，有助于江苏乃至全国史学、文学、文献学、图书馆学、图书史、学术史、科技史、医学等多个学科研究的深入开展。

原《江苏艺文志》的编纂始于 1987 年，1994 至 1996 年由江苏人民出版社陆续出版，一时洛阳纸贵，好评如潮，成为学者研治江苏历史文化之案头必备书。然限于当时客观条件，原《江苏艺文志》难免存在歧误和遗漏之处。近年来，随着江苏经济文化的发展，特别是国家提出"长三角一体化发展"战略，江苏作为长三角地区最重要的区域之一，对江苏的文献重新进行梳理，理顺江南文脉，可以为长三角地区一体化发展提供文化上的认同和精神上的支撑，具有深远的影响和积极的意义。

2014 年，江苏省地方志编纂委员会办公室组织编纂，江庆柏先生主编的《江苏艺文志(增订本)》(以下简称增订本)的出版工程提上了日程，增订本团队人员大多是来自江苏省内高校以及图书馆的专家学者，他们经过长期的努力，克服种种困难，完成了增订工作，于 2019 年 10 月由凤凰出版社出版。江庆柏先生及其团队穷尽式地搜集材料，做了大量严谨、求实的考证工作，对原《江苏艺文志》做了全面的增订，将原《江苏艺文志》由 15 册扩增到 28 册，由 11 卷增扩为 13 卷，这个改动，相对于原《江苏艺文志》来说，体量增加了近一倍。增订本团队完备体例，辨章学术，考证真伪，搜遗补阙，增订内容，弥补了原《江苏艺文志》的缺漏和舛误，为学界展示一个更加完整、更加丰富的江苏学人著述全景，增订本必将继续深受学界欢迎，襄助学者，助益学术研究。

一、体大思精，完备体例

江苏历史上有过几部艺文志，《江南通志》中有《艺文志》一卷，仅仅收录数千种书籍，且仅存书名、作者，间有按语；《江苏通志稿》中有《江苏艺文志》部分，然惜未撰写完成。这些艺文志或仅为简目，或编纂不全，更不要说完备的体例了。原《江苏艺文志》收录上古自清末（1911 年）以前凡江苏籍作者，或流寓江苏的作者的著述，包括著、编、注、评、校、刊刻、增补、翻译、绘画等的作品，不论存佚，均加以收录，且以 1990 年的江苏行政区划为限，一市一卷，编纂多卷本的艺文志。采取"以人系书"的编纂体例，按照年代著录，每个条目著录作者的姓名、生卒年（生卒年不详的不著录）、小传、书名、存佚情况、版本信息、馆藏情况等，条目下多有按语，或考证真伪，或阐明学术观点，或说明书籍信息。这一体例充分考虑到江苏各区域文献数量多、文化发达这一特点，可以更好地保存江苏各区域的文化特色，满足地方文化研究的需要，更好地服务江苏的发展，为此增订本保留了原《江苏艺文志》的基本体例，并在此基础上做了调整，使得增订本的体例更为完备。

（一）调整分卷。原《江苏艺文志》是根据 1990 年的江苏行政区划为依据，将《江苏艺文志》分为 11 卷，现如今江苏的行政区划已发生变化，对其分卷进行调整符合江苏现实。从原《江苏艺文志》的扬州卷中分出泰州卷，将原《江苏艺文志》的淮阴卷改为淮安卷，并从中分出了宿迁卷。不仅如此，江苏各地级市内部的行政区划与 1990 年相比也做了调整，对此，增订本也相应做了调整，如苏州的吴县市、无锡的无锡县，等等。

（二）调整时间断限。原《江苏艺文志》收录上古自清末（1911 年）以前凡江苏籍作者，或流寓江苏的作者的著述，因此一些民国时期江苏学人的著作未被收录进去，增订本将收录的作者时间断限延长至中华人民共和国成立以前，凡在此之前去世的江苏籍学人的著作均予以收录，增加了许多民国时期作者的著作，丰富了书目的内容。

（三）补充馆藏信息。原《江苏艺文志》著录的存世之著作，仅是善本、抄本著录了馆藏信息，增订本则尽可能地为所有著作著录了馆藏信息，属于私家收藏的图书，若收藏者不方便公布姓名，则著录为"私藏"，而一些仅在网络上见到的图书，则著录相应的网址信息或图书交易平台。另外，原《江苏艺文志》将著作的存佚情况分为三种：存、佚、不详。增订本则将"存"字删去，标注了馆藏信息。

（四）重新编制了总索引。原《江苏艺文志》各卷末附有本卷的人名索引，增订本则将索引单独编为一册，为人名索引编制了首字母索引，对于同名同姓同地域的人，在其后备注清楚以示区分，或备注字号，或备注籍贯，若为女性，备注其父或其夫姓名，等等，体例更加科学，使用起来更加方便。

二、辨章学术，考证真伪

江庆柏先生具有非常深厚的古文献学研究功底，学术功底扎实，学术研究讲究实证。他曾作为原《江苏艺文志》的副主编，同赵国璋先生一起负责原《江苏艺文志》的编纂工作，长期从事江苏地方文化的研究，出版《明清苏南望族文化研究》《近代江苏藏书研究》"清代地方人物传记丛刊""江苏人物传记丛刊"《江苏地方文献书目》等著作，近年来，他又作为"江苏文脉整理与研究工程"《江苏文库·史料编》的主编。由其领衔的艺文志增订团队，成员大多是来自江苏高校和图书馆的专家学者，均是地方文化研究的主力军，在江苏地方文化研究方面多有创获。经过他们细致的考证、深入的探究、翔实的爬梳、严谨的调查，纠正了原《江苏艺文志》的讹误，删除了原《江苏艺文志》中的伪条目，使得江苏学人的著述更为准确，全景式展现江苏学人著述的洋洋大观。

比如毛有诚，原《江苏艺文志》将此人收入《苏州卷》中，其小传称其为"宋平江人"，《江苏艺文志·苏州卷》的增订人员考证出此"平江"为湖南省平江县，并非指苏州，增订本将毛有诚从《江苏艺文志·苏州卷》中删除。清代的李卫，原《江苏艺文志·徐州卷》著录其生卒年为1689—1738年，增订人员根据光绪《丰县志》卷十二收录的张廷玉为李卫撰写的墓志铭的记载，考证出其生卒年实为1688—1738年。吴嘉祯，原《江苏艺文志》将其归入南京卷，增订人员根据《江浦埤乘》卷二十九的记载，考证出吴嘉祯本为吴县人，增订本将其收入苏州卷。诸如此类，不一而足。

《江苏艺文志》增订的五年以来，江庆柏先生及其团队将这些考证结果和最新发现，全部融汇其中，有理有据，信而有征，遍布增订本的全28册之中，无论是在作者小传、作者名称中，还是在书名、版本信息、按语中，处处可见增订人员的智慧与考证的功力，凡此种种，均为学术涵养的创见，体现了增订本辨章学术、考证真伪之功。

三、搜遗补阙，增订内容

增订本最大的特色在于增和订。"增"即增加原《江苏艺文志》各卷著录内容，主要包括增加作者、小传、著作、版本、馆藏信息，一些重要的著作增补一些简明扼要的提要加以说明。"订"即改正原《江苏艺文志》的著录错误，包括人名、小传、书名、版本、出处等。排序错乱、年份颠倒的要调整。增订本团队近年来走访了全国几大图书馆和江苏省内各地方图书馆、高校图书馆，以及藏书机构，查阅了网上电子资源，搜遗补阙，对原《江苏艺文志》做了全面的增订。

（一）增加内容。增订本的体量相较于原《江苏艺文志》来说，增加了近一倍。增订本《南京卷》收录作者 2567 人，收录著作 8392 种；增订本《常州卷》收录作者 2239 人，收录著作 7317 人；增订本《无锡卷》收录作者 4624 人，收录著作 11983 人；增订本《苏州卷》收录作者 10789 人，收录著作 32573 种；增订本《徐州卷》收录作者 832 人，收录著作 1783 人……增订本全书共收录作者 29617 人，收录著作 85309 种，原《江苏艺文志》全书收录作者 27529 人，需要说明一点的是，增订本不仅仅是增加作者，对于原《江苏艺文志》中误收的作者要删去，重复收录的作者要合并，也就是说，增订的作者数量远远不止 2000 余人。增补了大量原《江苏艺文志》中未收录的图书，如增订本《苏州卷》中"皇甫冲"条目下，增加《周易大传疏》《纂言》《壬午刑赏录》等 20 余种著作。

增加一些图书的重要的版本，原《江苏艺文志》中失载的版本，增订本尽可能地予以补充，尤其是将近年来新出的大型古籍影印丛书和整理本作为一种版本予以著录，更加方便了读者检索利用，如增订本《苏州卷》中"冯梦龙"

条目下有"古今小说(一作喻世明言)40 卷",原《苏州卷》著录日本内阁文库藏明天启吴县书林天许斋刻本等 4 种版本,增订本《苏州卷》在原先著录的 4 种版本的基础上增补了大连图书馆藏映雪斋抄本等 9 种版本,使得《古今小说》一书的版本增加到了 13 种,等等。

(二)改正错误。原《江苏艺文志》的编纂始于 20 世纪 80 年代,当时资料匮乏、信息化程度低,出现许多讹误在所难免,这其中包括人名、书名、人物小传等讹误。如今增订本在此基础上,将讹误一一改正。如清武进人庄兆麒,原《江苏艺文志·常州卷》著录为"庄兆骐",增订本作者通过查考资料认为其名为"庄兆麒",予以改正。改正原《江苏艺文志》记录作者生卒年错误、不详之处颇多,如原《江苏艺文志·常州卷》著录"吕佺孙""谢兰生""李岳生""恽汇昌"等众多人物,或是生年不详,或是卒年不详,或是生卒年著录错误,增订人员一一查考并改正。原《江苏艺文志·苏州卷》收录"陆嵩"条目下的人物小传为"道光二十六年(1846)举人。任溧阳、金坛教谕,升镇江府训导",增订人员查考《润州见闻录》等资料,得知陆嵩并未中举,将其小传改为"道光十八年(1838),以优贡生授镇江府学训导"。原《江苏艺文志》书名和作者著录错误,本不是此人的著作著录在了此人条目之下,如原《江苏艺文志·苏州卷》收录"王庚"条目下著录《獭祭篇》一书,经过增订人员的考证,此书并不是此"王庚"所作,而是由同为清代吴县人的另外一位"王庚"所作,此"王庚"字瑞镜,号春帆,为宛平县县丞,并非字尔谷,又字西垣,著作《虎窟记》的"王庚",二人同名同姓同时代同地域,极容易混淆,增订本增加了一个"王庚"条目,并将《獭祭篇》一书著录其下。

纵观全 28 册图书,此类的改正工作俯仰皆是。去伪存真,使得本来或淹没于浩瀚典籍海洋中的大量的江苏文献浮出海面,或由于史料不全、查找不便等原因而著录信息有误的书籍能够再次以全新的面目展现于世人面前,为读者呈现出一个更为真实的地方文献宝库。

清代学者王鸣盛在《十七史商榷》说:"目录之学,学中第一要紧事,必从此问途,方能得其门而入。""凡读书最切要者,目录之学,目录明,方可读书;不明,终是乱读。"余嘉锡先生也说:"目录之书,既重在学术之源流,后人遂利用之考辨学术,其功用固发生在目录学之本身,而利被遂及于学者。"增订本编纂人员批阅数载,排沙拣金,皇皇 28 册,近 1300 万字,实为基础性的科研项目，不仅有助于学术研究，还可以为大型地方文献集成的编纂提供基础性的文献依据，可以想见，依托增订本所提供的文献基础，学者可开展江苏学术史甚至江南学术史的研究工作，如果将来有可能，甚至可为江苏以及江南文献数据库建设提供最基础的书目支持。王欣夫先生在《古文献要略》中说："各地的艺文志倘是都编得征实可信，那末，汇合起来就是一部完整的国史艺文志。"希望增订本的出版，可以为将来完整的国史艺文志的出现尽一份力。

（原载《江苏地方志》2020 年第 6 期）

《文选旧注辑存》，千年之下的中古记忆

蔡谷涛

公元 528 年，是年为梁大通二年。这一年距今已有近 1500 个春秋——这个因本朝时间过短而被统称进南朝的时代，遥望着四百年汉室的火炬熄灭后，又经历了唐宋元明清乃至民国这一系列漫长的岁月，现在看来真可谓沧海桑田。公元 528 年，梁武帝的太子萧统在著名文士刘孝绰等人的帮助下完成了《文选》的编纂。因萧统在两年后未登基而薨，谥号"昭明"，这本书也被后世称为《昭明文选》。就萧统在《文选》序中所说的编纂目的，只是为了"历观文苑，泛览辞林"时能够"略其芜秽，集其清英"；就我们已知的文学总集来说，《文选》并不是最早的一部。但恐怕萧统也不会笃信，这本书在其后的时空中已超越其时编者所代表的地位，成为横跨千古的一个文学坐标。

对于《文选》的直接评价汗牛充栋，我们不必在此一一重复。作为物质载体的书籍，从抄本到刻本，一代代文士学人都在阅读这部书。作为一部经典，《文选》的注也随着白文本身成为"选学"的重要部分。这些大工程都是以实质性的成果诠释着《文选》在历史中的地位。《文选》今日可见的注释流传最广的当属李善注和五臣注，日藏《文选集注》中又有《文选钞》《文选音决》和陆善经注，敦煌文献里也出现过许多残本。这只是最基本的系统，李善注和五臣注所据底本本就不同，加上时间的推移，各注内部也出现了各个版本，如宋本之间李善注本最有名的淳熙八年尤袤刻本，五臣注本最有名的绍兴三十一年陈八郎宅刻本，以及将李善注和五臣注结合所出的各个"六臣本"和"六家本"系统，遑论元、明、清各家以以上宋本为底本再次刊刻；或远流海外，播声他邦，亦自成一家。如萧统自己在《文选》序中所说，"盖欲兼工太半，难矣"。

如果只是简单阅读，择一种最为称道的版本即可。李善注旁征博引，成为南宋以来读《文选》注释之主流。清嘉庆年间胡克家以尤袤刊本为底本翻刻之版，有"集大成"版之称。中华书局以此排印，上海古籍出版社据此点校，都是当前市面上最为通行的《文选》版本。除此之外，人民出版社出版过日本足利学校藏的六家注本，巴蜀书社出版过敦煌本，中华书局也出版过敦煌本，但此类版本较为小众，所以仅在学术圈内有一定影响，流通不广。凤凰出版社在2017年出版过一套《文选汇评》，书如其名，以收集历代评论为主，可算另辟蹊径，但已经是另一种类型的书籍了。

当我们站在一个简单阅读以上的层面，希望看到更多的版本，尤其是看到更多《文选》的古注，似乎就成了观书者的一个野心。同样的催动力更易生于学者之心，如果编成一本书，能将散漫各处的《文选》注文集于一页一句之下，用《文选旧注辑存》的作者刘跃进老师自己的话说，"不仅仅是发思古之幽情，也有着现实的意义"。研究古典文学之人的浪漫，大概就是这样吧。

《文选旧注辑存》，一套书总共二十本，总字数已逾千万，页数也有一万两千余，以体量来说，市面上其他《文选》版本无有出其右者。刘跃进老师是用哪些内容填满了如此巨大的体量呢？随意翻开一页，竖排大字的《文选》正文一句一段，每页只有几行。而后条列诸家古注。这些古注包括：1. 李善注，包括"善曰"的李善本人撰注、李善所征引的旧注以及史注；2. 五臣注；3.《文选集注》，其中《钞》《音决》和陆善经注尤为珍贵；4. 俄藏敦煌本、天津艺术馆藏旧钞本等残卷中的古注。上述古注，除尤袤刻李善注外，清代《文选》学家多数未曾披览，可以说文献价值非常之高。注释之后，如有版本字句之别，又有"跃进案"在后加以补充。如前所言，《文选》版本众多，但这些古注基本涵盖了可见版本的精华。甚至有些"喧宾夺主"，以注成书的味道。但想来中古时代最有名的三大注疏——《三国志》注、《世说新语》注和《水经》注，哪本不是注的数量超过原文呢？如此说来，这部书颇有"中古风格"。

旧注一条一条看过，突然感受到这些是每个时代对于这一部中古文集的记忆。萧统编撰时所谓"略其芜秽"，以其当代视角来看对文学创作品鉴是有非常大的信心的。萧统的信心确实也得到了验证：文学从经史为主的学术系统中独立出来，成为后世图书四部之一的部类，是在这个时代；文士的身份在史传中有别于儒士，文学馆被单独设立，是在这个时代；文学评论专著《文心雕龙》《诗品》等赫然成册，并且成为后世文学评论的标杆之一，是在这个时代；对文体区分细之又细，陶匏入耳，黼黻悦目，也是在这个时代。后世学者站在萧统的视野之中，去看陆机，去看谢灵运，去看曹子建，其实也是在萧统的身后看他。无论是李善注的力图对文本典据钩沉索隐，还是五臣注试图对文意的融会贯通，都体现出他们对萧统及其所代表时代的理解；后人不同版式的刊刻，亦如萧统"集其清英"一般在做独断的选择。中国古代文学评论方法讲究知人论世，我们通过翻阅这些不同的古注去了解《文选》，也在阅读《文选》中去形成对中古的认知。从这个角度来说，这本《文选旧注辑存》包含了厚厚实实的千年之下的中古记忆。

正如刘跃进老师在另一篇文章里说的："中古古典文学研究的体系建设，既是中国古典文学自身发展的必然趋势，也是中华文化、中华文学创新发展的历史大势。"编撰《文选旧注辑存》这样的工程，也让我们的时代融入于历史记忆之中，千百年后，依然呈现在后人眼前。

（原载凤凰出版社微信公众号 2021 年 11 月 5 日）

《文心雕龙解析》，"龙学"研究领域的力作

蒋李楠

周勋初先生的《文心雕龙解析》一书，是近年来"龙学"研究领域的一部力作，也是引领读者走进《文心雕龙》的绝佳范本。该书的雏形，是 20 世纪 60 年代作者执教南京大学时编写的讲义。80 年代初，再次开设《文心雕龙》课程时，他将旧讲义中的《原道》等十三篇整理成《文心雕龙解析》，作为内部教学用书。2000 年，《周勋初文集》出版，这十三篇书稿收入其中。《文心雕龙》凡五十篇，为了形成完整的定本，作者随后在数位中青年学者的协助下陆续完成了剩余篇目的解析，并将多年的"龙学"研究论文附录于后。2015 年底，《文心雕龙解析》作为定本由凤凰出版社正式推出。可以说，本书凝结了作者数十年教学与研究的心血，是作者"龙学"研究成果的集中展现。

精审的文献整理

20 世纪以来，《文心雕龙》吸引了众多学者的目光，校勘、释义、研究方面的成果相当丰富。其中，王利器、杨明照、詹锳等人的校勘工作尤为突出。作者在整理文献时，以王利器的《文心雕龙校证》为底本，并参校以杨明照《文心雕龙校注》、詹锳《文心雕龙义证》等书，涉及唐写本时，则用潘重规的《唐写文心雕龙残本合校》重勘一过。在诸多优秀成果的基础上，作者博采众长，择善而从，尽可能避免不必要的校勘错误，使《文心雕龙解析》在文献整理上能后出转精，成为经得起时间检验的精审范本。

创新的著述体例

作者以阅读、思考、研究的路径解析《文心雕龙》，力求体例上的创新。每一篇的解析均由"解题""注释""分析"三部分构成。"解题"重在对篇章定名的含义与意图予以辨析，从历史传承、时代风尚、作家背景各个角度揭示篇名的内涵；"注释"则逐段进行，以凝练的语言注解重点字词，避免繁征博引与多端寡要之失；"分析"是在疏通字义的基础上厘清前后文之间的关联与转合，探求行文脉络与文章层次。另外，在部分篇章后还收录了作者相关的研究论文，以供相互参阅，如《〈文心雕龙〉书名辨》《〈文心雕龙·辨骚〉篇属性之再检讨》《"登高能赋"说的演变和刘勰创作论的形成》等，均是在"龙学"研究领域具有重要意义的名篇。体例上的如此布局，清晰呈现了作者读书、思考与探究的过程，可资读者借鉴。

学术史的研究视角

本书中，作者在总结近代"龙学"研究的经验教训后，提出要从学术史的角度考察《文心雕龙》的产生与成就，试图将刘勰的文学思想放在中国学术的发展长河中加以探讨。他说"所谓放在历史长河中考察，并非只是强调历史发展的先后顺序，而是认为研究者应从时代思潮、政治制度、文坛风气、历史演变等多种角度进行考察，才能避免偏颇之弊"①，并反对以现代的、西方的理论体系来对中国文论进行肆意地剖析与评判。作者这种学术史研究的视角和中国文化本位的立场，鲜明地体现在五十篇《解题》以及《刘勰的文学观与中国文化传统》等篇章中，对于当代"龙学"研究多有启示意义。当然，作者并不摒弃现代优秀的理论成果，如书中所收陈恬仪《论南北朝的"谢启"：以赐物谢启为观察中心》一文，便汲引了文化人类学的研究成果，足见作者不执一隅、兼容并包的学术理念。

总之，《文心雕龙解析》是一部以文献整理为基础、教学普及与学术研究相结合的集成之作。读者由本书进入《文心雕龙》，或可少一些歧路亡羊的困扰。

（原载凤凰出版社微信公众号 2021 年 11 月 12 日）

---

① 周勋初《文心雕龙解析》，凤凰出版社，2015 年，第 910 页。

儒宗遗响　灿然成编

——《高攀龙全集》评介

尤丹丹

　　高攀龙(1562—1626)，字存之，号景逸，常州无锡(今江苏无锡)人。他是晚明大儒，被称为"一时儒者之宗"(《明史·高攀龙传》)。他有创造理想世界的强烈信念，无论居官在朝，还是退处林下，他都能直道而行，见义必为，积极用世。在学术思想领域，他继承朱子之学，力矫空疏的学风，开启了明清易代之际的实学思潮。在林下讲学的岁月里，他与顾宪成等人一道，讲授儒家经典，开展学术活动，成为东林学派的重要代表。在文学领域，沈德潜在《说诗晬语》中评价高攀龙诗歌"得陶公意趣"，《四库全书总目》认为高攀龙"诗意冲澹，文格清遒"，其诗文成就广受赞誉。

　　高攀龙留存下来的学术著作主要有《周易孔义》《朱子节要》《就正录》《高子遗书》《高子未刻稿》等，是学界研究明末思想史、政治史的重要素材。高攀龙生前仅有数种著作刊行或有自订本，其他多"散漫无次"，门人陈龙正为防止"久而愈纷"，于是在高氏自订本及其门人周彦文、祝可久所辑录讲学文献的基础上，抄录其语录、诗文、家训等遗稿，于崇祯五年(1632)删选编成《高子遗书》十二卷。该版本也是学界研究高攀龙学术思想最重要的参考文献之一。此后，无锡学者华希闵先于康熙年间刊印《高子全书七种》(《周易孔义》三卷、《春秋孔义》十二卷、《四书讲义》一卷、《东林书院会语》一卷、《程子节录》四卷《文集抄》一卷、《朱子节要》十四卷、《就正录》一卷)，后于乾隆七年(1742)再刻《高子全书》，增加了《正蒙集注》四卷、《高子文集》六卷、《高子诗集》八卷三种，合计十种五十五卷，有意系统搜集刊刻高攀龙的著述。

　　进入 21 世纪，高攀龙的著述整理也取得了一定的成果。凤凰出版社 2012

年影印出版的大型地方文献丛书《无锡文库》收录了高攀龙著述五种(《高子遗书》、无锡市图书馆藏《高子遗书未刻稿》《高忠宪公诗集》《高子别集》《高子文集》)以及后人编纂的《高忠宪公水居志》《高子水居志补编》《高子水居菁华录》《高忠宪公墓志行述》《高忠先公年谱两种》。虽收录内容不少,但在使用的便捷性方面有所欠缺。2016 年,北京大学出版社出版的《儒藏》"精华编",收录了董平、柴可铺校点的《高子遗书》,成为高攀龙著述的首个点校本。如何进一步推进高攀龙现存著述的深层次整理,成为深化相关领域研究亟待解决的问题。在此背景下,《高攀龙全集》的整理出版,适逢其时。

尹楚兵教授辑校的《高攀龙全集》作为国家社科基金重大项目"东林学派文献整理与文献研究"成果之一,同时得到了国家古籍整理出版专项经费的资助,于 2020 年 9 月由凤凰出版社正式出版。本书的出版,力图展现一代儒宗高攀龙著述之全璧,提供一个既"全"且"精"的"高子定本",以进一步推动对高攀龙政治、思想、文学以及东林学派的相关研究。

根据《高攀龙全集》的整理情况,试总结其特点如下。

第一,辑录系统而全面,校勘精审而扎实。本书作为高攀龙现存全部著述的系统整理,分上、下两编,成书三册,收录了高攀龙现存诗文、语录、札记、讲义、家训、杂训、日记、对联等作品,以及笺释类、编选类、删订类著作(《周易孔义》《春秋孔义》《正蒙集注》《程子节录》《朱子节要》《邵文庄公年谱》),采用集点校、辑佚、辨伪于一体的方式,对高攀龙著述展开系统全面的整理。

陈龙正在编选《高子遗书》时,对收录的《就正录》《四书讲义》《东林书院会语》相关内容进行了筛选和删改,并说"凡于不欲垂不必垂者胥已之,宁简毋繁"(《高子遗书序》)。尹楚兵教授对此进行了总结:"删去语录七十则及《朋党说》,并对说类文章与《四书讲义》的题注有所删削。"此后,《高子全书》对其有所补正。《高攀龙全集》的辑校,则据先于《高子遗书》的高攀龙自订本及其门人辑录本,按原貌收录以上几部作品,通过还原高攀龙著述的原貌,为读者提供了更为可靠的原始文献。

为了展现高攀龙著述全貌,尹楚兵教授对高攀龙集外作品作了广泛的辑佚,增补了散落在各类典籍中的相关条目。从现存明清各类文献中辑出语录 226 则,书札、日记、家训、对联等 72 篇,诗歌 20 首,并对高攀龙现存著述进行了甄辨。《集外佚作辑存》所辑录的诗歌、语录、序跋、书札、家训、日记等，出自《晴山堂法帖》《息斋笔记》《京口三山志选补》《(乾隆)镇江府志》《梅里志》《虞山书院志》《东林书院志》《锡山赵氏宗谱》，北京大学图书馆藏《明贤尺牍》，无锡博物院藏《高攀龙书信录真迹》等。既有尺牍集、笔记，也涵盖了地方志、宗谱等文献，辑佚范围广，涉及文献种类丰富。如《与顾端文书》据上海国学保存会编《国粹学报》辑录；《与丁乾学书》两札据《江曲书庄所藏明人尺牍》辑录，尹楚兵教授在校记中简要记述了书札流传情况以及跋语，有助于读者了解书札的背景等信息。《论逋税致丈(题拟)》则据日本山本悌二郎《澄怀堂书画日录》卷四"高攀龙尺牍小轴"辑录，并附日文记载。

精审而细致的校勘，保证了本书的质量。根据尹楚兵教授统计，高攀龙著述各版本以及主要的参校本多达19种，同时涉及其他参校本11种。如五言古诗《夏日闲居》除底本外，还见载于《高忠宪公诗手稿真迹》、《高子遗书》卷六、《高子诗集》卷二，以及《明诗综》《高子水居志补编》《梁溪诗钞》等。针对此类情况，尹楚兵教授精心校勘，在每首诗之后详细介绍了该诗在高攀龙著作中的收录情况以及各版本异文，便于读者进行比对和阅读。对其他类别著述的校勘，也力求严谨细致。如《周易孔义》首载《〈大易易简说〉叙》，底本缺页，据参校本进行校补，并出校说明；《正蒙集注》卷四据前文校改了讹字。除了本校和对校，本书还使用了他校和理校的方法。对于底本文辞不通之处，尹楚兵教授在对校基础上，还认真比对他书收录的内容，确定文字，并出校说明。如《周易孔义》卷一"'大人造'，即圣人作也"一句，其中"大人"二字底本作"人人"，据《周易》及《周易易简说》对文字进行了校正。《春秋孔义》卷六，《春秋》原文与本书所引之内容有异文，也出校加以说明。《正蒙集注》卷三"'立贤无方'，此汤所以公天下而不疑，周公所以于其身望道而必吾见也"一则，校记中附朱熹《孟子精义》相应文字，以说明该条于"周公"一句前当脱"兼思三王"四字，以供读者参考，体现了尹楚兵教授严谨的治学态度。

第二，考辨周详而完整，补罅细密而精致。梳理高攀龙诗歌作品时，需要整理者考辨芟夷、补苴发明之处不少。尹楚兵教授竭力搜寻沉睡在各公共图书馆、博物馆里的相关文献，涵盖了无锡市图书馆、无锡博物院、上海图书馆、国家图书馆以及相关高校图书馆古籍部等相关单位。通过严谨的考辨，首次收录了无锡博物院藏《高攀龙书信录真迹》、南京博物院藏高攀龙手书《卞氏二隐君传》等手稿。另据尹楚兵教授考证，上海图书馆藏署名高攀龙的清抄本《螺江日记》六卷为伪书，清人张文枫有同名著作《螺江日记》八卷，此即其前六卷，系有人有意篡改原书而成，这种考证起到了正本清源的功效。本书首次整理编次高攀龙现存全部诗歌，共计 438 首（含一首存目，不含辑佚诗作），厘清了高攀龙现存诗作情况，为深入研究、客观评价高攀龙的诗歌成就及其诗歌与思想主张的互证等提供了文献依托。另著《高攀龙〈水居题壁〉二首考辨》一文，辨析高攀龙门人陈龙正所编《高子遗书》中《水居题壁》二首（"洞水泠泠声不绝""渔竿消日酒消愁"）实为唐诗，当为高攀龙所书，陈龙正编辑先师遗稿时误收入集中。

第三，编次规整，简洁全面。《高攀龙全集》所涉及高攀龙著述至为复杂，为整理带来了不小的难度。高攀龙现存著述涵盖了诗、文、语录、家训、学术著作等多种类别，版本纷繁，不同版本收录的作品时有重出互见，或篇目名称、文字有异同，或内容详略不一。在整理时，要对不同版本的作品进行重新组织、编排，保证精当而不繁冗，以呈现更为清晰的作品面貌。尹楚兵教授对高攀龙现存著述精心遴选整理底本，择善而从，有高攀龙手稿及明刻本的，一律采用手稿、自订本及明刻本，其他亦尽可能采用较早刊本。在此基础上对照参校本作进一步完善，让读者在阅读时可以一目了然。例如，高攀龙的诗歌散见于崇祯五年（1632）陈龙正编选的《高子遗书》，崇祯九年（1636）马世奇、陈龙正编刻的《高忠宪公诗集》，高攀龙之子高世宁编的《高子未刻稿》，清华希闵《高子全书》中的《高子诗集》，以及各稿抄本等。尹楚兵教授在整理时，细致考量，以崇祯九年《高忠宪公诗集》为底本，以《高子诗集》《高子未刻稿》《高子遗书》所载《高忠宪公诗集》未收诗附于卷后以作补充。据《高攀龙全集》附录《〈高忠宪公诗集〉跋》黄裳自述，他于秀州书社发现崇祯刊本《高忠宪公诗集》见售，"喜而留之"，并且一读再读，可见崇祯刻本《高忠宪公诗集》所具有的重要版本价值。高攀龙的各类文章情况更为复杂，尹楚兵教授在《前言》中已有详细介绍。本书在编排上，依次收录《就正录》《四书讲义》《东林书院会语》，《高子遗书》不见于以上三书的作品，《高子未刻稿》以及《高子遗书未刻稿》《高子别集》中所载《高子遗书》《高子未刻稿》的未收文，并重录前文有删节存目的文章，接以《高子日记约钞》，并在上编最后一部分辑录高攀龙集外佚作，以作重要补充。

此外，附录汇编相关文献资料，增强了《高攀龙全集》一书的实用性。本书附录收录了与高攀龙相关的墓志铭、行述、传记、年谱，高攀龙著述的序跋、提要等资料，包括朱国祯、钱谦益等人所作墓志铭、神道碑铭，行述、行状、祭文、题咏赞跋；《高忠先公墓志行述》，《明儒学案》《东林列传》以及《明史》中的高攀龙传，《高忠宪公年谱》两种；钱士升、陈龙正《〈高子遗书〉序》，四库本《高子遗书》提要、无锡博物院藏《〈高忠宪公诗手稿〉跋》、民国十三年金陵王氏思过斋刻本卷首唐文治《〈周易孔义〉叙》等序跋、提要。

欲挽大厦于将倾，也能"坐看大江流日夜，心如沙际一鸥闲"（《高攀龙全集·集外佚作辑存·同陈思岗年兄来游釜山留题云谷上人山房》），高攀龙的气节与学识，是东林学派的典型。相信"诗卷长留天地间"，全新整理的《高攀龙全集》可为后续的东林学派研究奠定坚实的文献基础。

（原载《古籍整理出版情况简报》2022 年第 2 期）

何似苍山负雪，明烛天南

——写在《姚鼐师友门人信札汇编》出版后

吴　琼

　　乾隆三十九年（1774）冬，辞去四库馆纂修官职位的姚鼐，应友人朱孝纯邀请，冒着岁暮风雪赶赴泰安，与之同登泰山，夜观日出。之后为纪念此行，朱孝纯作《登日观图》，姚鼐则写下《登泰山记》。《登泰山记》不仅是姚鼐的代表作，也是在其人生的分水岭上非常重要的一篇作品。在此之前的前半生，他身负姚氏一门希冀，被刘大櫆称许"具垂天翼"，志趣超然，抱负远大。然而他为人耿介傲气，科场不顺，在官场待了十来年后，逐渐牢骚满腹，终于下定决心挂印辞官，遂有泰山之行。

　　从泰山下来，姚鼐仿佛"久在樊笼里，复得返自然"，在山水间寻到了安身立命处，一两年内四处游山玩水写游记。然而写文章不能当饭吃，一个偶然的契机，朱孝纯任两淮盐运使时，得知姚鼐在家赋闲，便邀请他主讲扬州梅花书院。自此，姚鼐由行政岗正式转向教学岗，成就一发而不可收拾。

　　泰山途中的姚鼐，自然不知道这些。彼时的他，人到中年，半生蹭蹬，宦海沉沦，遍尝冷暖。犹如那夜登山"道中迷雾冰滑，磴几不可登……大风扬积雪击面"，让他戚戚然不知所处。

　　可惜的是，两人商量泰山之行的来往书信，皆已散佚。只留下些许诗文，记录着寸心不隔，明月为期，但信中的老友家常、毛勉殷切，皆淹没在历史烟尘中，杳然无踪，令人怅惋。

　　可喜的是，姚鼐去今未远，又交游广泛，除了少数散佚，他的大部分信件都被妥善保存下来，存世约五百多封，近年来拍卖行中还常常有此前从未现世的沧海遗珠，堪称连城拱璧。历数这些通信人物，除桐城派后学外，不少是乾嘉文坛的宿儒。这些信札价值不言而喻，有心人早已按捺不住。

当卢坡老师交来这部《姚鼐师友门人往还信札》，尽管有心理准备，翻阅后仍不免惊叹。除了惊讶于他花功夫之深，编排之匠心，亦欣喜对安徽老乡姚鼐有了更新的认知。这本书共收录姚鼐本人信札476封，他人与姚鼐信札40封，书影百余幅。每位交往对象，均有生平简介，部分有疑义的生卒年则予以考证。按师友门人的次第进行排序，自然呈现了他由请教者向施教者的身份转变，以及伴随这种身份转变而愈发立体的论文观点、治学风格、生活状态。如此，在一封封来往信件中，一个顶着"桐城三祖"之一名头的姚鼐，变得鲜活和生动，须眉可见；而以姚鼐为中心的桐城派"寻声企景，项领相望"之盛况，乃至乾嘉文坛的交游图景，亦得以窥豹。

姚鼐是个通达而清醒的人，早年热衷仕途，却没有官迷心窍。他辞官亦不是冲动，否则不会之后数次被举荐而坚辞。他曾在《复张君书》中谈为官之道："古之君子……将度其志可行于时，其道可济于众。"既然不能"所济者大"，亦难"微补于国"，惟有"从容进退"。弟子陈用光《寄姚先生书》中曾表示心态焦虑："悲年岁之不与，悼壮志之无成。"几年后将赴乡试时，姚鼐去信宽慰："尽己之道，进退得失，听之天而已。"理解了姚鼐在进退出处上的超脱淡然，才能更深刻体味他文章中的清通之气。

出身书香世家，立身立言是姚鼐刻进骨子里的人生祈愿。他年轻时曾写信给刘大櫆说："自少至今，怀没世无称之惧，朝暮自力，未甘废弃。"自谦"于文艺，天资学问本皆不能逾人。所赖者，闻见亲切，师法差真"。可见于文艺一途，姚鼐有其自信与野心，尤其在长期坐馆生涯后，有了一批追随者，更毅然以谨守法度、振兴古诗文为己任。在他与师友门人的信札中，有大量的论学内容。如与袁枚论《仪礼·丧服》中"妇人无主"说，与曹京论经注，与陈奉兹信中对毛俟园"当者立碎"论表示欣赏。在写给众门生后辈的书信中，更是将自己的诗文创作观念一再申述，如《与陈硕士》中言"欲得笔势痛快，一在力学古人，一在涵养胸趣"，认为学习古人是重要途径。如何学，他亦有指点："学古文者，必要放声疾读，又缓读，只久之自悟。"在不断学习的基础上，"以待其一日之成就"。这样的桐城文法，正可与其诗文著述相参看。

学人遇有歧见时，尺牍亦成为论辩交锋的见证。姚鼐和钱大昕之间围绕古代地理沿革有过一次有意思的论争。弟子谈秦以钱大昕"秦有三十六郡"一言向姚鼐请教，姚鼐在回信中云"三十六郡"说不可拘守，钱大昕得知后如鲠在喉，在陈用光处读姚鼐《庐江九江二郡沿革考》后，终于不吐不快，去信商榷。钱大昕属汉学阵营，姚鼐则鄙弃汉学的烦琐考据，曾在《与陈硕士》中明言"特嫌其所举太碎小，近世为汉人学者，率有斯病，愚意不喜之"。兼之钱大昕此信写得洋洋洒洒，不甚客气："先生当代宗师，一言之出，当为后世征信，敢献所疑，幸明以示我。"姚鼐颇感无奈，不愿纠缠，在给陈用光信中说："庄子云'有争气者，勿与辨也'，鼐于辛楣先生处，已不更作复，聊与吾石士言之耳。"想必钱大昕此番一拳打到棉花上，懊恼难以言说。

姚鼐晚年生活拮据，经常在信中哀叹自己老眼昏花还要养家糊口。给百龄的信中说自己："尸居讲席，无益多士。今年耄识昏，亟思归去……衰病之躯，实不能留。乞另延贤者，以主书院。鼐竢天气稍和，即买舟西去。"《与香楠叔》："本意托居金陵，然非前进不能买宅，营之数年，卒不可得，而目昏体敝，日甚一日。明年八十四岁，安有仍作客之理？决计必归去。"像极了一边喊着躺平一边加班的我们。可叹的是，姚鼐最终也没能在南京买上宅子，而他念叨的不如归去，也未实现，最终客逝钟山书院。

姚鼐高寿，几十年设馆课徒生涯，躬耕不辍，其文被尊为"清代古文第一"，号文章正宗，天下翕然，门生遍于东南，继刘大櫆、方苞后拉扯起了桐城派的大旗，使桐城派最终成为有清一代最大的散文流派。遥想数十年前，他在日观亭熬过长夜迎来日轮喷薄，豁然开朗，下笔如神，一句"苍山负雪，明烛天南"，竟冥冥中写照了自己的后半生。

（原载《文艺报》2023 年 3 月 15 日）

水浒戏曲：水浒故事的"基本演绎法"

张淑婧

　　水浒故事，早在南宋时期便已流行于民间，经世代累积，终于在元末明初形成了长篇章回小说《水浒传》。而在小说诞生前后，水浒故事的民间流传载体主要是水浒戏曲。水浒戏曲，顾名思义就是以水浒人物故事为题材创作的戏曲作品。由孙琳先生辑校的《水浒戏曲集成》将现存的所有有关水浒人物、事迹的戏曲作品悉数搜集并加以整理，共计一百四十余种（其中体量最大的《忠义璇图》分十本二百四十出），其数量之多自不待言。且相比小说，水浒题材戏曲不但更早出现，而且因其需由表演呈现的体裁特征在民间的传播范围更广、影响更大。因此，提到水浒故事，虽然我们首先想到的一般都是小说《水浒传》，但其实丰富多彩的水浒戏曲才是水浒故事的"基本演绎法"。

　　《水浒戏曲集成》作为国家古籍整理出版专项经费资助项目，由凤凰出版社于 2022 年 12 月正式出版，孙琳先生此次对于水浒戏曲的整理工作，有着多个层面的意义。

　　首先体现在"水浒"研究领域，其对水浒戏曲及其多种版本的搜罗之全，无疑具备极大的文献学价值。水浒戏曲文献，从古代或在民间传抄或不成体系地散见于《录鬼簿》《续录鬼簿》《太和正音谱》《曲品》等文献中，到 20 世纪中后期由傅惜华先生《水浒戏曲集》、王晓家先生《水浒戏考论》等进行初具系统的整理，再到如今孙琳先生在前人的基础上通过对《全元戏曲》《清车王府藏戏曲全编》等新编戏曲集的筛选及藏于各大图书馆的罕见稿抄本的搜集，最终完成了现阶段对水浒戏曲最为全面地辑录与整理，斯功甚伟。尤其是对于各种稿抄本及《忠义璇图》两种残本的辑录，更显此书的版本学价值。此外，《水浒戏曲集成》的编写还为水浒故事的传播与流变研究、不同时代的水浒故事书写研究、水浒故事的跨文本研究等多种研究方向提供了全面而珍贵的参考资料。

其次，对于水浒故事爱好者而言，《水浒戏曲集成》可被视为一部古代水浒同人创作合集。众多戏曲对小说《水浒传》人物及剧情的别样演绎，分别从不同方面满足着读者的想象。《水浒传》的结局之所以有着如此动人心魄的力量，主要源于其出色的人物塑造。金圣叹《读第五才子书法》称"《水浒传》一个人出来，分明便是一篇列传"，"别一部书，看过一遍即休。独有《水浒传》，只是看不厌，无非为他把一百八个人性格，都写出来"，"写一百八个人性格，真是一百八样"。正因如此，当我们看到这些"可爱的草莽英雄"所经历的非死即伤、悲欢离合，才会感到唏嘘不已、扼腕而叹。虽然小说对人物形象的塑造已然十分到位，但读者对于自己喜爱人物的遐想是无穷的，在这一点上，主要围绕一个人物的某个事件进行延伸演绎的多种水浒戏曲自然也就满足了水浒爱好者对于想要看到自己喜爱人物更多动态的需求。而《水浒传》对于非主要人物的塑造同样精彩，因此也衍生出众多关于非主要人物与支线情节的创作，其中最广为人知的当属《金瓶梅》，以非主要人物西门庆为主人公，演绎了一出活色生香的市井人情悲喜剧。事实上此种类型的衍生创作还有很多，同样大多数还是以戏曲的形式呈现，如《花田错总讲》一剧，将小说中鲁智深救刘太公女一事延展开来，演绎了一部趣味纷呈的才子佳人式喜剧，本是小说主要人物的鲁智深等人在这出戏中反而成了配角，亦为读者提供了不同以往的新奇视角。还有部分戏曲将对结局抱不同态度读者的想法以再创作的形式呈现出来，从而满足人们的想象。对于《水浒传》中"招安"结局的认识历来是极富争议的，对于"招安"一事唾弃之人亦不在少数，那么以《偷甲记》为代表的一系列"反水浒"倾向的戏曲作品则可谓正中其下怀。

《水浒戏曲集成》对于水浒戏曲的搜集与整理，除对"水浒"领域内的贡献外，无疑还具备着其他显著且多方面的现实意义，具体主要体现在以下三个方面：

首先，从传统文化的普及层面看，《水浒戏曲集成》囊括了多种不同的传统戏曲形式，有助于增进大众读者对于传统戏曲的了解。这些形式有杂剧，传奇，包括昆腔、高腔、乱弹、皮黄、梆子腔等多种演绎方式在内的清代戏剧以及快书、子弟书、牌子曲等讲唱文学。一些经典的故事情节如"逼上梁山"

"景阳冈打虎""坐楼杀惜""大闹翠屏山"等往往被演绎为多种形式，读者可通过对于相同情节不同演绎形式的对比阅读了解不同戏曲形式的特征。

其次，从语言学研究层面看，《水浒戏曲集成》中收录的众多戏曲作品是我们今天研究古代文字、白话、方言等的重要参考资料。《水浒戏曲集成》主要收录了元、明、清三个朝代的戏曲作品，可用于对不同时期的白话及其演变之研究；众多清代戏曲抄本的用字情况极为复杂，各种类型的异体字层出不穷，对此整理者专列异体字对照表，置于书末，可为俗文学的用字研究所参考；还有大量戏曲作品如《山门》《戏叔全串贯》等的人物对白部分皆以方言书写，亦可用于明清方言的研究。这些戏曲底本原散落各处，极难查找，如今全部汇集一处，对于相关语言学研究者来说无疑是极大的便利。

最后，从语文教育的层面看，《水浒戏曲集成》是一部辅助教学、丰富课堂形式的素材库。小说《水浒传》是初中阶段必读名著，《景阳冈》《林教头风雪山神庙》分别为人教版小学、高中语文教材中的课文。而《水浒戏曲集成》中与这两篇课文相关的情节均有多种形式的戏曲变体，既可以直接用于戏曲排演或作为延伸阅读材料，以丰富教学、帮助学生理解课文，又可以作为剧本写作与剧本改编的教学案例，在阅读与实践中帮助学生更加形象地理解小说与戏曲不同的体裁特征及在写作时分别所应侧重的方向。

"听伊分诉怒气欲冲天，由不得心头烈焰燃，吾当勇往直趋前，看俄然锄彼强梁安依良善。"（《忠义璇图》残第四本）水浒故事以其强大的生命力被一代又一代的爱好者推崇至今，作为其载体之一的水浒戏曲更是具备着审美与实用的双重价值，理应在今天被充分发挥，因此才有了孙琳先生数年如一日，对于《水浒戏曲集成》的整理点校工作。如今这份付出终于化为成果，得以供各行各业、着眼不同的读者各取所需，其未来还将创造出怎样的价值，属实令人期待。

（原载《文艺报》2023 年 4 月 19 日）

探寻江南文脉，卧游江南山水

——《江南旧志图选》出版

彭子航

"暮春三月，江南草长，杂花生树，群莺乱飞。"春光融融、莺飞燕舞，江南的阳春景色让人陶醉，越来越多的人也选择来到江南，踏青赏花。但知名景点人满为患、出行路上拥堵不堪，这样摩肩接踵式的旅行，也会让人兴味索然。那么，如何足不出户，在家里就能欣赏江南春色呢？苏州市地方志办公室编、凤凰出版社出版的《江南旧志图选》，带你领略千里江南的美景胜境，感受江南文脉的浩荡绵长。

《江南旧志图选》是苏州市地方志办公室与凤凰出版社联手打造的江南文化品牌项目——"志说江南"系列丛书的重要部分，该书以历史上"八府一州"的江南地域为核心，广泛搜集历代志书中的珍贵图谱资料，为广大读者呈现了一部精彩绝伦的江南旧景。《图选》计划出版《城池》《境域》《名胜》《八景》4种，而2022年率先出版的《城池》《境域》，即清晰地刻画了"八府一州"的江南地域轮廓。

阅读二书，直接感受到的就是与时俱进的古籍整理工作与清晰翔实的图志内容。2022年4月，中共中央办公厅、国务院办公厅印发《关于推进新时代古籍工作的意见》，《意见》要求，"将古籍工作融入国家发展大局，注重国家重大战略实施中的古籍保护传承和转化利用"。长三角一体化发展于2019年上升为国家战略之后，江南文化成为文化领域的研究热点，同时也对以江南文化为根基着力打造江南文化高地、发挥江南地区经济文化的引领作用提出了更高的要求。旧志作为记载地方史实、传播地域文化的重要历史资料，不仅能为长三角一体化发展提供历史基因，更能增进新时期江南地区的文化认同。旧志整理要"坚持守正创新，古为今用、推陈出新，服务当代、面向未来"，而苏州市地方志办公室依托丰厚的江南旧志资源，以志明史，整理出版"志说江南"系列丛书，正是地方志工作创造性转化、创新性发展的新时代的新作为。只有古籍整理工作与时俱进，才能让旧志不再诘屈聱牙、晦涩难懂，从而让更多的人关注古籍，让古籍更好地普及传播、古为今用。

《江南旧志图选·城池》收录了南京、镇江、常州、无锡、苏州、扬州、泰州、南通、上海、杭州、嘉兴、湖州、宁波、绍兴、安庆、黄山等16个现行设区市的历代城池图173幅；《境域》则收录了江南府境图与上述16个现行设区市的历代境域图259幅。目前市面上所见旧志出版物，以完整的合集居多，如《中国地方志集成》《中国方志丛书》等，虽然搜罗详尽，但翻阅利用稍显不便。《图选》精心选择了具有代表性的江南旧志，将其中的城池图、境域图汇编成册，不仅利于专业学者参考研究，更是方便普通读者欣赏阅读。

在长三角一体化发展国家战略的大背景下，在广泛搜集旧志图谱资料的基础上，《城池》《境域》二书的整理出版体现了编纂者的专业水平：

首先，二书选取的旧志都是最具代表性的。如苏州部分选择了清乾隆时期编纂的《苏州府志》《长洲县志》《元和县志》《震泽县志》等。乾隆时期受到乾嘉学派的影响，加之国家财政状况良好，方志编纂与刻书盛行，刻本质量普遍较高。由于底本选择精善，二书中的舆图不仅字迹清晰，而且线条流畅优美。这既保证了资料的准确性，又体现了江南各地的美感。

其次，二书中部分稀见旧志得以选入。如《城池》南京部分选择了《(景定)建康志》《(至正)金陵新志》等。我国现存的旧志多为明清两代编纂，元以前留存的已是凤毛麟角，且多以残本存世。《(景定)建康志》编纂于南宋景定二年(1261)，是现存南京历史上第一部地方志，具有极其重要的资料价值。南京部分收录了其中的《历代城郭互见之图》，及元代《(至正)金陵新志》中的《集庆城之图》，明代《(洪武)京城图志》中的《皇城图》、《(万历)上元县志》中的《上元京城图》，清代《(乾隆)江南通志》中的《江宁省城图》、《(嘉庆)江宁府志》中的《江宁府城图》等舆图，清晰而形象地展示了南京由宋至清六百年的城池变迁。这些稀见旧志的收入，不仅增强了图书的资料性，更是对稀见史料的一种保护。

最后，《城池》的每一部分之前均设有图说，由府到县，完整说明了江南各地从古至今的地域演变。如上海部分选择了清丁日昌修撰的《苏省舆地图说》，图说包含了松江府及下属华亭县、娄县、奉贤县、金山县、上海县、南汇县、青浦县、川沙厅、崇明县、嘉定县、宝山县，文字简明清晰。其中《宝山县图说》道："宝山，嘉定县东鄙地也，据长江、大海之冲，厄黄浦、吴淞门户。凡出入上海者必经宝山吴淞口，凡出入长江者必沿宝山捍海塘。今日之宝邑，实为全省边防，非仅作捍海计也。"《境域》则收录了《(光绪)宝山县志》中的《宝山县治全境图》，图文结合，读者就能更直观地感受到宝山作为上海门户的重要性，而图中展示的宝山地区的港汉纵横，更印证了图说里提到的"邑之水利，东枕沧海，南襟吴淞，灌溉因时，旱涝有备"。此外，每幅舆图下方(或左侧)均清晰标注名称及其来源，使得查阅利用二书更快捷、更方便。

当然，作为一套"图选"，如何更好地给读者呈现这些珍贵舆图，是《城池》《境域》二书需要重点考虑的：

首先，二书分别出版了中式线装版本与西式精装版本。自唐代出现木刻印刷书籍以来，雕版印刷直到清末都是中国乃至东亚地区书籍印制的主流，而明清时期的线装形式，更代表了中国古代的书籍文化。中式线装版本设有四合函套，封面使用白色真丝耿绢，内页使用优质宣纸，以金镶玉形式影印，古色古香，还原了旧志原本的阅读美感。西式精装版本则更适应于现代人的阅读习惯。中西结合，图书不仅装帧精美，更满足了不同读者的阅读收藏需求。

其次，根据舆图的不同特性，二书在排版时进行了针对性呈现。线装古籍中，一幅舆图往往被分割为左右两面，而由于装订时版心朝外，对开页面中多数并不是一幅完整的舆图。二书打破传统的装订形式，将舆图放置在对开页面之中，这不仅完整呈现了舆图全貌，更方便了读者阅读。与此同时，清末民国旧志中的部分境域图，由于已具备现代地图的基本样貌，因此西式精装版本特别用折页的形式进行呈现。如《境域》杭州部分收录的《(光绪)富阳县志》中的《富阳县境图》，展开拉页，富阳县全境尽收眼底。这些装帧上的巧思，使得二书完美呈现了400余幅舆图之中的江南风貌。

在道路交通不发达的古代社会，就有画家感叹"老病俱至，名山恐难遍游，唯当澄怀观道，卧以游之"，于是便"凡所游历，皆图于壁，坐卧向之"。这种以欣赏山水画代替游玩的方式，古人称为"卧游"。而在交通便捷却熙攘嘈杂的现代社会，我们更可以利用"卧游"，在家与自然相亲，感受"我见青山多妩媚，料青山见我应如是"般的奇妙体验。作为在长三角一体化发展规划下，呈现江南地区历史人文风貌的精品著作，《江南旧志图选·城池》《江南旧志图选·境域》珠玉在前，在宏观上为我们呈现了历史上的江南之美。而计划出版的《名胜》《八景》，更能从微观上带我们领略千里江南的秀美河山。

四百多年前的明代中后期，江苏太仓人，著名的文学家、史学家王世贞曾发出"天下法书归吾吴"的赞叹，这不仅是对江南文化兼收并蓄的肯定，更是对江南文脉延绵不绝的期盼。而四百多年后的今天，《江南旧志图选》这样一部赓续江南文脉、弘扬江南文化的优质图选，更能承继古代乡贤传承地域文化的热情，满足新时期"存史""资政""育人"的需要，值得忙碌辛劳的你闲暇时去阅读、去体验。

（原载交汇点新闻 2023 年 5 月 11 日）

浩然民族气　伟哉中华魂

——凤凰版《抗日战争正面战场》简介

陈晓清

　　在伟大的中国人民抗日战争胜利 60 周年之际，三卷精装本，洋洋 230 余万字的《抗日战争正面战场》由凤凰出版社正式出版。该书被新闻出版总署列为纪念中国人民抗日战争暨世界反法西斯战争胜利 60 周年重点图书之一，是一部抗日战争时期中国军队在正面战场抗击日本侵略的档案资料汇编，全方位再现了七七事变爆发后中国军队陆、海、空军八年浴血抗战的历史进程。

　　七七事变爆发以后，国共实现第二次合作，抗日民族统一战线迅速形成，造就了抗日战场的有利条件，数百万中国士兵走向抗日战场，以无畏的牺牲精神，凛然的血肉之躯，为保卫祖国的独立、领土的完整和民族的尊严与日本侵略军进行殊死战斗，直至最后的胜利，《抗日战争正面战场》即全面记录了这一过程。本书的档案资料基本来自国民政府国防部史政局战史编纂委员会档案，包括战报、训令、战役往来电报、函稿等。其主要内容有：（一）国民政府对日作战方针与计划部署；（二）战略防御阶段的主要战役，包括卢沟桥事变、淞沪会战、南京保卫战、太原会战、徐州会战、武汉会战等战况；（三）战略相持阶段的主要战役，包括南昌会战、随枣会战、桂南会战、枣宜会战、上高会战、晋南会战、长沙会战（第一、二、三次）、常德会战、豫中会战、长衡会战、桂柳会战、湘西会战，以及中国远征军入缅作战等战况；（四）海空军抗战，包括海军封锁江阴要塞、粤海军抗战纪实、长江布雷作战、中国海军抗战纪实等；空军抗战概要、空军保卫南京，空军常德、中原、长沙、衡阳、桂柳、湘西等会战经过，以及中苏、中美空军联合抗战经过等。此外，还附有抗日战争时期中国军队陆、海、空军队序列表等资料。全面反映了抗日战争时期国民政府对日作战方针的变化和各个主要战役的情况，对于研究中国军队抗日战争史、世界反法西斯战争中国战场史、中国军队对日作战史和中苏、中美军队联合抗日战史，都具有极其重要的参考价值。

《抗日战争正面战场》作为一部专题档案史料汇编，具有两个显著特色：一是史料的权威性和全面性。本书的档案资料全部来自国内典藏民国时期档案的权威机构——中国第二历史档案馆，几乎包涵了国内所能见到的正面战场中国军队海、陆、空军作战的所有资料，不仅为专业史学研究者提供了全面、丰富的第一手资料，更为那些渴望了解中国军队抗日战史的读者提供了信息平台。二是于平实的史料中，读者能感受到跃动于字里行间的抗战精神：那是一种万众一心、不畏强暴的拼搏精神，淞沪会战、太原会战、徐州会战、长沙会战……面对凶狠残暴、装备精良的日军，成千上万的中国军人以自己的血肉之躯与日军拼搏对垒，一次次粉碎了日本侵略者"速战速决"灭亡中国的迷梦，展示了中国人民不屈不挠的抗战斗志；那是一种舍身救国、慷慨赴死的奉献精神，正面战场上无数中国军人以身殉国的感人事迹，显示出一种惊天地、泣鬼神的英雄气概；那是一种抗战到底、浩气冲天的自强精神。正是有了正面战场爱国官兵不畏强敌、不怕牺牲、艰苦卓绝的抗争，终于在各个战场上坚持到底，最终迎来了抗日战争的伟大胜利。

让我们牢记那段历史，记住那些英烈，为我们的明天而努力奋斗吧！

（原载《古籍新书报》2005 年 8 月 28 日）

碑传结集的余韵绝响

——《辛亥人物碑传集》《民国人物碑传集》出版

李艳丽

我国史学传统源远流长，史料类型繁多。正史之外，私家撰述也很多，就传记而言，碑（墓志铭、碑记等）、传（行述、事略等）是其中的重要部分。这些碑传，既可以补正史之不足，又可以订正正史中的错误。甚者，从史料价值上看，它比正史更原始、更直接、更接近历史真相。

碑传的结集始于宋代杜大珪所辑《名臣碑传琬琰集》，到清代达到鼎盛，先后出现三集。钱仪吉编《碑传集》164卷收录人物近2000人，缪荃孙《续碑传集》86卷收录1100余人，闵尔昌《碑传集补》60余卷收录800余人。1978年，香港大东图书公司影印汪兆镛《碑传集三编》，共50卷，收录500余人。清代结束，帝制为共和所代替，旧的文化形式渐渐式微。随着时代风气骤变，民国以后树碑立传者越来越少，卞孝萱先生积数十年之功，多方采集手稿、拓片、哀启、行状、事略，广泛搜罗钱、缪、闵、汪放佚旧帙，共收录碑传500多件，为后世留下了大量珍贵的史料。可以说，此后再无碑传可辑，章开沅先生盛赞其为"碑传结集的余韵绝响"。

《辛亥人物碑传集》和《民国人物碑传集》二书系卞孝萱、唐文权两位先生整理、筛选结集而成，二书体例一致，选目方法大致相同。《辛亥人物碑传集》多选取与政治变革密切相关的人物，涉及辛亥领袖、革命先烈，政府首脑、军政要员，清廷官吏、遗老以及摇摆于共和与帝制之间的人物等。《民国人物碑传集》包含的内容更为广泛，政治、经济、教育、学术、科技、艺术等方面都保留下来大量的资料，相对于《辛亥人物碑传集》所收录的人物，这些资料更难得而易失，正史中又多不见，因而弥足珍贵。

辛亥、民国二碑传集曾于 20 世纪 90 年代出版，鉴于当时出版要求，卞、唐二先生对资料作了取舍，因而今天所见并不是其收藏的全部。卞先生曾经设想对二书进行增补，打破原来界限重新进行编排。如今二先生都已逝世，这项工作已无法进行，我们只能尊重原书原貌，尽可能地减少其中的讹误。为方便读者，本次出版为碑传集编制了"所收人物索引"和"作者人名索引"附于书末，每个索引兼顾二书内容，检索更加方便，收录情况一目了然。在编辑过程中，我们改正了原书中几十处错误，调整了部分篇章的格式，但更多保留了原貌，尊重当时的语言文字习惯，改必有据。原书中有不少明显有问题的地方，限于编者水平，不敢臆改，故阙疑以望方家赐教。

二碑传集是治史者尤其是治民国史学人的必备史料，也是好史者了解那个时代重要人物的窗口。书中既有传统的碑传体，时骈时散，处处彰显古人之学识和文采；也有大量白话文文章，语言风格与现在相差无几，读起来轻松有趣。翻阅这些碑传，如同身临那个充满魅力的时代。其中有革命先烈的锲而不舍，有科学民主的耀眼光芒，有文人学者保存民族文化的孜孜不倦，有实业救国、教育救国人士的满腔热情。争鸣的思想，交锋的观点，多彩的个性，让人捧腹，让人惊异，让人感叹。

出于为尊、亲者讳的传统，碑传型的文章难免有谀墓之作，这需要读者在使用时去伪存真，以稀见资料补正史不足，尽可能还原历史原貌。

（原载《古籍新书报》2011 年 11 月 28 日）

书写知识分子的社会担当

——读《江标集》

徐珊珊

晚清时期经历了"数千年未有之巨劫奇变",无疑是屈辱的、动荡的时期,然而这一时期也因中国人民特别是先进分子寻求民族独立、强国富民之路而充满激情,呈现出中西文化激烈碰撞、新思潮层出不穷、杰出人物接踵而至的景象。而江标正是晚清积极探索救国救民之路的人物之一。

江标(1860—1899),字建霞,号师鄦,江苏元和(今苏州)人。他生长的家庭是一个较早接触西方文化的士大夫家庭。受时代和家庭的双重影响,他早早就接触进步思想,中学西学皆有涉猎,并力图改革强国。1898 年 8 月戊戌变法失败后,江标被诬"庇护奸党",被清廷革职,永不叙用,次年病卒。

江标一生的突出业绩体现在 1894—1897 年他任湖南学政期间的所思所为。他整改校经学堂,创办校经学会,改革考试,整肃考场风气,创立《湘学报》,湖南学风因之骤变,各种思潮、文化、思想齐集湖南,培养了众多人才,使湖南"风气之开,几为各行省冠"。江标也被称为晚清湖南维新运动"开路之先锋"。江标还是学者、收藏家、书画篆刻家、出版家、诗文才子,其著述、文章、诗词及其中体现出的政治理念、学术思想,影响了一代湘人。

《江标集》的整理者黄政,致力于江标研究十余年,搜集、整理了方方面面涉及江标的作品资料,汇集于本书,涵盖了江标成书著作外大部分的作品,所收资料既有当时《申报》《湘报》《字林沪报》等刊发的文章,也有国内外十多家图书馆、档案馆、博物院等的收藏。同时,书中收录了部分稀见资料,有些资料为首次整理。这些资料可考的最早时间是 1882 年,最晚的是 1899 年,大多写于 1893—1898 年间,囊括了江标的主要人生活跃阶段。《江标集》书写了那个时代的巨变，以及知识分子的社会担当。

以江标为中心向外延展，《江标集》探究晚清报人、学者、藏书家等群体的行为，乃至还原中国近代史上改革、教育、出版等细节。同时，对与江标同代友朋的记述进行汇集。江标作为活跃于晚清文坛、政坛的重要人物，其与同时代的很多名士多有往来、关系密切。在这些友朋的著述中保存有江标的作品或是与江标交游的情况。由于清末私家藏书、刻书的风气尤为盛行，因此在这部分资料中关于藏书、刻书、金石书画收藏的交流颇多，足可为晚清相关方面研究提供新的资料。

此外，书中附录部分的资料与正文资料相映成趣。本书附录一至三，分为他人题赠、传记和其他相关记载，均是他人对江标的赠予、评论、记述。

通过诸多资料，这本书鲜活展现了围绕在江标周围同时代知识分子的社会担当，他们或志同道合，或意见相左、争辩不休，但都同样以爱国、救国、强国为理想，并不懈努力奋斗。鲁迅曾说："惟有民魂是值得宝贵的，惟有它发扬起来，中国才有真进步。"正是有无数像江标一样有着中华"民魂"的人，才使得中华民族始终生生不息，并不断前进。以史为镜，以人为鉴，历史上知识分子的社会责任担当，激励今之青年人，为实现中华民族伟大复兴的中国梦而努力奋斗。

（原载《群众·大众学堂》2020 年第 6 期）

一个甲子的期待

——《太平天国史料汇编》出版始末

韩凤冉

2018 年由本人担任责编的总字数达 1700 多万、皇皇 40 册的《太平天国史料汇编》一书最终由凤凰出版社出版。至此，从 20 世纪 50 年代初著名历史学家罗尔纲先生开始启动这一编纂工程，历经一个甲子的风风雨雨，该书的出版工作终于画上了一个圆满的句号。

埋首书库，开创"南图摸底"模式

《太平天国史料汇编》是罗尔纲先生生前花费了三十多年时间，组织实施的重大历史文献整理工程。根据罗尔纲先生在该书前言中的记载，《汇编》一书缘起于 1950 年 12 月。当时南京市举行太平天国百周年纪念活动，其中一项就是"编纂太平天国文献和资料"。而《汇编》一书"便是第四项编纂太平天国文献和资料的工作中的一种"。该书编撰启动之初，是由南京市太平天国起义百年纪念活动史料编纂委员会来进行相关工作，随着 1956 年 10 月太平天国纪念馆的成立（1961 年 1 月改称太平天国历史博物馆），南京太平天国史料编纂委员会结束了其历史使命，太平天国文献资料的搜集编纂工作转由太平天国纪念馆承担。直至 1960 年，在罗尔纲先生的领导下，经过十年的努力，通过向全国广泛征集，在江苏、浙江、安徽三地进行搜访，对南京图书馆书库和前苏南区文物保管委员会书库进行发掘等途径，共搜集相关文献达 1200 万字。

这其中尤以对南京图书馆书库文献的整理最具代表性。罗老认为：不能仅仅根据书目来判定这本书与太平天国历史有无关系，必须一本一本地阅读全书。因此，他们不是简单的根据书目来判断，而是对所有道光二十年（1840）

鸦片战争后除经部外的史部、子部、集部、丛书、函牍、档案、杂志、报纸等按库逐排逐架逐层地依次查找，逐函逐册逐页地仔细翻阅，凡发现与太平天国有关的资料，就逐一按库数、排数、架数、层数、书名、著者、出版印刷处、年代、册数和页码等一一进行登记，遇到特别重要的资料，还要做一个简略提要。通过这种工作方法，编纂人员找出大量以前未被发现和注意的有关太平天国历史的内容，其中很多都是未刊稿本，或者是刊刻时的底稿本。这种资料搜集的典型方法，后人称之为"南图摸底"模式。中国史学会原会长张海鹏先生认为，这种埋首书库，积十年之功，"这在中国学术史上，至少在中国近代史学术史上，在当时是空前的，拿到今天来看，也是空前的"。

几经波折的出版之路

由于编成后的资料多达 1200 余万字，卷帙浩繁，罗尔纲先生遂将搜集到的与太平天国有关的清方资料，把价值较高的 800 余万字材料编为《太平天国资料汇编》，而余下的 400 余万字则编为《太平天国参考资料》。考虑到出版费时耗力，周期亦长，遂决定从中抽出未刊的稀见重要资料 180 余万字编成《太平天国史料丛编简辑》六册，于 1961 年至 1963 年间优先出版。该书出版后，与中国史学会主编的八卷本《中国近代史资料丛刊·太平天国》一起成为研究太平天国史最基本的史料，是很多近代史学者案头的必备资料。

1977 年春，罗尔纲先生利用在南京暂时居住的机会，又将自 1960 年代至 1970 年代陆续搜集到的 200 余万字新资料扩充入《太平天国资料汇编》，使得全书的规模进一步扩大。该书的出版工作也提上日程，这一时期的出版由中华书局负责。自 1979 年起将《汇编》书稿交给中华书局，中华书局先后出版了二册三种。此后，因种种原因，暂时中止了《太平天国资料汇编》这类没有经济效益的古籍项目的出版，由此该书的出版工作就陷入停滞之中。太平天国历史博物馆方面曾多次想重新启动该项目的出版工作，1993 年时任太平天国历史博物馆馆长的谭跃先生与曹志君先生曾专门赴京，与中华书局商谈重启该书的出版工作，可惜由于当时经济条件所限，都未能如愿，此书的出版工作就此搁置。众多学者谈及，每每引为憾事。

多方合力，《汇编》出版葳事

2010年，我在编辑《一代宗师　布衣学者——罗尔纲先生传》一书的过程中了解到该项目的编撰出版经历后，主动与太平天国历史博物馆取得联系。向时任保管部负责人张铁宝主任、袁蓉副主任了解书稿保存情况，讨论重启该书出版工作的可能，经过多次沟通，终于达成出版意向。时任凤凰出版社社长兼总编辑姜小青先生，凭借多年从事大型古籍整理项目的丰富出版经验，面对这一重大学术出版工程，在没有取得任何经费资助，也未列入任何规划项目的情况下，毅然决定与馆方签订出版合同，终于使该项目在2012年重新启动。此后该项目的实施也得到南京市博物总馆馆长曹志君先生的大力支持，他想方设法筹措资金，并指派专门人员予以负责、对接；著名历史学家张海鹏先生、南京大学荣誉资深教授茅家琦先生听说该书的出版工作得以重新启动，都热心地予以支持和关心，先后撰写序言予以扬介。在出版方、馆方和学界多方的合力下，终于使这一工作走上了快车道：2013年《汇编》申报国家"十二五"重点图书出版规划增补项目成功；2015年获得江苏省文化产业引导资金资助；2016年太平天国历史博物馆方面完成全书的底稿录入工作；2017年《汇编》成功申请到国家出版基金项目资助，困扰该书出版三十多年的资金问题终于得到解决。

面对这一难得的出版机遇，太博馆方和出版社一致决定，对这批太平天国资料重新进行整理，在保持原有大框架不变的前提下，根据需要对编纂体例方法进行了适当调整，将《太平天国资料汇编》和《太平天国参考资料》合并纳入编纂计划，从而彻底完成该项目的出版工作。据统计，两部分合计收资料2778种，总字数超过了1500万。面对时间紧、任务重、工作量大的新情况，太平天国历史博物馆方面不仅发动自身学术力量，还在全国各地外聘了十多位从事太平天国史及古文献研究的专家参与这一工作，并力邀中国太平天国史研究会原会长、南京大学崔之清教授担纲书稿的总校工作。他们与馆内学者分工合作，将这批资料逐一校对、规范标点，力求在短时间内高效、高质地把这部大书奉献给学术界。凤凰出版社方面也高度重视该书的最后编辑工作，从不同科室抽调了六位富有古籍整理编辑经验的骨干编辑，从事该书的编辑工作。经过双方两年多的努力，终于使该书的出版工作顺利完成。

张海鹏先生鉴于在中国近代史学领域，太平天国史研究已成冷门的现状，特别借《太平天国史料汇编》出版之际，建议有志于中国近代史研究的青年史学工作者，重新来研究太平天国历史。他认为"像太平天国史一样，近代早期的历史，史料比从前更丰富了，档案开放的更多了，中外文献可利用的更方便了。有志于此的青年学者，应该可以比前人做出更丰富的学术成果"。我们对此充满信心。

（原载《藏书报》2020 年 8 月 24 日）

1911 年黑龙江基层官员翟文选的小城抗疫

黄如嘉

1910 年秋季至 1911 年春季，由俄罗斯流入我国的肺鼠疫在整个东三省暴发传播开来。俄罗斯地方政府十分重视鼠疫病情，对发现鼠疫的华工居住区进行消毒，并通知华工尽快出境。这些华工有的坐火车从满洲里入境，肺鼠疫也顺着铁路蔓延开来，由于医疗措施落后，卫生条件差，人们对于死者尸体仍持土葬习惯等等，防疫困难很大。

混乱的局面直到伍连德博士抵达哈尔滨才得以控制。伍连德博士时任天津陆军军医学堂的副监督，受防疫大臣施肇基之托，临危受命，到达哈尔滨之后，伍连德及助手展开流行病学调查，首先确定了鼠疫是由土拨鼠传染给人，再由人传人的肺鼠疫，进而制定了封疫区、隔离病人、戴口罩、火化尸体、全面消杀等措施，克服了民间陋习、物资短缺等一系列困难之后，在抵达哈尔滨的第 67 天，伍连德医生遏制住了鼠疫的流行。此次鼠疫流行近六个月，死亡约六万人，占东三省总人口的 1% 以上，除东三省全境，河北、山东等地亦受波及。疫病感染者多为下层民众，重灾区为哈尔滨傅家甸地区，死亡 7200 余人，情况非常严重。

在防治鼠疫的过程中，除了伍连德医生坐镇疫情"震中"，能够用科学的方法及较为先进的举措展开工作，生活在较为落后的小村镇的人们只能自发自救，与传染病进行抗争。本文所谈到的安达小城，它的地方长官翟文选，即是在有限的条件下根据自己收集的信息，采取果断措施，最大程度避免了疫情的大规模流行，保护了小城人民的安宁。

安达市（今属绥化市代管），为黑龙江省县级市。安达为蒙语"朋友"、满语"宾客"之意，地处松嫩平原腹地，南距哈尔滨 120 公里，北至齐齐哈尔 160 公里。1907 年翟文选出任黑龙江安达厅理事抚民通判，他的日记记录了为官时期每日读书读报、处理公文、解决诉讼、走访田野的日常经历，也记下了发生在 1911 年的那场鼠疫，作为读者，我们不妨"穿越"到翟文选日记中，看看一百年前，1911 年的春天，基层官员翟文选如何抗击小城的"疫"事。

鼠疫围城

1907 年，翟文选由黑龙江将军府文案处提调官擢升为黑龙江安达厅(当时行政区划为省—府[州] —县[州、厅]，1913 年废除旧有制度，改设省—道—县三级)理事抚民通判，在任上他一直保持着广泛阅读、撰写日记的习惯。在 1911 年 1 月 18 日的日记中，他写道：

> 饭后，用大车送四弟回籍，因疫盛，火车不开票也。

伍连德医生的回忆录记录了 1911 年元旦之后哈尔滨的艰难情况。1911 年 1 月 3 日，来自法国的医生梅耶在进入传染病房之前没有戴口罩，在问诊工作结束后第三天出现发热症状，又过了短短的三天便不幸染疫身故。梅耶医生离世的消息使公众大为震惊，由此正视了疫病的惨烈，同时也说明了注射抗鼠疫血清并不能治疗这次鼠疫。伍连德医生由是开展了更为严密的防疫计划，首先从疫情最重的傅家甸地区开始，很快推行到哈尔滨全市，由于疫情是沿铁路传播的，故此清政府严防人员货物等传入山海关内，派军队驻扎巡查。随后暂停铁路交通。1 月 21 日停驶京津火车，关内外铁路完全断绝。

翟文选所在的安达厅并非交通枢纽，或许正是因为铁路线被及时切断，阻止了人员的大范围流动，疫情才被暂时挡在了小城之外，对民众生活的影响暂时只体现在交通方面。但如此"疫盛"，黑土地哪有一寸得以幸免于灾呢？翟文选并没有高枕无忧，随着哈尔滨疫情愈演愈烈，他对外界的关注愈发密切：

> 又写长春商会信件，为本厅各商因验疫停车，不能前往交款，先为函知，免致失信也。灯后，阅《远东报》，哈埠瘟疫日毙二百余人，可谓甚矣！(1911 年 1 月 22 日)

> 饭后，接桂芳五信件，并附俄医治疫药方。(1911 年 1 月 29 日)

> 雪终未止，去冬少雪，得此可免春干，并可借此洗涤空气，而瘟疫亦可少减。(1911 年 1 月 31 日)

近日因防疫断绝交通，探询新闻并借报纸一阅。（1911年2月4日）

接安达站交涉委员恩霖甫信件，言火车仍不通。（1911年2月7日）

自开年后，因疫文报不通，十余日未奉一文一信，不胜焦急。（1911年2月10日）

从日记中可以看出，当时俄国医生的诊断方案仍比较受人信赖，而人们对瘟疫传播的认知也有局限，认为雪后空气较为清洁，有助于减弱传染。而事实上随着认识的不断进步，今天我们已经了解到，低温并不会使病毒失去活性，治疗鼠疫这种烈性传染病，靠天气并没有用。好在翟文选并没有停在这个想法上，他仍然在密切跟进疫区的新闻。但信息在交通管制的情况下十分滞后，翟文选决定立即自行筹备防疫事项，严防病毒传入。

后发制胜

在翟文选的日记中，我们看不到上级对地方防疫是否有具体的指导办法，但从他一直关注哈埠的新闻及自己采取的预防措施来看，他对于伍连德医生的措施应是有一定了解的，而且对于"隔离""消毒""检验"等手段较为认同，或许方案已在他的脑内构思数日，因此面对肆虐的疫情，翟文选能够迅速组织人力物力，制定适宜本地行事的计划。

闻青、兰（青冈县、兰西县）各处瘟疫正盛，遂传自治员及商会来署，先筹设检疫所一处。余先捐钱一百吊，各商又共捐三百五十吊。拟先从隔离、检验入手。遂拟派兵在城外堵拦，凡从有疫之地所来行人，均不准入城。（1911年2月11日）

接安达站交涉局（铁路交涉机构）新总理尤海樵信件，为防疫事，遂即作覆。并写崇组轩、恩林甫信各一件。（1911年2月15日）

派差赴安达站，会同交涉局查办路西瘟疫。（1911年2月16日）

接尤海樵信，前日路西染疫之地系在肇界，并云：一家疫毙男女六口，其则逃往原籍矣。惨何可言！（1911年2月18日）

哈尔滨疫已见轻，每日只毙六十余人，双城及呼兰自前至今各毙三四千人，刻已少减，亦云惨矣！（1911年2月20日）

因本城昨日瘟疫已发现，遂饬防疫所医生赶紧前往消毒。（1911年2月23日）

又写家信一件，嘱三、四两弟俟瘟疫扑灭后再行上学。灯后，连接交涉局转到抚台三电，均为前日安达站烧埋疫尸事。立即由三百里呈覆，并移交涉局转照会俄人查照，并谕派哨官李永刚带队前往安、肇分界地方，设卡查验，如本境查有疫毙之人，轻则先将尸身烧埋，重则连有疫房屋器具与尸身同付一炬，以绝根株。（1911 年 2 月 24 日）

前日俄人电省疫事，仍是日前烧埋之尸，此外并无发现之处。（1911年 2 月 26 日）

闻南乡宋姓一家疫毙六口，立派防疫所医生前往烧埋。（1911 年 2 月 28 日）

在翟文选设立检疫所之后的几天记录中可以看出，疫情逐渐吃紧，由于设立了专门机构、专人负责，与其他地区的防疫机构沟通更加顺畅。电报、书信作为当时主要的通讯手段带来了更多疫情的消息，翟文选的防疫范围从本城扩展到更大的区域，并且对容易疏漏的各地"交界"处加大查验力度，本人也以身作则，带头捐款；一方面派人消毒，另一方面自己也亲自上街督促清洁。从上文中可以看出，在他的布置之下，各界、各部门都很配合，这可能源于他本人办公并不拘于官署之中，经常到乡间和街头查访，翟文选的日记中也记录了不少在街头与民众的对话与所闻所感，故而他制定的防疫办法也比较贴合当地民情，施行起来阻力较小。疫情严峻，需要群策群力，共渡危机。翟文选关心当地情况，关心人民的遭际，他在日记中记录的现实情况令人动容，读起来仍能感受到那份百年前的焦灼心绪与无能为力。好在防备得力，在建立了安达本地的一道屏障之后，便是坚守。随后，疫情如排山倒海而来，却不知何时才能被清除，人们何时回到平静的生活。

从翟文选日记的时间线来看，安达的疫情出现远远晚于其他重灾区，他的日记中所提到的"哈尔滨疫已见轻，每日只毙六十余人，双城及呼兰刻已少减"可以旁证 1911 年 2 月份伍连德医生的防疫办法已有了效果，而彼时安达防守得力，还没有出现本地病例，翟文选得以后发制胜；另外，日记有时也会提到同俄国人交涉事务，这也和当时东北复杂的政治局面有关。清末俄国和日本分别把持东北的部分铁路，都希望借由治疗鼠疫进一步扩大在东北的势力。但由于伍连德医生主持下的防疫工作卓有成效，俄、日没有能够达到自己的政治目的。

功成受诬

安达在 1911 年 2 月下旬出现本地患者，1911 年 3 月的防疫形势则更加严峻。翟文选三月份的日记中，共有十四天提到了防疫事务，内容既有私人信件，也有公务对接；对象既有官府巡警，也有商界人士。日记虽简单，但记录十分翔实，安达境内疫情的出现和发展也清晰地呈现在读者眼中：

灯后，写家信一件，嘱四弟俟疫势消退再来上学。（1911 年 3 月 5 日）

昨夜亥刻，由交涉局转到抚台电，查防疫各事，约四五百字。（1911 年 3 月 6 日）

饭后，清理文件。吴寿民来商防疫事。（1911 年 3 月 9 日）

马兵自青冈回署，以该处有疫，遂即饬往防疫所查验消毒，即在该所居住，不准进署。（1911 年 3 月 10 日）

接尤海樵信并抚台电，知中外防疫员业已到境。即起床作覆，派哨官李永刚立刻前往招待。（1911 年 3 月 11 日）

东乡巡官杨春芳来见，境内瘟疫未现，闻之颇慰。（1911 年 3 月 15 日）

又接尤海樵信，并附查明路西疫毙人数。有孙姓一户男女共毙九口，张姓毙七口，亦云惨矣。（1911 年 3 月 16 日）

吴寿民来晤，东乡又疫毙一人，即饬救急队前往烧埋。（1911 年 3 月 17 日）

商董杜意诚来见，为防疫事，午后始去。（1911 年 3 月 20 日）

至防疫所查视。新募防疫队来署点验，颇齐整。又接常括香信，青冈城乡共疫毙一百余人。（1911 年 3 月 24 日）

东、南两乡巡官来见，东乡三不管屯又疫毙一人，已烧埋，遂传知警务长即派救急队带同消毒各药前往，与死者之家属消毒。盖恐愚民不知消毒、隔离诸法，倘一传染，则全家难保矣。（1911 年 3 月 25 日）

吴寿民来见，自鼠疫发见，全境共疫毙十五人。城内永无发现，犹属幸事。（1911 年 3 月 26 日）

由于翟文选事前严密的布置，安达没有暴发大面积的传染，尤其是人口较为密集的城中；而周边乡、屯的病例多为一家一户的聚集病例，巡官定期巡查，发现患者就及时消毒，如有去世者便抓紧烧埋。"烧埋"这个措施也体现了翟文选对疫病清醒的判断和对伍连德医生防疫政策的信任与支持。由于安排得当，疫情信息上传下达效率很高，几乎做到了每日更新疫情动态。虽然没有21世纪的防疫小程序和二维码实时更新那么便捷，但是在当时当地来看已算比较先进。同僚常括香信中提到安达邻近的青冈城乡共有一百余人疫毙，而翟文选治下安达城中无疫，各乡共疫毙十五人，可见他的行动收效甚好。

到了1911年4月，巡官回报的染疫病人就更加少，主要工作又变为了隔断传播途径；交通逐渐恢复，同僚也来信称"青冈防疫已肃清"（1911年4月20日）。1911年5月21日，翟文选在日记中最后一次记录了疫情："学堂王姓学生得急症，正传医诊治，即于下午作故。恐系疫症，遂传知全堂学生消毒，暂行隔离。故生由余捐廉给棺木，先行收殓。"此后的六月，翟文选调离安达，任呼伦厅同知。抗"疫"工作就此告一段落。在他任期行将结束之前还发生了一件乌龙事件：

> 接薛颖阶信，附奉天《大公报》所载余因防疫，位置私人内弟杜某，并开设烧锅等语。查防疫无款，余与商会共捐九十余两，嗣因不敷，又由省请领二百两，前后不足三百金，而防疫各员均尽义务，不支薪水，尚何位置私人之有？余内弟本姓马，且系一妻，既未继娶，又无婢妾。杜自治员前为防疫，经余罚办，余忽诬为内弟。余前后到任四年，日前父亲来信，取六千吊还债，尚未凑齐，只指三千两派人送回。该报谓余开设烧锅，未免厚视我也。志之《日记》中以自徼。（1911年5月3日）

辛苦抗"疫"几个月，没有想到谣言比表彰先上了报纸。翟文选在日记中留下了说明，可报纸的读者千千万，日记只有整理者和百年后的读者看到，不知道他读之写之，是否有过无奈的苦笑？

比起同时期一些活跃在东北政界的官员的记录，翟文选对鼠疫的记录算是比较简略的。传染病往往是一种新病毒，很难有对症的特效药，所以防控很重要。阻断传播途径，防患于未然，翟文选用充足的准备保护了安达的平安。同时，三月份中除了防疫，翟另一重点日常工作剿匪也没落下。"南乡巡警来报，有胡匪三十余名入境。立即知会奉军往剿，并飞谕东乡巡警预为堵击。"（1911年3月28日）剿匪安排和防疫安排一样是基于对当地情况的了解，所以十分从容。

结语

或许您会觉得，透过翟文选日记所记来看，这场疫情似乎并不严重，没有想象中那么令人恐惧，只是若有似无地占了一些小篇幅。的确，对东北全境而言，安达小城并不属于防疫红区，翟文选面对的防疫形势较其他地区相对单纯。但他面对疫情表现出的判断力、执行力十分清晰，并没有因为小城相对的隔绝就高枕无忧，得过且过，也没有因为一时的平静就放松警惕，及时的防疫措施将疫病控制在了较小的范围内，若不如此，小城防范稍一松懈，临时救火也无法挽回。前期防范意识到位、态度重视、手段及时，才没有造成大规模的流行。日记里的一笔带过，既是天时地利，也是翟文选努力之结果。

东北鼠疫至今已过去了一百余年，但从翟文选的日记中，我们仍可以窥得一二经验与教训。在近代医学知识相当贫乏的当时，翟文选作为地方长官，临危不惧、冷静分析、提前预防，在信息不畅的年代努力汇集各方情报，不仅掌握本辖区的情况，也对其他地区的动态密切关注，故而能够对于流动的疫病形势也有大致准确的判断。安达作为省界小城，翟文选没有因其小就漠视无为，没有因其偏就隔绝闭塞，小城亦有大作为。能有如此决断，并不是他临事急变，而是源自他日常读书、读报，接触了世界广博的知识，来自他恪守责任、落地扎根的实干家态度。或许在现代医学技术手段的不断完备下，翟文选及其时的官员、医生采取的措施已有局限，但其防治传染病的态度和决心与今人是毫无差别的。传染病永远不会消失，但以古照今，知古鉴今，回望一百多年前的安达小城，反思当今正在病愈的中华大地，抗"疫"经验仍可古为今用，为今人施一针"强心剂"。

（原载澎湃新闻 2021 年 1 月 9 日）

《洪诚文集》述评

薛正兴

今年(编者按：2000 年)是洪诚教授诞生九十周年、逝世二十周年。我们在纪念这位著名的语言学家、为培育语言研究和教学人才而鞠躬尽瘁的教育家时，由先生的弟子们收集、整理他的文稿手札，成《洪诚文集》，奉献给当代和后世。我们相信，《洪诚文集》的出版，一定会对汉语研究和训诂学研究的发展起到积极的推动作用。

《洪诚文集》由《训诂学》《雒诵庐论文集》和《中国历代语言文字学文选》三书合集组成，今依次简要述评如下。

富有创获的《训诂学》

训诂学是为阅读古代文献服务的一门语言科学。它研究如何正确理解古代书面语的语义，以求了解古书的思想内容。训诂学是研读古籍、批判地继承祖国古代文化遗产而首先必须掌握的一门基础科学。它不仅有着很高的学术价值，而且在今天还有极重要的实用价值。在整理古籍、研究我国古代社会文化历史、编纂语文工具书、推广普通话和进行文字改革、指导古诗文阅读和语文教学、研究古汉语和汉语史等方面，都离不开训诂学。南京大学洪诚教授撰写的《训诂学》，就是帮助我们掌握训诂规律、运用训诂方法、提高训诂技能的一部专论。

一、本书是著者根据多年从事训诂教学和研究的实际经验，就训诂学的各种基本问题、重要的基本原则、有关的基础知识、应掌握的基本技能，突出要点，条分缕析，深入浅出，举重若轻，作了较为系统的和全面的叙述。对一些重要的问题，辨析周详而不流于烦琐，叙述简明而不流于空疏。著者在训诂学专题研究和古汉语综合研究这两方面，功力极深，成绩卓著，因此书中富有创获，不乏真知灼见，往往发前人所未发。例如对《尔雅》成书年代的考证，对《左传》"蹇叔哭师"节省句例的解释，对作日头讲的"太阳"一词出现年代的论定，等等。这不论在古代汉语教学上，还是在训诂理论研究上，确实能给予读者以多方面的有益启示。

二、本书特别注重理论联系实际，紧密结合古代汉语教学的实践，紧密结合整理古籍的实践，从中提出一些带有规律性的问题加以分析研究，以总结前人的经验教训，阐明训诂学的一些基本原则。因此全书内容侧重以实例进行方法上的启发，让读者自己在实践中融会贯通，举一反三，因而避免了以往同类书籍只是简单列举训诂条例，或是单纯地引述前人议论的通病。特别是本书第四章"读注"、第五章"作注"，更是专讲训诂方法和技能的运用，为以往同类书籍所空缺，当更受广大读者的欢迎。

三、本书学术空气浓，战斗性强。著者在"二百"方针的指导下，既十分尊重前人的研究成果，又如实指出其中的千虑一失。在所举实例中，对古人注疏、今人新注，往往能发疑正读，纠谬正讹。凡是论辩之外，对错误的观点和解释，不为尊者讳，不唱"三岔口"，而是指名道姓，针锋相对，实事求是，直斥其误。学术为公器，艺高才胆大，无私才无畏。这在当前学术界有些论辩文章常常"打迂回战"的情况下，确是一种难能可贵的求是精神，也是值得提倡的优良学风。

求实务本的论文集

洪诚教授的《雒诵庐论文集》，共收十七篇学术论文，其中在《中国语文》《语言研究》《南京大学学报》《光明日报》等报刊上公开发表过的计十一篇，新近整理出的未刊稿六篇。按内容分为四组，第一组是以《论南北朝以前汉语中的系词》《王力〈汉语史稿〉语法部分商榷》为代表的汉语史论文六篇；第二组是以《训诂杂议》为代表的训诂学论文五篇，第三组是以《读〈周礼正义〉》为代表的礼学研究论文五篇，第四组即《关于新城新藏〈东洋天文学史研究〉中几个问题的讨论》长文一篇。

洪诚先生是一位对古汉语语法作过深入研究的汉语史专家，对汉语研究中的一些重大问题，抒发了很多创见，作出了很好的阐释。特别是对汉语史研究中一些有争议的问题，以辩证唯物主义和历史唯物主义的发展观点，从汉语语法特点上作出较为深辟的分析，而得到较为圆满的解决。徐复先生说："君旧有《论南北朝以前汉语中的系词》《论古汉语的被动式》《关于上古人称代词形态问题的讨论》《略论量词"个"的语源及其在唐以前的发展情况》《王力〈汉语史稿〉语法部分商榷》等文，皆于古汉语语法有所阐明，为研究汉语史者所乐道。夫讲训诂而不通语法，则不能融会全文，而多扞格，读君论文，乃能豁然确斯也。"（《〈训诂学〉序》）

洪诚先生在《论南北朝以前汉语中的系词》（1957 年）一文中，不同意王力先生在《中国文法学初探》和《中国语法理论》认为"是"之成为系词在第三世纪以后而萌芽于东晋、"为"不是系词的观点，对此进行了理论联系实际的多方面论证，辨析系词和动词的区别，用大量语言事实列出先秦、汉、魏用"是"作系词之例，辨析"是、此、斯"的异同，描述"是"由代词演变为系词的过程，考察上古的系词"为"，分析"为"和"惟"的关系，并对上古系词的性质和种类作了总结："考之实际，'是'这个系词在西汉前期就产生了，不始于东晋"，"系词性的'为'，春秋以前用'惟'，战国以后用'为'"。这是洪诚先生应《语言研究》编辑部吕叔湘先生约稿而公开发表的第一篇学术论文，其中的一系列具体研究成果，无一不是从语言实际出发，关于系词产生年代的论断，是他对汉语语法史研究作出的重大贡献，影响十分深远，在汉语研究史上是值得大书特书的。王力先生在《汉语史稿》中册第三章第四十一节《系词的产生及其发展》中说："汉语真正系词的产生，大约在公元第一世纪前后，即西汉末年或东汉初叶。在王充《论衡》里已经有不少'是'字是当系词用的。"并在脚注中说："我一向以为系词始于东晋，盛于南北朝。1956 年夏天，洪诚先生对我说，《论衡》里有许多系词的例子。我因此得以修正我的结论，谨此志谢。"（《汉语史稿》中册，科学出版社，1958 年）在获悉新的语言实例之后，王力先生修改了原先的说法。对此，洪诚先生在《王力〈汉语史稿〉语法部分商榷》（1964 年）一文中，又作了专门论述，再一次指出：

"系词'是'产生在西汉前期的《史记》时代。在此以前的《穀梁传》、汉高祖《手敕太子文》,在此以后的《盐铁论》,连《史记》本书,出现系词'是'共有十几个。(《史记》一书有七句,《豫让传》连"我是也"共有两句。)例过十,法当立……所以系词'是'的产生时期应该是公元前一百年前后。王先生定为公元一世纪前后,以《论衡》时代为断,还不太正确。"洪诚先生论述系词"是"产生时期的这两篇论文,是中国语言学史上求实务本、理论联系实际的宝贵文献,对汉语史研究有着深广的影响和启示。

洪诚先生《训诂杂议》(1979年)一文在《中国语文》杂志发表时,正是先生受国家教育部委托在南京大学举办训诂学培训班之日。徐复先生在《〈训诂学〉序》中说:"君另有《训诂杂议》一篇,阐述训诂条例,指示途径,学者所当先务。"洪诚先生在文中指出:"训诂,如果不联系各方面有关的知识——如古代语言文字、历史事件、典章制度等等去仔细考虑,就容易牵强附会,甚至作出错误的解释。"并通过正反两方面的古今训诂实例,提出必须随时注意的问题:一、说明古汉语文字通假,必须根据古音;二、破字立训,必须以古人语例为依据;三、用词造句之例,反映了语言发展的时代性,要细心观察;四、古人著书,行文用字,每每自有其例,贯穿全书;五、要具备古代名物制度的常识。全文联系实际,发凡起例,很多问题发前人所未发,这不仅对训诂学理论研究和汉语研究,而且对整理古籍和编纂语文工具书等训诂实践,都有着重要的指导意义。

洪诚先生为黄季刚先生弟子,传黄先生三礼之学,研习毕生,造诣极高。陆宗达先生曾赞誉洪诚先生,"年轻时适逢国难,在颠沛流离的生活中也手不释卷,卷帙浩繁的《周礼正义》点读过六遍,枯燥琐细的《仪礼》至今还能流畅地背诵"(《〈训诂学〉》序言)。1963年,洪诚先生应杭州大学中文系语言文字研究室之邀,撰写了《读〈周礼正义〉》一文,刊载于《孙诒让研究》一书中。该文对孙诒让《周礼正义》一书作了全面深入的分析和评价,认为"此书集汉以后礼学之大成,故为经疏之冠,渊渊乎其难穷也",寻其大端,厥有数善:无宗派之见;博稽约取,义例清纯,析义精微平实,以实物证经;依据详明,不攘人之善;全书组织严密。"其全书制作之精意微旨,古义之创发疏通,与夫训诂校勘之精善,非此数端之能尽","疏中发正郑贾数十百事,皆信美矣"。当然,由于受各种条件限制,孙书尚有未安者,"亦有汉儒之误未发,清人之误误述者"，洪诚先生摘取八则，条分缕析，发疑正讹，皆中肯綮，令人悦服。中华书局1987年出版《十三经清人注疏》本《周礼正义》时，点校者王文锦、陈玉霞先生在前言中说："洪诚先生写过一篇《读〈周礼正义〉》（收入《孙诒让研究》一书），对本书作了全面深入的评价，我们特向读者推荐。"（《周礼正义》，中华书局，1987年）洪诚先生晚年又撰写了《读〈周礼正义〉续篇》，摘取孙书疏误之处三十余则，一一详考辨正。洪诚先生在稿末附记："余读孙君书，始于1933年，时在南雍三年级，于其精思奥义，不能会也。1942年在贵州湄潭，潜心研习，始略有所窥。解放后无暇及此。至1963年，杭大中文系征文，曾举十余事论之，此三十余事待续论。今鳏居闵闵，生趣萧然。自念生平未了之事，一身之外，仅此而已。虽微文末节，亦当作一结束。暇日无多，仓促毕事。1976年5月21日，时年六十有七。"由此可见，尽管时势艰危，甚至生趣萧然，洪诚先生一心所系，始终是祖国的传统学术文化，五十年来屡遭坎坷，却初衷无改，无怨无悔，献身学术，鞠躬尽瘁。

《雒诵庐论文集》所收的学术论文，在论述任何一个课题时，都能立足于本题本论而作求实务本的深入细致研究，进深开掘，于深邃之处始见广博，也即是说，这些鸿文是由博返约，于约见博的。洪诚先生是章黄学派的嫡传弟子，他把清代乾嘉学派戴段二王的研究传统广泛运用于训诂学研究、汉语史研究和三礼研究，并且获得了极大的成功。他公开发表的论文，为同时代的学者和后来的研究者所乐道，所引用，就是最有力的明证。

开掘深广的语言学史料

在我国，研究汉语的历史源远流长。两千多年来的汉语研究成果，是祖国宝贵的文化遗产的重要组成部分，我们应该进行科学的总结和批判的继承。历代语言研究的专著、论文，卷帙浩繁，数以千计；有些精辟的语言学说，长期被埋没在浩如烟海的经、史、子、集古籍中，这都有待我们去进一步发掘、整理。洪诚先生的遗著《中国历代语言文字学文选》，正是在这方面进行了比较系统的发掘、整理和研究工作，是中华人民共和国建立以来关于历代语言文字学论著、论文的第一部选本。

本书选文三十题，附录二十二题。时间上从先秦到清末，上下二千年；内容涉及语言学理论、文字学、音韵学、训诂学、方言学、词汇学、语法学、语文改革的理论和实践、汉语史等各个方面。这些选文，先秦的除《尔雅》外，都是从政治、哲学、历史著作中摘选的；汉朝以后的则绝大多数采录语言学专著的序跋或单篇论文，这也正好反映了中国语言研究的发展历程。这本《文选》在以下几个方面具有自己的鲜明特色。

第一，选材精当。本书入选文章，都经过精心选择。凡是语言学史上各个时期、语言学各个分科的具有代表性的重要文章，都基本入选；一些具有重要参考价值的文章，则作为附录收入；另外，还有些不能不提的篇什，便在书端《序言》和篇末说明中或简单介绍、或顺便提及。这就是说，既不漏选，也不多收。这样，全书就认真贯彻了少而精的原则，真正做到提纲挈领，脉络分明，重点突出，便于初学。

第二，说解明畅。编选者对各篇论文从语言学的角度详加注释，认真考订。在篇末说明中，运用现代语言学理论进行缜密的分析、深刻的阐释。从历史唯物主义原则出发，对古代学者及其语言学观点作出比较中肯的评价。例如评价公孙龙："公孙龙是诡辩派，当然也谈不上语言学"，但是，"他注意词语的句法分析，对用词选句的研究，有促进作用"。这样讲，既不一概抹煞，也不生硬拔高。又如批评戴段二王："只研究三代两汉文献，轻视唐宋以后。"对他们不是全盘肯定，而是有所针砭。总之，采取了实事求是的分析态度。对有争论的学术问题，既客观地介绍了不同学派的观点，也明白地提出自己的见解。例如，对《尔雅》成书年代的考证，对"四声"起于东晋的辨正，对"与"字的连词、介词词性区分的分析，都纠正了过去研究中的一些疏误。各篇说明，文笔精炼，繁简得当。作为一本入门书，能较好地做到简明扼要、深入浅出地介绍比较专门的语言学史知识。有几篇说明，还在"参考资料"中附录现代学者重要的研究论文题目，这就把某一专题研究的历史和现状联系起来，于初学者扩大视野、开拓思路、指示门径不无益处。

第三，发掘深广。本书发掘了很多不为语言学家所注意的语言学史料。例如，书中选录的《墨经》和《经说》数条，都蕴藏着语言学的精义。《经上三十二》注释："此条论语言之起源，最为精到。"《经下三》注释："《墨子》这一条理论是从古汉语实际中提出的，符合于矛盾存在于一切之中的普遍真理，是中国语言学史的重要文献。"《经上七十八》注释："《墨子·经说》已经明确了声音是语言的物质外壳。"并且说："这种重要的语言学史料，从来不为语言学家所注意。现在不应该再让它埋没下去。"这些都是十分有识之言。再如，刘知几所著《史通》，是史评名著，其中多处论及语言问题，特别是《言语篇》，主张史书记言应该用当时的活语言反映现实，反对用仿古的死语言进行伪装，这是一种进步的语文改革理论，但向来不为语言学家所注意；本书则加以选录，又如，区分古韵支、脂、之三部，在段玉裁之前有蒋骥，但是无论汉语音韵学、中国语言学史一类专书中，都漏略蒋氏；本书则收其《山带阁注楚辞·说韵》两节，以明韵学发展之渐，不泯斯人首唱之功。本书不仅从古籍中发掘出成篇成章的语言学论文，而且还从大量的古书注疏、类书、笔记、杂著中采撷了有关史料。细心的读者定会发现，散见于书端《序言》、各篇注释和篇末说明中，编选者披沙拣金，发掘出了许多极宝贵的语言学史料。这里，我们仅述数例，以见一斑。

此外，编选者为本书撰写了一篇精辟的《序言》。《序言》提纲挈领地介绍了中国语言研究的历史发展概况，简要地阐述了各时期语言研究的成就、影响和局限性，重点评价了历代重要语言学家及其学说和著作，还深刻地揭示了中国古代语言学家的研究原则和治学方法。《序言》与各篇说明，密切结合，相为表里；它们之间的关系，犹似一条完整的链条及其一个个环节的共存一样。《序言》一万五千字，包容甚富。读完全书，再回过头来读读《序言》，咀嚼之后，回味无穷。可见编选者对此下了很大功夫。据笔者所知，先生写作《序言》，曾经五易其稿，直至去世前不久，还在病榻上对有关人员口述修改意见。先生崇尚朴学，治学严谨，实事求是，精益求精。老一辈语言学家的优良学风，值得我们继承与发扬。

先师洪诚先生离开我们已经二十年了，他的音容笑貌仍然如在目前，他那慈父般的谆谆教诲永远铭记在我的心中，回忆往昔，不禁泫然。先师好学深思，博闻强识，著论博大精深，博观慎取，求实务本，注重实证，议论精辟，创见迭出，字里行间闪耀着思辨的光辉。《洪诚文集》集先师一生学术之精华，为我国汉语研究和训诂学研究留下了宝贵的文献，为后学的研修和引用提供了更多的方便。《洪诚文集》的出版，终于实现了先师遗愿，也是对先师最好的纪念，倘若先师有知，定将含笑于九泉。

（原载《文教资料》2000 年第 6 期）

从实证入手，看佛寺兴废

常宁文

　　自从汉明帝遣使接引西域僧人进入中土，佛教在中国传播已有一千九百余年。如果加上此前的民间交流，其历史应该在两千年以上。在悠长的岁月轮回中，佛教以其性空缘起的哲学命题，与中国本土儒家文化、道家文化既争锋又融摄，逐渐形成具有中国特色的佛教文化，成为中华文化中最具价值的部分之一。

　　汉魏晋南北朝时期，绝大多数统治者对佛教持信奉或宽容的态度，士大夫阶层、平民阶层礼佛成风。受此世风影响，当时佛寺大兴，蔚为壮观，其数难以胜计，故有"南朝四百八十寺"之说。然而，佛寺作为佛教文化的物态形式，经历上千载自然剥蚀与天灾人祸，已遗存寥寥。因此，全面系统地开展这段时期佛寺资料的搜集、整理工作，就显得日益迫切且富有意义。封野先生费时四年余，从史籍、释典、方志、碑碣、文集、类书、笔札、寺记，乃至寺庙网站之有关信息，广泛收集，择善而录，征引文献六百九十余种，考证散见于各类文献典籍中的汉魏晋南北朝时期佛寺两千九百余座，成《汉魏晋南北朝佛寺辑考》一书。

　　此书第一次对汉魏晋南北朝时期佛寺数据进行了全面整理和考证，地域遍及当今中国大部分地区，具有很高的文献价值。汉魏晋南北朝时期，形成了中国佛教文化大发展的第一次高峰。佛寺作为佛门栖心之净土，宣弘之圣地，是这段时期佛教文化的重要组成部分。从晋代至晚清，一些历史学家和宗教学家对这个时期佛寺建置及其流变情况有所关注和研究，产生了《晋南京寺记》《梁京寺记》《洛阳伽蓝记》《南朝寺考》等较有代表性的成果。然而，《晋南京寺记》已散佚,《梁京寺记》仅录梁代京师最著名的皇家寺院,内容单薄,总共不到两千文字。至于《洛阳伽蓝记》《南朝寺考》,虽稍有规模,亦仅限于洛阳和南京地区,且对洛阳和南京地区佛寺的收集有所遗漏。与同样是佛教文化重要内容的僧、经相比较,僧有《高僧传》《续高僧传》《神僧传》《比丘尼传》等文献,专门记载大德高僧事迹;译经为历代王朝所重视,故有大量译注留存至今。而佛寺的文献建设基础薄弱,不仅数量甚少,而且往往局限于一时一地,缺少宏观视野和整体把握,以至于现今没有一部能够全面反映当时佛寺风貌的文献著作。该书立足于汉魏晋南北朝数百年的历史纵深,广采博收,排比考证,去伪存真,对这段时期的佛寺风貌进行全方位的史学扫描,客观展现汉魏晋南北朝佛寺兴废存亡的历史印记,填补了中国佛寺建置史的空白。

此书也有助于围绕中国佛教史学的基本问题,进一步开展深入研究。有关中国佛教史的一些基本问题至今众说纷纭,关于佛教传入中土的时间便是其中之一。先后有先秦说、秦朝说、汉武帝说、西汉末说、西汉末东汉初说、东汉初说。这其中,先秦说根据神话推测;秦朝说缺乏根据,现多不为学界采信;汉武帝说争议很大;后三种各依据史料予以证明,各有专家赞同。本书通过对史料的深度挖掘和考证,列举了十所建于汉永平十年前的佛寺。其中三所佛寺为汉武帝时期置,分别为江苏东台的永福院、陕西咸阳的北塔寺、甘肃酒泉的大寺;一所为汉元帝时期所置的安徽马鞍山的牛迹庵;一所为西汉置但年代不详的河北张家口的清凉寺;四所为汉光武帝时期所置;一所为永平元年所置的山东潍坊的虹乐寺。依据寺院存废情况可以证明,关于永平十年佛教始入中土的说法不符合历史真实;应该最迟在汉武帝时期,佛教已经在中土流传,并且出现了寺院。以此推断,张骞出使西域引佛东进,具有较高的可靠性,而永明年间明帝迎僧置寺,则表明汉代官府正式认可佛教在中土传播的合法性,澄清了佛教进入中土的时间,理顺了不同说法之间的相互关系。关于佛教传入中国的路线,也是中国佛教史高度关注的问题。学界通行说法有两条路线:一条路线是沿丝绸之路,从今新疆、甘肃传入;另一条是从海上丝绸之路抵达广州传入。此书通过对早期佛寺建置地域的考证,新发现佛教传入中土的另两条线路:一是从茶马古道即今云南、四川传入,一是由浙江沿海传入。其中来自丝绸之路和茶马古道者交汇于洛阳、西安,来自广州和浙江者交汇于南京和荆州,由此形成了汉魏晋南北朝时期中国佛教的南北两大系统,以及洛阳、西安和南京、荆州四大重镇的格局。此书不仅考证汉魏晋南北朝时期佛寺的建置，而且考查这些佛寺在后世的变迁流转，归纳出北魏孝文帝、梁武帝、武则天、宋真宗、明太祖以及清代康乾盛世，为中国佛教发展的六大高峰；而北魏太武帝、北周武帝、唐武宗、后周世宗、太平天国以及"文化大革命"，则为佛教发展的六次低谷，从佛寺兴废的角度勾勒出中国佛教两千多年兴衰继替的发展脉络。

作为一部资料工具书，此书在体例设计上也还是有其特点的，书中所有条目按照现行省（直辖市、自治区）、市（自治州）、县（区、县级市）三级行政区划来排列的，同区划内条目又按照建置（或见存）年代排列。书后附有《佛寺建置年表》，以年系寺，与正文相互呼应，互为补充，清晰地构成汉魏晋南北朝时期佛寺建置的时空背景和历史坐标，检索也较为方便。

（原载《文汇读书周报》2013 年 10 月 18 日）

纵贯宝岛古今　搭建两岸桥梁

——《台湾史稿》读后

陈晓清

[按]2014 年 7 月 27 日，央视《新闻联播》采访了《台湾史稿》主编张海鹏先生，标题为"回望历史，思考现实"，这部代表大陆台湾史研究水平的著作，又因其现实意义引起两岸学人的共同关注。

1918 年，台湾爱国志士连横先生的《台湾通史》出版面世；将近一百年后，由著名近代史学家张海鹏先生主编的 108 万字的皇皇巨著《台湾史稿》与读者见面。

《台湾史稿》是一部纵贯古今的台湾通史著作。全书分上、下两卷，对台湾的古代、近代、日据时期、光复以后乃至民进党统治时期及第二次政党轮替都有论述，是迄今为止时间跨度最长、论述内容最近的台湾通史，学术意义及现实意义极大。

一、《台湾史稿》从一个中国的视域
构建了对台湾共同的真实历史记忆

《台湾史稿》站在一个中国的立场上，在正确的台湾史观指导下，在占有大陆和台湾地区及日本、美国大量历史资料的基础上，对台湾历史，特别是近百年的台湾历史作了翔实叙述，并将台湾历史的研究下限延伸至 2010 年底。用具体的历史事实，深刻论证了台湾与祖国大陆发展的密切联系，描述了台湾社会的发展轨迹，探讨了台湾社会许多重大问题的成因，阐释了台湾各党派的势力消长和格局演变，说明了当前两岸关系取得的重大进展和遇到的突出问题，剖析了两岸关系的现状和前景，强调了台湾文化的根是中华文化。

二、《台湾史稿》充分论述台湾和大陆同属一个国家的基本史实，批驳了"台独"意识形态对台湾历史的歪曲

《台湾史稿》以考古材料为依据，将台湾文明的起源定位于中华文化多元起源的一个源头，强调了自古以来大陆人民开发了台湾的土地，细数了1895年台湾被日本殖民统治前大陆对台湾的有效管理及经营开发。并研析大量史料，从"台湾意识""台湾民族论"与"台独"的关系，分析"台独"的成因，揭示其本质；又从台湾政治的变化，直至李登辉当政，裹挟"本土化"民意，容纳利用"台独"势力，打破旧有政体，在两岸关系问题上，与传统的国民党主张渐行渐远，导致国民党几次大分裂，以致2000年具有深厚"台独"渊源的民进党上台，最终使得"台独"势力粉墨登场的叙述上，深入探寻了"台独"的路向，极具说服力，在理论上和事实上驳斥了"台独"谬言。

三、《台湾史稿》客观分析不同时期促进台湾经济发展的诸多原因，系统论述台湾发展的模式和教训

《台湾史稿》运用大量调查报告和统计数据，解析了台湾经济起飞的历史渊源——首先在于台湾农业的发展。经过大陆闽粤移民近200年的努力及清代历任台湾官员的大力经营，台湾从一荒蛮之岛发展成为一个农业较为先进的地区。在此基础上，日本殖民者对台湾展开大规模的农业调查，改良作物品种，建立水电站，进一步推动了台湾农业的发展，建立起台湾的工业体系。1949年底，成百万国民党党政军人败退台湾，同时，大陆数万技术精英也来到台湾，借助充足的美援，走计划式自由经济的道路，终使台湾经济在20世纪六七十年代迅速起飞。

四、《台湾史稿》将1949年以来的台湾历史作为重点，志存实录，提出了很多宝贵的观点

在长期的发展过程中，特别是六十多年来，台湾走上与大陆性质不同的发展道路，无论是政治制度、经济模式、文化教育、社会管理都有自己的发展历程和特色。海峡两岸分割六十多年，对岸的情况究竟如何，台湾是怎样走到今天的，大陆多数人是不了解的。《台湾史稿》利用大量国外历史资料，特别是

近年来解密的国民党档案，对台湾的政治及领袖人物，如蒋氏父子在 1949 年以后的作为，秉笔直书，不掩恶，不虚美。特别是对蒋介石退台后始终坚持"一个中国"、蒋经国执政后期开放党禁、推行政治革新等举措进行了详细客观的介绍，未淡化或抹杀其对台湾的正面重大贡献。这对于两岸民众抛弃政治上的成见，共同用平和客观的态度认知历史，无疑大有裨益。

五、《台湾史稿》详细解读台湾人民的祖国意识、抵抗外来侵略的精神、对祖国统一的期待

台湾与大陆同属一个国家，历史悠久。台湾与大陆的历史遭遇和命运相同，而且角度和定位更加复杂。台湾自 1895 年《马关条约》签订后被迫割让给日本，直至 1945 年光复，遭受日本殖民统治长达五十年，饱受蹂躏。台湾人民无论是原住民抑或是汉族移民，都与日本殖民者展开了长期的英勇的抗争，付出了极大的牺牲。《台湾史稿》全景式展开了台湾民众争取民族自由的历史画卷，对日据时期台湾政治、经济生活的方方面面进行了深入解读，这对于大陆民众了解台湾人民的奋斗、苦难、牺牲及情感，对于大陆民众理解台湾民族解放运动的走向、台湾经济现代化的奠定、原住民的开发历史、殖民地文化的残存及今天的"台独"意识将大有助益。

六、《台湾史稿》全面论述和平发展给台湾带来的光明前景

1994 年，台湾教育事务主管部门公布新大学法，调整了课程设置，在中国史、世界史以外增加了台湾史。之后，台湾的历史教育不断推行改造工程，先把台湾史和中国史切割分开，再把台湾历史从中国历史中分离出去，后来又把民国史切开，1945 年以前的部分属于中国史，1945 年以后的属于台湾史。这种以"台独"理念为指导的、脱离中国历史的、强调台湾主体性的台湾历史研究在台湾渐成气候。民进党上台后，不断宣扬"两国论""台湾是一个独立的国家"，推动"法理台独"，制造台海紧张局势。2008 年，国民党重新执政，坚持"九二共识"，秉持"正视现实，开创未来，搁置争议，追求双赢"，两岸经贸合作获得新的进展，中华民族和平共荣迎来了新的发展时期。《台湾史稿》站在历史和文化的高度，对进入新世纪以来的两岸关系作了细致回顾与评析，使海内外读者对台海局势有了全面、正确的认识，共同期待两岸更好融合、共同

发展的未来。

《台湾史稿》代表了目前大陆台湾史研究的最高水平，是台湾史研究的奠基之作和开拓之作，建立了一个完整叙述台湾历史的科学框架，树立了大陆在台湾史研究领域的话语权，为进一步研究台湾历史指明了新的方向。《台湾史稿》传播了正确的台湾历史知识，提供了正确理解台湾和大陆是一个中国、中国领土与主权不容分割的历史依据，在理论上和历史事实上驳斥了"台独"谬论。本书一直写到 2010 年马英九时期，展现了海峡两岸的良性互动关系，可以让读者清晰地看到祖国和平统一的希望。

《台湾史稿》的现实意义与政治作用极其重大。习近平总书记提出"实现中华民族伟大复兴，就是中华民族近代以来最伟大的梦想"以后，中国梦成为热议的话题。21 世纪以来，随着港澳问题的解决，中国梦最大的需要解决的问题就是台湾问题。台湾与大陆都是中国的一部分，长期以来，台湾与大陆在共存共生中发展，历史、文化千丝万缕，交结在一起，海峡两岸都是中国人，同文同种。台湾与大陆能否和平发展、互利共赢，是 21 世纪中华民族复兴崛起的关键所在。《台湾史稿》对台湾历史的完整叙述，将进一步加深两岸民众对民族和国家的认同感，共同面向更加美好的未来。

（原载《古籍新书报》2014 年 8 月 28 日）

《任中敏文集》出版回顾

樊　昕

凤凰出版社(原江苏古籍出版社)建社三十余年来，始终坚持立足江苏、面向全国、走向世界的出版理念，出版了一大批既富于地方特色，又具有海内外影响的图书项目，特别是江苏学人的专集，尤为出版的重中之重。如《范仲淹全集》《金圣叹全集》《高邮王氏四种》《冯梦龙全集》《凌濛初全集》《嘉定钱大昕全集》《赵翼全集》等，甫一推出，便受到读书界与学术界的广泛关注；而近现代江苏古代文学研究，更是名家辈出。20 世纪 70 年代国家首批博士生导师的遴选，江苏即有四老在焉：南京大学的程千帆先生、南京师范学院的唐圭璋先生、苏州大学的钱仲联先生、扬州师范学院的任中敏先生①。上述四位，程千帆先生文集已由河北教育出版社 2001 年出版②；唐圭璋先生的《全宋词》《词话丛编》《宋词四考》等著作也都在不同时期出版、重印过；唯独任中敏先生的著作，由于出版周期跨度较大，早期如《散曲丛刊》十五种，出版于民国二十年(1931)，《敦煌歌辞总编》则出版于 1987 年，更有不少论文，如《散曲之研究》，发表于民国十五年(1926)，等等，想要将任先生的著作与文章汇集，编为文集，殊为不易。2000 年，7 卷本《周勋初文集》的编纂与出版，给了当时

---

① 任中敏(1897—1991)，名讷，字中敏，别号二北、半塘。祖籍江苏扬州。我国著名词曲学家、戏曲理论家、唐代音乐文艺研究的一代宗师。任中敏先生的学术研究分为两个时期。第一个时期研究北宋词与元代散曲，其散曲理论使他成为近代散曲学的奠基人；第二个时期则对于唐代的燕乐歌辞、唐代戏剧及敦煌文学做了精深的爬梳与开拓性的探讨，以音乐、曲艺与戏剧三足，支撑起了一个系统的唐代音乐文艺学。上述研究，形成了一大批足以作为相关学科基础的资料与成就，昭示后人不断在相关领域继续探索。

② 按：新版《程千帆全集》(12 册)已由凤凰出版社 2023 年出版。

的江苏古籍出版社出版当代江苏学人文集的出版实践，并开始谋划下一部学人文集，《任中敏文集》的出版，便提上了选题的日程，而真正的契机，则到了2007年。

一、出版缘起

2007年11月底，在时任凤凰出版社社长、总编辑姜小青的带领下，第一编辑室主任卞岐与笔者赴扬州大学文学院，与任中敏先生的首位博士生、刚从四川师范大学返聘回扬的王小盾教授，以及文学院的领导商谈编集出版《任中敏文集》的相关事宜。经过一个上午的论证，双方就编集、出版任中敏先生的学术著述总集达成了以下共识：一、由王小盾教授担任主编，并负责文集编集团队的组建与编纂；二、扬州大学作为任先生生前的服务单位，授予其作品的专有出版权；三、凤凰出版社确定项目负责人，组建编辑团队，负责《任中敏文集》的出版。商议完，王小盾教授立即组建了编集团队，并于当年的12月1日，给团队成员下发了《关于编辑整理〈任中敏全集〉的信函》，开头即云："经商议，我们拟自即日起，正式展开编辑《任中敏全集》的工作。此书计划在2008年2月提出编辑体例，在2009年8月前完成初稿，在2010年完成定稿并交付凤凰出版社(原江苏古籍出版社)出版。书稿形式为繁体横排，新式标点。"并初步框定"全集"为18卷，包括：

1. 散曲研究，包括《散曲之研究》《南宋词之音谱拍眼考》《词曲集论》《曲录补正》《词曲合并研究》《词曲合并研究概论》《词曲通义》。

2. 名家散曲，包括《元名家散曲六种》《元曲三百首》《荡气回肠曲》《北曲选》。

3. 散曲丛刊。

4. 词学研究，包括《研究词集之方法》《校补"阳春白雪提要"弁言校例》《研究词乐之意见》《增订词律之商榷》《常州词派之流变与是非》《词学研究法》。

5. 新曲苑。

6. 敦煌曲研究，包括《敦煌曲校录》《敦煌曲初探》。

7. 唐艺研究，包括《唐戏述要》《唐代能有杂剧吗》《戏曲、戏弄与戏象》《简单的几点说明》《与俞平伯先生商榷李白的〈清平调〉问题》《唐声诗之范围与定义》《驳我国戏剧出于傀儡戏、影戏说》《萧衍、李白〈上云乐〉的体和用》《关于唐曲子问题商榷》《敦煌歌辞在国外——纪念敦煌学发展六十年》《敦煌学在国内亟待展开第三时期》《对王国维戏剧理论的简评》《坚决废除"唐词"名称》《竹枝考》。

8—9. 唐戏弄。

10. 教坊记笺订。

11. 优语集。

12—13. 唐声诗。

14—16. 敦煌歌辞总编。

17. 回甘集，包括《感红室曲存》和各个年代的作品。

18. 附录，包括《散曲集丛》(与卢前合作)、《曲话丛编》(与卢前合作)、《曲选》(卢冀野编选，任中敏校)等。

编辑工作的步骤是：

(一)选择该项目的较好版本，用购买或复印的方式取得工作本。

(二)在工作本上进行技术处理，改正明显错误(包括引文错误)，于2008年2月交出5千字至1万字样稿，寄给副主编陈文和研究员。以便主编制定一个切实可行的工作体例。

(三)工作体例一旦确定，即全面展开编辑工作。

(四)初稿完成后，由陈文和统稿，由王小盾复核全书、写作全书总序。同时由全体编写者协助王小盾进行以下两项工作：为每部书写作一篇研究概述，列出后人在同一题目下的研究成果(包括商榷意见)；为每部书写作一篇叙录。

二、编辑实践

上述文集选目，基本涵盖了任中敏先生不同时期的学术著作，反映了他从早期的散曲学到晚年的唐代音乐文艺的研究路径。而随着编集工作的展开，我们发现，这份选目从实际操作上说，难以符合"全集"之名。17《回甘集》是任先生让两位抄手(戴某、王某)抄录，主要收录其早年的作品，而且被一位自称任姓的女士取走，不知是否尚存天壤间；18 附录是任先生与同学卢前合作编选的曲选作品，著作权也非任先生一人所有，故将此两卷删去，最后定为

"任中敏文集",即任先生"学术著述的总集"①,名实庶几相副。由于各部书稿的体量有多少之别,程度有难易之分,团队成员的交稿顺序也有先后之次,再加上主编的审稿时间,凤凰出版社则相应制订了先出版各品种的单行本,最后出版合集本的方略。如此,从 2012 年至 2014 年,《散曲丛刊》《优语集》《名家散曲》《唐艺研究》《敦煌曲研究》《散曲研究》《词学研究》《唐戏弄》《教坊记笺订》《唐声诗》《敦煌歌辞总编》陆续问世;随后,在扬州大学文学院的支持下,将上述著作按类相从,于 2015 年推出了十卷本的《任中敏文集》。以下,我们以《散曲丛刊》与《唐艺研究》两部书稿为例,回顾一下文集编纂与出版的过程。

《散曲丛刊》是第一部完成的书稿,其分为两部分,前一部分为任先生精心辑校的元、明、清曲籍 12 种;后一部分是先生关于散曲学的理论阐述,由《作词十法疏证》《散曲概论》《曲谐》三部著作构成——以上这些工作,从文献基础与理论建构两方面——标志着中国近代"散曲学"的建立。此书曾于1931 年由中华书局以聚珍仿宋版初次印行,后又有过一次翻印,迄今再无印行(台湾在 20 世纪 60 年代也影印过一次)。初版仅有句读而无新式标点,今人阅读颇有不便。初版的一些讹误,如任先生凭记忆征引,未核对原书处,有些地方可能为笔误或排字错误等,都需要一部新的《散曲丛刊》。此次借出版《任中敏文集》的机会,请扬州大学曹明升教授重新点校整理。经与主编讨论,他的具体工作是:一、按新式标点句读,以利阅读;二、凡先生所引文献,均取原本对校,若是讹误或异文,在页下以"今校"形式出校记,若为明显笔误或排录错误,则径改。除核校原文外,亦参考时先生未及经眼的版本以及今人的整理本,择善而从,并出校记说明;三、原书中的曲集原文与任先生的案语均为同一字体,今次整理则分别采用不同字体,以清眉目,更便阅读②。可以说,这是这部名著初版八十一年后的首度标点整理。凤凰社以此成功申报了2012 年的国家古籍整理出版专项经费资助项目(文集同时入选"十二五"国家重点图书出版规划项目),接到曹教授整理的书稿后,笔者随即通读书稿,写出审稿意见,兹将当年的审稿意见节录于下:

---

① 王小盾《任中敏先生文集序》,《任中敏文集》(十卷本),凤凰出版社,2015 年,第 1 页。
② 参樊昕《近代散曲学的奠基之作——任中敏〈散曲丛刊〉述介》,《古籍新书报》2013 年第 129 期。

散曲之学，很少受到历代传统士大夫学者的重视与眷顾。被他们视为"小道""蔽精神于无用"（《四库全书总目》词曲类语）的元明以来的小曲，在经由王国维、胡适、吴梅等近现代学者的努力后，才逐渐进入研究者们的研究视域，呈现出一种蓬勃向上的研究新向。这其中，尤其以任中敏（1897—1991）的研究及其"散曲学"的建立为尤可注目者。作为传统散曲学与近代散曲学的交汇点和分水岭，任氏散曲学的构架既以传统曲学为基础，同时又具有学术个性的自我创造。以历史学的眼光审视散曲文学的派别流变，并将散曲置于整个文学史的视野中加以评价，则更是任中敏散曲学现代学术品格的体现。从 19 世纪 20 年代起，任中敏向学术界提供了一系列散曲著作。这其中，《散曲丛刊》的问世，标志着散曲文献学的确立，对于后世研究元明以来的散曲，提供了原始资料，开示了研究门径。

本书广泛搜集了元明以来的散曲选本，精加考订，择善而从，每种曲本前作者写有提要，辨章学术，考镜源流。目前虽已出版《全明散曲》《全清散曲》等著作，但均未能在诸如版本源流、作者查考、曲本分和等方面显示出散曲文献在中国文献史上的生存状况，《散曲丛刊》成书虽早于上述二种，但其筚路蓝缕之功，不可抹煞；对于研究散曲文献之源流，更是厥功甚伟。另外，是书曾以聚珍仿宋版的形式，于 1930 年由上海中华书局出版，现已时隔 80 余年，坊间难觅一见，至于横排标点整理，更是此次首度为之，具有重要的出版价值与文化意义。

本书原稿繁体竖排，仅有句读，此次重新整理，繁体横排，整理者工作认真负责，为全书重加新式标点，并参照曲谱，准确断句。更难能可贵的是，利用多种文献，对任先生的引文重加核对，明显错误径改之，异文则以"校记"形式出校，表现出了审慎的工作态度与学术追求。责编初审，发现并校改如下：

一、原书多旧字形，如"產""吳""虛"等字，今按出版规范，统一改为新字形。

二、原书所录，多有讹字，如《阳春白雪》姚牧庵〔双调〕《寿阳曲》"愁能白般毛"之"般"字，据嘉庆本《阳春白雪》，当作"二"字；又，因成书较早，限于当时条件，有些字较难下断，后有多种散曲整理集问世，可借以校勘原误。如《乐府群玉》之吴可斋乐府《西湖怀古》"客从来柳树西风"，"从来"，当据今人隋树森校本改作"重来"。

三、此书加新式标点，仍有未尽处。如《乐府群玉》卢疏斋乐府之《扬州汪右承席上即事》"掩珠帘齐按凉州"，此"凉州"为曲名，当加书名号；《阳春白雪》卷五《风入松》套曲中之〔乔牌儿〕首句"再不将风月参勾断浅愚滥"，依曲律，当断为"再不将风月参，勾断浅愚滥"。

四、书中部分曲选保留了原注，与任氏夹注极易混淆，今则区别不同字体（五号楷体），以清眉目。

总之，一审看校主要改正了全部旧字形，并尽量统一异体字，规范各宫调、曲牌及题目的格式，以符合当前古籍整理的出版要求。

在编校书稿的过程中，笔者还随时记录下自己的校勘工作要点，在书稿完成三校后，又请上海资深古籍整理专家李梦生先生审读一过，提出了很多有益的意见，最后，笔者将本次整理所出的校勘记的情况总结为以下几类：

一、任录因限于当时条件，误录所造成的文字讹误或脱漏，今据他本校改。如：

1.《阳春白雪》卷三姚牧庵〔双调〕《寿阳曲》："酒可红双颊，愁能白二毛。""二毛"原误录作"般毛"，据嘉庆本《阳春白雪》改。

2.《乐府群玉》卷一刘时中〔朝天子〕《同文子方、邓永年泛洞庭湖宿凤凰台》："珠围翠绕尽豪奢，银烛消残夜。""银烛"下"消"字原脱，于律因为四字句，今据吴梅校本补。

3.《海浮山堂词稿》卷二〔朝元歌〕《春游》："今古流传，英雄豪杰都枉然。""英雄"，原误作"万雄"，据郑振铎藏钞本改。

4.《秋水庵花影集》〔南商调·二郎神〕："空蝶卤蜂粗燕懵懂。""燕懵懂"原作"樵燕懂"，不词，因据明末刊本改。

二、原书遇有异文处，不妄改，出校记存疑，以俟进一步判断，如：

1.《群珠补正》卢疏斋〔金字经〕《崧南秋晚》："楼外头，乱峰云锦秋。"校记指出，《雍熙乐府》"崧南"作"江南"，"楼外头"作"楼"，"乱峰"作"诸峰"。

2.《小山乐府外集》〔燕引雏〕《雪晴过扬子渡坐江风山月亭》："身在

冰壶，天然江刬图。"校记指出，"江刬图"费解，天一阁本《小山乐府》作"泛刬图"，似当从。

3.《酸甜乐府》〔梧叶儿〕《春思》："香放燕莺声，都不管梨花梦冷"，任氏案"放"字待校。今按明大字本《太平乐府》作"香散"，意似长。

三、因原版不清或脱漏，任录作缺字□处理者，据他本补正，如：

1.《小山乐府外集》〔天净沙〕《怀古疏翁命赋》："翠芳园老树寒鸦，朱□□野草闲花。"今据天一阁本《小山乐府》，补作"朱雀桥野草闲花"。

2.《海浮山堂词稿》〔倚马待风云〕《悼琴仙》："嫦娥闭月华，□□银汉槎。"据郑振铎藏钞本补"拦回"二字。

四、对于一些文字疑问，任校以案语形式注出，今校则予以疏通，如：

1.《小山乐府外集》〔湘妃怨〕《山中隐居》："丹翁接老得长生，白鹤依人认不名，青山扰主随他姓。"任案："'接'字、'扰'字待校。"今校：原注所疑甚是。天一阁本《小山乐府》前三句颇通顺，作"丹翁投老得长生，白鹤依人认小名，青山换主随他姓。"

2.《阳春白雪》马九皋〔中吕〕《山坡羊》"惊人学问，掀天势业，是英雄隽败残杯炙。鬓堪嗟，雪难遮，晚来览镜中肠热，问着老天无话说。东，沉醉也，西，沉醉也"后，任案："'动地'原作'动业'。阙字原本模糊，仿佛如'请'字。"今校指出，此条案语条例不清，重校如次："'势业'，原作'勳业'，'勳'疑是'勳'之误，今从《群珠》。'隽'字原本模糊，今亦从《群珠》。"

此外，尚有据他本重新判定作品归属权，如《阳春白雪》录阿鲁威〔双调·湘妃怨〕二段，今校据《乐府群玉》，判属刘时中，并题作"寓意武昌元贞"；又据曲谱判定宫调曲牌为误，如《阳春白雪》贯云石〔双调·醉高歌带过殿前欢〕一曲，〔双调〕应为〔中吕〕，〔殿前欢〕应为〔红绣鞋〕等等，不一一。①

经过整理者与编辑的通力合作，利用多种新出散曲文献作为校勘依据，《散曲丛刊》的再版，就不仅仅是加了新式标点，而是符合当前古籍整理的新

---

① 樊昕《〈散曲丛刊〉（点校本）出版》，《古籍整理出版情况简报》2015 年第 1 期。

要求，学术内容与编辑含量并具，可谓"旧貌换新颜"。

《唐艺研究》则是任先生关于唐代音乐文艺论文的集结。初定选目包括《唐戏述要》等13篇，而这一选目的依据，是陈文和先生早年所编订的《任中敏著作论文目录》①。笔者拿到整理过的书稿后，觉得任先生此一领域的论述当不止于这些，遂查阅民国到中华人民共和国成立后的各类期刊杂志，增补了《唐代"音乐文艺研究"发凡》《〈双恩记〉变文简介》《〈王梵志诗校辑〉序》《漫谈答柏君》《孟郊〈列仙文〉究竟是什么"文"——唐代道家的一本戏文》《与王季思论古剧角色及〈西厢记〉注本书》等六篇文章，而《竹枝考》为古今《竹枝词》的辑录，不符论文体例，且其成果已全见于《唐声诗》，经与主编讨论而删去。这样一部全面展示任先生唐代音乐文艺研究的论文集，便得以问世，丰富了《任中敏文集》的内容。

除上述两部书稿外，《唐声诗》《唐戏弄》《敦煌歌辞总编》等巨著，也无不包蕴着整理者与编辑的苦心，尤其是《教坊记笺订》一书，整理者喻意志教授在向出版社提交了初稿后，便于2012年不幸辞世，她的后续工作，由其弟子吴安宇完成，文集的出版，也不啻是对她辛勤工作的告慰吧。

三、取得的成绩

从项目立项的2007年，到出版的2014年，经过近7年的辛勤编校，《任中敏文集》终于面世，获得了各方面的好评。从出版社层面来说，《散曲丛刊》首先获得了2012年的国家古籍整理出版专项经费的资助，而《文集》也入选了"十二五"国家重点图书出版规划项目。《散曲丛刊》荣获2013年度华东地区古籍优秀图书二等奖。2014年10月25日，在扬州大学召开了"《任中敏文集》首发式暨学术研讨会"。作为编辑个人来说，通过全程参与文集的编纂与出版，笔者也更为深入地了解任中敏先生的生平与学术成就，先后撰写、发表了《激扬明其道，幽旨斯得开——记饶宗颐、任半塘二先生关于敦煌歌辞的论争》（《文史知识》2012年第4期）、《近代散曲学的奠基之作——任中敏〈散曲丛刊〉述介》（《古籍新书报》2013年第129期）、《〈任中敏文集〉出版》（《古籍新书报》2015年第149期）、《〈散曲丛刊〉（点校本）出版》（《古籍整理出版情

---

① 陈文和、邓杰《从二北到半塘——文学史家任中敏》，南京大学出版社，2000年，第305—310页。

况简报》2015 年第 1 期)、《任、饶两大家关于敦煌歌词的论争》(〔日〕波多野太郎原著,载《词学》第四十一辑,华东师范大学出版社 2019 年版)等论文、译作与书评;《散曲丛刊》的审读报告,曾荣获 2014 年度第一届全国优秀审读报告优秀奖。《任中敏文集》的出版,既延续了凤凰出版社江苏地方学人著作出版的传统,又锻炼了编辑队伍,提高了编辑的编校水平与科研能力,成为凤凰出版社策划出版大型书稿的成功案例,值得总结。

(原载《中国出版史研究》2021 年第 1 期)

从思想史的角度理解秦亡汉兴

孙思贤

提到"二战"之后日本学界在中国史研究领域中的热点，秦汉帝国的形成论一定是重要的话题之一。这个命题之所以重要，是因为它关系着两千年来专制主义中央集权国家的形成谜团——战国时代纷争的封建割据政权突然变成了大一统的中央集权国家，并且延续了两千多年，着实让人费解不已。因此，寻找集权国家起源的历史逻辑、探求历史发展的"必然性"，就成了战后日本学界求索的重心，而秦汉帝国的形成则是一个无论如何也无法回避的话题。与西嶋定生、增渊龙夫等学者从政治制度、民间秩序等方面考察秦汉国家形成的视角不同，浅野裕一的《黄老道的形成与发展》，主要从思想史的角度考察秦汉王朝的形成与统治逻辑，并对西嶋等人的学说提出了系统性批判。

秦的"法"主义与皇帝概念

首先，浅野氏遇到了困扰历代史家的共同问题：为什么秦二世而亡，汉却能延续数百年？经过考察他得出结论，秦朝短命的根源还在于其统治思想。秦朝重"法"，"法"既是秦能够征服六国、完成统一的思想与政治武器，也是其颠覆的根源。那么，秦国的"法"有哪些特点？为什么一个以细密法律而著称的精密官僚制国家却崩溃了呢？浅野氏进一步指出，商鞅与韩非的"法"沦为了君主的统治之术，他们摒弃了早期慎到与申不害理论中的天道思想，将法视为让民众服从于国家的手段，从而使法的强制性与民间秩序强烈对立起来。韩非的思想为君主的个人独裁更是提供了理论工具。在他的理论中，对所有人的"不信任"是统治的前提，利用"法术"，就能实现臣下的均势制衡，从而达到君主对官僚机器与民众的完全统治。

浅野氏的一大创见，便是敏锐地认识到意识形态在时代环境变化之下的困境。随着战国时代的终结、统一国家的出现，秦的根本立国逻辑便遭遇了来自其自身的挑战：第一，奖励耕战以实现富国强兵的正当性在战争状态下才能保证，而秦国统一天下后，外敌的消失让耕战体制变成一种强制性的压迫。第二，维持治安虽然是在任何时代都成立的理由，但是治安应该维持到什么程度？如商鞅、韩非所主张的告奸、连坐，是在战国的战时体制下施行的严酷法令，当战争停止之后，那样严酷的治安手段，是否还能被民众信服？第三，强化君主权力之法，是建立在"外无敌国之患，内无乱臣之忧"的形势之下，而统一国家建立后，敌国之患消失，乱臣之忧就凸显了，无形中增加了统治集团内部倾轧的可能性。第四，统一国家本身就是一个观念性的产物，只有秦帝国的统治阶层才会孜孜以求，而对于几乎一辈子生活在各个地域的普通民众，要求他们与统治者感同身受几乎是不可能的事情。推进统一事业的理念，很容易成为统治者的一厢情愿。统一之后的形势变化，让秦朝立法的正当性受到了动摇，作为统治者，不仅没有及时地调整其统治思想与其正当性依据，反而无限地扩张个人私欲，因此，当以物质利益驱动的国家失去其征服目标之时，残酷徭役与沉重赋税压迫下民众的怒火，让国家本身成为其反噬的对象。

浅野氏还十分细心地比较了秦朝与汉朝的皇帝概念。作为秦的统一成果，"皇帝"一词也可以说是历史的新发明。"帝"的概念，是完全征服了整个中国的统治者称号。如赵高在秦末各路讨伐军西进的时候认为，秦已经失去了其函谷关以东的统治权，如果新任秦王继续称帝，就会成为空名，所以当退回王号。据此浅野氏认为，"皇帝"的"帝"绝不是西嶋定生认为的具有"宇宙神的绝对性权威"，而应该是"王"之上的世俗统治者，是将中国整体纳入统治下的"人"的称号。"皇帝"这个称号与"天子"有本质上的差异，天子是通过上帝、上天等自然法性的存在保障其正当性，而皇帝则是必须要在现实世界中支配天下，以实际政绩来证明自己的正当性。秦始皇的刻石都是在不断列举皇帝的个人功业，而非宣称自己是光辉照耀的上帝。

所以，秦朝的"皇帝"一词并没有达到受命于上帝、统治万民的权力论和政治论高度，而商鞅、韩非的法术思想蕴含着这样的逻辑：君主是唯一可以超越法的人。在君主之上没有制约他的客观性权威，因此秦帝国的皇帝支配与法术思想能够相结合。可是秦皇帝在全国持续推行苛政，为了彰显自己的政绩，用术性的法操控、欺骗群众，直至王朝疲敝崩溃。

黄老思想与汉朝的构建

那么延续数百年的汉王朝采取何种统治理论以面对新的历史形势？历史学界的共识是，汉王朝的统治集团在汉初采取了黄老思想作为其指导思想，"萧规曹随"的典故也为人熟知。那么为什么黄老思想是当时最适合的时代思潮？其背后又有什么事实作为其支撑呢？

浅野氏认为，第一，从思想史的逻辑来看，黄老思想虽然也强调"刑"，但是也注意另一面的"德"。在黄老的范畴里，作为制度的"法"，并不是单纯实现君主意图的"术"，而是超越君主意志的客观标准。这种"法"否定君主事先设定好的富国强兵、强化君主权力那样的功利性目标，否定法术思想那样的法治，否定通过厚赏严罚而将群众引向特定功利主义的方向。黄老思想主张君主需要抑制个人的支配欲望，虚心因循，从而使万民不争。在此逻辑之下就可以发现第二个原因，即黄老思想是以自然法秩序来限制人为支配的问题，也就是承认超越人间的自然法——天道，而君主的权力、用于统治国家的"法"则是天道的体现，是实现天道的方法，在这一自然法秩序之下，黄老道用灾殃为媒介的天人理论来抑制人界的失控。因此，观察灾殃、预见未来的利害得失、制定国家战略政策，是它最大的着力点，它要求君主追随客观的自然法运营国家。第三，黄老道所设想的政治组织形态，提倡将占领地的一部分划分为君主直辖的郡县，另一部分施行封建制，调和封建与郡县两种制度的矛盾。

所以黄老道理论体系构造的君主，与法术性的君主有着本质差别。法术性的君主有着强烈的支配欲望，但是其施行的法治只要有些许差错，就会引起民众强烈的反感与厌恶；而黄老道的君主，不与民争胜，主张自己的立场是基于天道的公正无私，以民众保护者的姿态君临天下，他必须要时常保持清净无为，没有必要像秦朝皇帝那样经常性地夸示政绩。另一方面，黄老思想强调让臣民参与到政治中，这就对君主的独裁专制起到强烈的抑制作用。

在这一思想的影响之下，产生了汉与秦的统治差异。刘邦对于皇帝的认识与秦始皇完全不同。秦始皇以秦数百年的国家传统为后盾施行皇帝支配，并不需要权力形成原理。所以秦始皇的皇帝概念，是在否认上古五帝的意识中产生出来的。否定五帝的最大论据是五帝没有能够制约封建诸侯，因而不能统治整个天下。在秦的理念中，原本就有否定封建、赞同郡县的内在倾向性。为了实现舆论上的统一，秦始皇通过一系列的举措，如焚书坑儒，来表达古不如今。

而对于刘邦来说，恰恰相反，上古的五帝是其榜样和效法的对象。他有模仿五帝国家体制、施行封建的责任和义务，这也是当时诸侯群雄最需要的。结合历史事实来看，刘邦的权力基础十分脆弱，他以个人信望为纽带所建立起的人际关系和君臣关系，稍有不慎就会烟消云散，所以刘邦需要把权力转换为有形的政治制度。即便在诛灭异姓诸侯王之后，他也明确表示自己从来没有忘记汉的天下是大家一起打下来的。浅野氏认为，刘邦是一直忠于这种建国精神的。其次，汉统治集团在法治上采取柔和的姿态，解散军队、让流民返回籍贯，同时让地方官吏不得冷落那些有军功的底层士兵——在刘邦眼里，有功者比文法吏重要得多。除了要照顾有功者，还要动员一般民众，将他们变成新政权的支持者，通过轻徭薄赋拉拢民心。

因此，汉朝的形成与秦朝有着本质的不同：秦的皇帝以秦的国家传统为后盾施行皇帝支配，并不需要思考权力的形成原理、考虑权力的正统性来源。秦在一定程度上并不是"二世而亡"，在讨论秦的灭亡时，必须要考虑到它实际上已历经数百年传承，必须考虑其数百年的政治传统、权力根基。而刘邦则是白手起家，依靠个人信望建立起国家秩序。所以，与其如西嶋定生那样探讨"秦汉"帝国的形成，不如讨论汉朝的形成。浅野氏认为，秦朝与汉朝是两个完全不同质的国家，尤其是"帝国"一词，不能用于汉初。

"秦汉帝国论"的再探讨

笔者认为，第十五、十六章对"秦汉帝国论"的批判，是本书最核心的部分。在战后以西嶋定生为首的日本学界，将秦和汉视为一种同质化的"帝国"，但是在浅野氏看来，秦不同于汉，"秦汉帝国"的概念不能成立。一般为学界所强调的个别人身支配的制度保证——"编户齐民"，在另一方面意味着皇权不需要干预私领域的私性质的活动，只要豪族尽了编户齐民的义务、遵守国家的法律，那么他们的社会实力就不会受到额外的干涉，否则就无法回答这样的历史疑问：尽管中央政府采用了以编户齐民为基础的个别人身支配，为何豪族仍然不断扩大、最终瓦解了汉朝？

浅野氏认为，不能脱离历史的实际情况、而仅凭某些制度上的传承（比如爵制、编户齐民等）来断定秦与汉的同质性。秦的立国法理来源于延续了数百年的古老贵族制，所以可凭借强权推行法家的治国手段，而汉的立国法理来源于刘邦集团以分封有功者而形成的军事集团，即便是建立汉朝之后，面对群臣扎堆窃窃私语，刘邦仍然毫不犹豫地给他最讨厌的雍齿封了侯。浅野氏呼吁学界最好从汉朝建立实际情况来考察所谓的秦汉帝国论，尤其是将诸侯国的存在考虑进去，如吴楚“七国之乱”前吴王垄断盐铁、铸造货币，即是支配制度在特殊环境下无效的明证。随着近年来如张家山汉简、长沙五一广场西汉简、海昏侯墓简牍的不断出土，西汉诸侯王国的政治面貌也在不断浮现，尤其在张家山汉简的奏谳书中，便可以看到汉初中央与地方的紧张对立。

那么当帝国论行不通的时候，如何去理解中央政府与诸侯国并存这种现象？浅野氏认为，可以从黄老道思想出发再考察，作为一种统治阶级或者民众的“共识”，可能比某种实际的“制度”更有效用。第一，黄老道提出了一个基于封建制的统一国家蓝图，尤其在封建制+郡县制立国的情况下，汉王朝不可能照搬秦朝的完全郡县制，必须摸索一个拥有独自政治思想的统治模式；第二，黄老思想为汉皇帝的权力来源提供了一个受命于天的天子统治理论，至少从表面看，皇帝不再是暴力压迫、与民众对立的代表；第三，黄老道中的尚贤主义为汉的皇帝提供了便利，否定君主的独裁，确立尚贤主义，避免君主个人因为贤愚问题而导致王朝崩溃的局面，同时，可以起到网罗天下贤人以弱化诸侯王国的功效；第四，柔和的法治主义，最大程度关照民心与民生的安定；第五，汉代的皇帝不仅仅是皇帝，也是“天子”，避免了秦朝所谓一人支配世界的统治逻辑而导致的无休止战争，在这一思想指导下，结合自身实力的综合考量，汉朝便可以与各个受命于天的外族国家（比如匈奴）共存，回避了大规模的边境战争。

综上，笔者认为，《黄老道的形成与发展》一书开辟了另一种理解历史的方法。与侧重阶层与制度分析的“统治技术”研究不同，本书尝试从思想史的角度去理解历史。更可贵的是，本书并没有一厢情愿地使用某种预设的逻辑去说明历史的发展路径，让一切变成“必然”，相反，本书立足于历史事实，揭示了不同统治者在建立国家、形成皇权的过程中所采取的灵活策略：除了依靠制度与强大的国家机器，民心向背与天下共识也是当权者必须考虑的。

一幅汉唐乐府学典籍地图
——读《汉唐乐府学典籍研究》

王晨韵

提起乐府诗，大家并不陌生，立刻能想到一些耳熟能详的经典篇章，我们会想起《江南》中自在嬉戏的小鱼，想起《木兰辞》中替父从军的花木兰，想起《孔雀东南飞》里刘兰芝和焦仲卿的凄美爱情，想起《上邪》中义无反顾的忠贞誓言。然而，关于"乐府"，实际上我们又知之甚少。

何为"乐府"？"乐府"本为秦汉间朝廷设立的掌管音乐的机构。"乐府"最初起于秦朝，1976 年出土的秦青铜乐府钟可作证明，汉武帝时沿用其名称设立"乐府"，扩大了规模，主要职能为采集、整理、创作及表演音乐。用来配乐演唱的歌词也被称为"乐府"。后来"乐府"渐渐脱离音乐，成为诗歌的类名，即"乐府诗"。

何为"乐府学"？"乐府学"即以"乐府"为研究对象的学问。"乐府学典籍"是汉唐间围绕乐府活动产生的历史文献，是乐府学研究的基础，大致可分为正史乐志(包括政书乐门)、乐书、乐录、歌录、琴书、解题、曲簿、注释、诗学等类别。

《汉唐乐府学典籍研究》一书是国家社科基金青年项目"汉唐乐府学典籍研究"的结项成果，属于文献研究类著作。书中对汉唐间有关乐府的文献进行系统考察，厘清文献留存情况，分析各类典籍所含具体内容，梳理各类典籍间的承袭关系，判断其文献价值，确立其历史坐标，并提出新的学术见解。本书极富问题意识，总结前人研究成果，延展出多条研究思路，指出治学门径，对汉唐乐府的研究具有目录指引作用。

作者郭丽现为首都师范大学文学院副教授、硕士生导师，兼任乐府学会理事，跟随吴相洲教授从事乐府学研究多年，学力深厚，出版有《乐府续集·宋辽金元卷》《乐府文献考论》《乐府诗史话》等多部乐府学研究著作。她多年来在乐府学领域不懈耕耘，做了大量基础性工作，在充分掌握汉唐乐府学的文献资料的基础上，浓缩其文献价值，化繁为简，撰就了《汉唐乐府学典籍研究》一书。通读全书即可通盘掌握汉唐乐府学文献的基本情况。不论是入门研究者，还是资深专家，从中都可大受裨益。

全书分为三部分，行文结构明晰。第一部分为绪论，对典籍的分类与著录进行界定，评述前人研究成果，并介绍研究思路和基本步骤。第二部分为全书的核心，按照时代顺序分门别类地对乐志、乐录、歌录、解题、诗学等五类主要典籍进行研究。第三部分附录则收录三篇作者关于汉唐乐府的研究论文。

乐志位居乐府学典籍之首。司马迁在《史记》中首创乐书，此后各朝正史多设立乐志，文献规模较大。乐志作为官方记载，相对完整地记录了一朝的乐府活动，涵盖范围广，具有极高的史料价值。作者梳理出汉唐间乐志十种，分别为：《史记·乐书》《汉书·礼乐志》《晋书·乐志》《宋书·乐志》《南齐书·乐志》《魏书·乐志》《隋书·音乐志》《旧唐书·音乐志》《新唐书·音乐志》《旧五代史·乐志》。作者独具慧眼，对以上典籍分别进行介绍，指出其在乐府史上独有的文献价值及可研究的问题。譬如，作者指出魏晋南北朝正史中的四本乐志，是研究转型时期乐府活动的首选史料。与《汉书·礼乐志》相比，《晋书·乐志》记录内容更加丰富具体，更注重说明前后沿革情况。而《宋书·乐志》较之《晋书·乐志》则更加详细，最大特色是收录大量刘宋前的乐府歌辞，是《乐府诗集》前最重要的乐府学典籍。《南齐书》记录乐府活动较为简单，但在记录燕射歌辞时列举了具体名目，比其他乐志更细致。《魏书·乐志》则记录了北魏朝廷关于礼乐建设的讨论，以及永嘉之乱后西晋乐府流传到北朝的过程，这点尤为珍贵。

书的四至七章是对乐录、歌录、乐府解题典籍和乐府诗学典籍的研究。乐录为记录乐章表演情况的典籍，如《乐记》《荀氏录》《元嘉正声技录》《大明三年宴乐技录》等。歌录是收录乐府歌辞的典籍，为表演脚本，如《魏宴乐歌辞》七卷、《三调相和歌辞》五卷、《太乐歌诗》八卷等。乐府解题典籍为解释乐府题名、揭示本事的典籍，如《琴清英》《琴操》《古今注》《乐府古题要解》等。乐府诗学典籍则是专论乐府诗的诗学典籍，涉及乐府诗学观念和理论，如《文心雕龙·乐府》《玉台新咏序》《续诗》《乐府杂诗序》等。作者对这四类典籍进行周密的盘点，述评其内容，考察其成书、流传、特点、价值和被研究情况，让读者对文献信息一览无余。

作者还悉心考辨了乐府研究史上的一些重难点问题。例如，在《史记·乐书》的作者问题上，她指出《汉书·艺文志》《汉书·司马迁传》《后汉书·班彪传》均称《史记》阙漏十篇，《史记·乐书》中还大量引用《礼记·乐记》，加之拼凑痕迹明显、章法不够谨严，且对乐府活动的记载非常简单，因此认为现存《乐书》非司马迁原作，但仍不失为重要的乐府学典籍，具有很高的音乐文献价值。还有为何郭茂倩在《乐府诗集》燕射歌辞一类中没有收录唐代燕射歌辞这一论题。作者敏锐地发现郭茂倩尽管在燕射歌辞一类并未收录唐代燕射歌辞，但却在燕射歌辞叙论中提及唐代燕射歌辞二百余曲，同时他在近代曲辞的叙论中也提到唐代燕射二百余曲并且称近代曲为杂曲，在舞曲歌辞的小序中将宴乐舞蹈归为杂舞，又元稹《立部伎》题下小注中提及"又选立部伎无性识者，退入雅乐部，则雅乐可知矣"，这二百余曲显系同一批歌辞，作者由此追索，发现大量唐代燕射歌辞被郭茂倩归入了近代曲辞。作者推断郭茂倩这样归类的原因是郭茂倩认为唐朝唐代燕射歌辞走向娱乐化，不够雅正，不符合燕射歌辞标准，而更符合郭茂倩对近代曲辞的定义，所以归入近代曲辞。类似这样的思考在书中俯拾即是，显示出作者强烈的问题意识和清晰的思辨能力。

作者学养深厚，对乐府学文献了如指掌，使用翔实的史料记载作为全书论述的支撑，将汉唐乐府学典籍的数量、种类、特点、价值、问题、成果等进行系统梳理，并加以提炼总结，为读者一一阐明，绘制出一幅经纬交错、结构清晰、信息量庞大的汉唐乐府学典籍地图，资料价值极高，凭之可以按图索骥。无论是汉唐乐府的专业研究者，还是业余爱好者，都可通过此书找到自己需要或感兴趣的信息。

（原载《文艺报》2023 年 4 月 19 日）

见字如晤　哲人不萎

——《莲塘月色》编辑手记

张永堂

段晴老师是国际著名的历史语言学家，2022 年 3 月 26 日不幸因病逝世。她生前曾有心在"凤凰枝文丛"出一部随笔集，惜未能如愿。在其亲友与学生的努力下，这部随笔集《莲塘月色》最终编定，于 2023 年 5 月正式出版。全书分"师友杂记""四海壮游""学林探胜""岁月随笔"四编，既涵盖了段老师在于阗语研究、印度学研究、佛典研究、丝路文献研究等学术领域的代表性文章，也有她在生活中的许多感触与思考。

我是这本书的责任编辑，同时也是这本书段老师所陌生的第一个读者。我相信，在很大程度上，这本书是段老师为我这样的读者准备的。为什么呢？段老师在书中说，她喜欢挑战，教书时不喜欢教自己学过的东西。那么我想，喜欢挑战的段老师，出版这本书的目的当不只是将她的学问和思绪展示给身边熟悉的人而已，她一定是想把自己所体味到的人生岁月的感悟、师友往来的真情、四海壮游的奇绝、学术研究的乐趣，告诉更多的素未谋面的朋友，让我们坐在一屋之内，也能跟随她神游浩瀚无垠的大漠、徜徉荒草丛生的废墟，让我们身临一个自己不曾想象的不可思议的世界。

读完整本书，给人最大的感动无疑是段老师对于学术的执着追求。段老师学问最基本的特征，可以用她在书中多次强调的四个字来概括——实实在在。她在研究生时就偏爱学习语言，因为感到语言是实实在在的。她写文章以季羡林先生的要求为准则：实事求是，不说废话。最使她自豪的是博士学位论文，并非因为这篇论文以优秀的成绩通过考核并在德国出版，而是因为它实实在在地解决了问题。她的文章绝不作无意义的长篇大论，作为结论可能只有短短的一两句话，如："本文的贡献仅仅在于重新确定了三个于阗语的词汇，即：1. pära -虫，蚕。2. drau -（一根）发；（一根）丝。3. birā -羁绊，束缚；茧。"但言必有物，不著空言。而这正是厚积薄发的表现，背后则是多年的苦读、多年的默默无闻、多年的不被人理解。虽然如此，但段老师并不以之为苦。她说，世界上最有趣的事是从事科学研究，因为科学是老老实实的，你下多少功夫，它对你就有多少回报，科学永远不负忠实于它的人，因此，她爱科学。她的学术生命充溢着她个人的性格特征，显得朝气蓬勃、昂扬奋发。当面对文书上不认识的文字时，她一点也不发怵，想的是："说白了，不就是字母吗？不就是寻找它自身的语法规律吗？"让读者看了也觉得心潮澎湃。对于学术，段老师有着广泛的兴趣和深刻的现实关怀。往往一个课题方告结束，顾不上眷恋和遐想，她便又带着遗憾和兴奋，进入一个全新的领域。她孜孜不忘北大东语系梵巴专业的学科建设，呼吁在国内建立伊朗学，希望国家能重视文化交流方面的投入，期待在巴基斯坦、塔吉克斯坦的博物馆里看到关于中国的故事。

段老师的学术追求带给人的感动，翻开她以往的学术论著，也或多或少可以感受到。《莲塘月色》更为特别的一点在于，它收录了段老师博客中的随感文字，因而让我们能更加全面地了解日常生活中的这样一位学者。正像范晶晶老师在后记中写的，读着这些动人的文字，可以感受她充盈的生命力。可以想象，但凡与段老师有过接触的人，最先感受到的一定是她散发出的无限热情——无论是对生活，还是对他人。她的兴趣爱好非常广泛，喜欢游泳、跳舞、拉手风琴，也喜欢时装。当在车上听导游介绍伊朗著名的五种波斯地毯时，她会像小学生一样掏出本子认真记录。原来她蝶泳只能游十几米，逐渐的可以完成200米，未来还计划完成400米——这样的劲头让年轻人看了也自愧不如。她总是竭尽所能地帮助别人。微信公众号上曾发布过一篇纪念段老师的文章，下面有一条留言说："曾经有幸成为段晴老师的邻居，我的英文26个字母还是她教的，那时她是一个单薄、文静的小姑娘。当年她教我时，放留声机让我自学，自己则趴在桌前学德语。彼此有一点不是很深的缘分，可是就连这点交往都是她在施予，我在接收。"通过对别人的帮助，段老师自己也因之而强大起来。书中写她第一次乘飞机，人生地不熟，上了飞机心在哆嗦，这时看到旁边一位男士，什么都不知道，比她还要紧张，于是她一下子强大起来，教他如何系上安全带、如何与空姐沟通。段老师自道她并不奢望成为一名大学者，但她的文字又常常显露一种指点江山的气魄，我觉得两者多少有点矛盾——或许正是由于在背后有她所重视和关爱的学生支撑着她，她才能使自己变得这样强大。

这样一个段老师，毫不令人意外，在书中不止一次这样描绘她最爱的画面："围在篝火边上是最美好的时刻。""篝火升起来了，我高兴地跳着维吾尔族舞蹈。这样的夜晚，是最欢乐的时候。"整个画面洋溢着温暖、热情和欢快。这正是段老师最令人注目的性格特征——外向的散发出无限精神的一面。与此同时，读完全书，我们也能发现段老师的另一面。不妨看一看书中她对另外三段画面的描写。第一段写莱茵河：

> 河对岸，是高高低低的山。虽已是深秋，山色依然青青。山坡上，稀稀落落地散布着一簇簇小房子。高大的哥特式教堂宛如鹤立鸡群。忽然，从那儿飘来阵阵钟声，打破这无边的寂静。

第二段写泰国冬日阳光下的大城河岸：

> 坐下，看着绿色的河水，望着对岸清幽整齐的屋舍、园林，感受着暖暖的阳光，此时便不想离开。不多时，便有一艘艘船载着或多或少的游客靠岸。看着船夫们将一个个游客搀扶下船。

第三段写阿萨古城下的自然村：

> 农家院周围种着苹果树、沙果树，还有杏树、核桃树。秋天是苹果的季节，枯黄的树叶、红色的果实。走进村子，一位上了年纪的维吾尔妇人抓了一把杏仁送到我们手上。

与围坐在篝火边的欢聚一样，这三段画面无疑也是段老师记忆中所珍藏和钟爱的，而它们有一个共同的特征：在一片宁静祥和的景色之中，透出些许烟火气息。我们也由此发现，段老师不仅感情充沛饱满，而且特别细腻，能够捕捉到生活中看似平常的瞬间所带给她的感动。她说自己属于直觉很强的人，而人的感觉很奇怪，最深刻的印象往往发生在不经意之间，或许是一个毫不相干的人，或许是一件无甚波澜的事，就能触发人的感受，令人无法释怀。因而她写博客，写自己的经历和感受，不为什么，只是单纯地想记下自己的生活轨迹。这些精美细腻的笔触，与她的学术文字一样，是留给我们的宝贵财富。

在书中，我发现段老师也讲过一句与我们古籍出版社的工作性质特别相关的话，她说："那些散落在古籍中的故事，那些隐藏在新发现文物背后的感人故事，难道不值得整理出来，讲述给人们听吗?"段老师无意中道出了我们古籍出版工作者的座右铭，我觉得这定有特别的缘分在其中。我想，每个通过这本书与段老师相识的人，都一定会有属于自己的收获。

（原载《文汇报》2023 年 7 月 2 日）

淹博古今　继往开来

——读新版《周勋初文集》

王淳航

历时三年，都 20 种、500 余万字的新版《周勋初文集》近日由凤凰出版社出齐。这是继 2000 年 9 月由凤凰出版社前身江苏古籍出版社以 7 卷本、16 种、260 万字出版《周勋初文集》之后，对周勋初先生学术的全新集中展示和呈现。

一、打通文史，综合研究

周勋初先生是南京大学人文社会科学荣誉资深教授、江苏省文史研究馆馆长，其治学的突出特点是注重整体研究和综合研究。

中华文明是世界上唯一没有中断的文明，其突出特性之一就是连续性。这种特性表现在文史研究体系上，有宏观和微观两种表现。宏观来说，或有以断代研究切入，把握"一代有一代之文学"之精义；抑或以单种文学体裁为限，从诗词曲赋兴衰发展作文体深入之剖析。周勋初先生治学不以学术断代为限，其研究范围正可谓淹博古今。他将整个中国古典文学视为整体，而不是专攻专研某一段或一体古典文史，这在新版《周勋初文集》中得到了充分展现。

周先生几次提到，"我主张综合研究"，"一直主张综合研究"，"综合研究，锐意开拓，这是我的终生追求"。始终不离"综合研究"。何为综合研究呢？总起来看，周先生从目录学入手，以文献学为路径，综合运用相关各学科知识来进行学术研究，追求创新。这正体现了先生对传统朴学精神的继承与扬弃。作为周先生第一部学术著作的《九歌新考》就是典型，该书是先生 20 世纪 50 年代中期在对其师胡小石先生《楚辞》学继承发展基础上，综合运用神话学、宗教学、民俗学、文艺学、历史学的方法和资料，考辨梳理《九歌》来源性质，至今不失为当代《九歌》研究的重要收获和研究力作。

二、东南学术，薪火相传

周勋初先生是弘扬传承东南学术的代表人物。

王国维先生将清代学术特点概括为："国初之学大，乾嘉之学精，而道咸以降之学新"，堪为见解独到。随着近代以来国门打开，西学东渐之风随着东南沿海五口通商而势不可挡，章太炎、王国维、陈寅恪等一批既继承清代朴学的优良传统又接受西洋学术新方法的优秀学者先后出现，由此奠定了"东南学术"的基础。黄侃、胡小石、汪辟疆等学者以继承和发扬中国优秀传统学术为己任，他们承清人之法，融合西学新知，兼有综合学养，拓宽了"东南学术"格局。其后以程千帆、周勋初等为代表的一批学者，始终坚持守正创新，"东南学术"传统得以发扬光大。其特点是将学术研究与对中国传统思想文化传承责任的自觉担当结合，将清代以来传统学术思想方法与对现代西方思想理论方法的借鉴结合。周先生始终坚持文史不分的传统学术理路，强调思维的融会贯通，传统和现代的沟通结合，在当代学术史上融汇中西、自成一家，并以其文史整体综合研究的方法，成为具有民族特色文史研究道路的开拓者。

新版《周勋初文集》，既是传统学术不断发展演进之又一里程碑，也是近代以来一代代学人面对百年未有之大变局，坚持守正创新、不断推动中华民族现代文明建设的时代缩影和真实写照。

（原载《中华读书报》2023 年 7 月 26 日）

广搜博采，再续华章：程千帆先生《闲堂书简》增补小记

许　勇

程千帆先生的书简收集整理，始于陶芸先生。2000 年底，河北教育出版社推出《程千帆全集》之后，陶先生就开始思考："千帆的著作是否全部收在这部文集中了呢？他对学术的种种想法，是否全都体现在这部文集中了呢？还有什么需要补充吗？"之后，随着舒芜《碧空楼书简》的发表，陶先生就开始注意收集程先生的书简，并得到了南大程门弟子的支持，又广发征集书简的信函，最终收集到了 988 封书简，编成《闲堂书简》一书，于 2004 年由上海古籍出版社出版(下文简称"初版")。此后近十年，又陆陆续续发现了不少未收的书简。在导师程章灿教授的统筹安排下，我开始搜罗并整理这些书简，从识文断句，到编年考订，最终增补了 225 封。《闲堂书简(增订本)》(下文简称"增订本")由上海古籍出版社于 2013 年程先生诞辰百年之际推出。

数年前，凤凰出版社决定重新出版《程千帆全集》，并于今年(编者按：2023 年)程先生诞辰 110 周年之际推出。这次新版全集，还收入程先生的日记与书信。十年前，我曾协助程师增订《闲堂书简》，因此这次再增订，程师仍命我来协助他工作。至今年 8 月 18 日，随着新版全集本《闲堂书简》(下文简称"再增订本")的最终定稿，增补与修订工作也暂告一段落。此次共增补 350 封，使得《闲堂书简》的总量达到 1563 封，字数达 83 万余字。

总体来说，《闲堂书简》此次增补，得天时地利人和之胜：在程先生诞辰110 周年之际推出新版《程千帆全集》，并增收日记与书信，可以说是"天时"；程千帆先生的日记，由我协助程丽则老师整理，日记与书信集于一地，同时整理，于我而言可谓"地利"；随着信息通讯的进一步发达，书信的征集

工作得到了很多师友的支持与响应，可谓"人和"。因而，再增订本能广搜博采，再续华章，内容更为丰富，校订编年更为精准。

增补的350封书信主要有三个来源，一是来自公家与私家的珍藏；二是来自"程门问学"微信公众号及其他师友撰写文章公布出来的书信；三是来自网络售卖、拍卖等。以下择要述之。

致李小缘(二通)，是2022年南京大学图书馆戴月、许巧敏两位老师梳理馆藏档案文献时意外发现的。李小缘先生曾任金陵大学图书馆馆长、南京大学图书馆副馆长，因此在其身后，部分文献资料捐献给了南大图书馆。此两封信皆作于20世纪40年代，其中第一封作于1943年5月18日，是《闲堂书简》所收、具有实物留存的最早的一封信，弥足珍贵。

致新文艺出版社(三通)、古典文学出版社(三通)、李俊民(二通)、上海古籍出版社(增补十一通)、赵昌平(增补二通)、陈邦炎(增补二通)，共23封书信，皆来自上海古籍出版社档案室，据高克勤社长提供书信图片整理。2023年5月6日，姜小青老师转给我一些图片，原来是高社长拍摄的一批上海古籍出版社所藏的程先生书信。我急忙联系高社长，请求他把书信原图发给我，以便及时收入到再增订本中。高社长说："我今天请办公室同志把程千帆先生所有书稿档案都查了一下，又找出《闲堂书简》未收的信。不知当年陶夫人找谁办的？古籍的档案是按书分的，不是按作者的。"此后高社长又陆陆续续发掘，最终搜集到了这23封书信。

致新文艺出版社(三通)、古典文学出版社(三通)、李俊民(二通)作于1956—1957年，主要讨论《宋诗选》的出版以及《古典诗歌论丛》的修订再版事宜。其中最晚的一封作于1957年7月8日，信中说："《古典诗歌论丛》，我原说，如重排，愿自校一次。现因此书你们决定在第三季度出，而七、八两月，我又准备离校旅行，不容易接上头，因此就决定自己不再校对了。"而据《程千帆沈祖棻年谱长编》记载，这年6月，程先生《武汉大学人文科学报》副主编一职被撤，并受到批判；7月初，程先生又在武汉老汉口饭店受到批判；8月初，《人民日报》载文称程先生为"武大右派教授头子"；此后，程先生被称为"右派元帅"，受到了猛烈的"批判"。可知，此时的程先生已身陷旋涡之中，信中所说的"七、八两月，我又准备离校旅行"，或许只是已体验到山雨欲来风满楼的一番托词，"离校旅行"更是无从谈起。此后信件往来戛然而止，《古典诗歌论丛》的再版当然也就不了了之。这些作于 1956—1957 年的 8 封信，是《闲堂书简》中仅存的这两年中所写的信，它见证了程先生在 50 年代著述的勤勉，也见证了程先生经历的"一生中最大的挫折"（《桑榆忆往》中语）。

致上海古籍出版社增补的 11 封信，皆作于 1977 年 10 月至 1978 年 10 月之间。在此前不久，程先生被勒令"自愿退休"，沈祖棻先生又惨遭车祸，不幸去世。程先生在写于 1977 年中秋的《涉江诗稿跋》中说："子苾既殁弥月，余蛰居斗室，凄怆无憀，辄思理董其遗著，聊以抑哀思，慰逝者。""蛰居斗室，凄怆无憀"，真切地写出了程先生当时的处境与心境；"理董其遗著"，则充分表现在了这 11 封信中。这 11 封信主要讨论的是程沈选注的《古诗今选》、沈先生的《唐人七绝诗浅释》《宋词赏析》三种书的编辑出版事宜，信中时时可见程先生争分夺秒地整理与完善沈先生遗稿的身影，用他的话说，就是"希望做到既不负死者，又不误读者"，"质量第一，不能害人"。从 1957 年 7 月 8 日写给古典文学出版社的最后一封信，到 1977 年 10 月 22 日写给上海古籍出版社的第一封信，前缘虽可续，然而这中间真空的二十年，却是程先生一生中无法弥补的损失。整理着这些书信，脑海中时常会虚构出程先生伏案写信的画面，一边是四十不惑、年富力强的程先生，勤勉而又饱含激情地奋笔疾书着；一边是年近古稀、满头白发的程先生，依旧勤勉而又饱含激情地奋笔疾书着。时间，从来没有打败过他。

来自私藏的书信，是此次增补的重点，也是增补数量最多的。致周勃的书信，初版、增订本收有周勃先生提供的 17 封。2023 年 5 月 12 日，程丽则老师突然发现手边有程先生致周勃的全部书信，就发信息给程章灿老师说："一个好消息，才发现，书简中只收了给周勃的信 17 封，而我这里有全部 65 封。"于是我连忙参与整理，共增补程先生致周勃信 45 封、陶芸致周勃信 5 封，是此次增补单人收信数量最多的。周勃先生已于 2022 年去世，但是程先生与他的师生情谊，永远地保存在纸短情长的书信来往之中。

致周晶（十六通）是齐鲁书社周晶先生提供的。2023 年 1 月，姜小青老师读到周晶新著《桑榆书谭》，发现书中《校雠文论程千帆》一文中透露保存有程先生书信约 20 封，就立即与周晶先生取得联系，希望能够获得全部书信的图片，以便收录到再增订本中。不久之后，周晶先生就发来了书信扫描图片，姜老师立刻转给我着手整理。这16封信，最早的一封信写于1983年11月14日，最晚的一封信写于2000年1月30日，主要谈及的是程先生《闲堂文薮》《治学小言》《校雠广义》以及主编"明清文学理论丛书"的编辑出版事宜，是程先生移砚南大之后与齐鲁书社交往与合作的见证。其中特别的一封，是写于1998年8月1日的第15封，时《校雠广义》全四册已出，周晶想邀请黄永年先生写书评，程先生为此作复云："已遵示写一信给黄永年先生（书想已寄出，如未寄请速），但天热，书又太大，不知他愿写书评否，姑待之。"信后附有徐有富一信，徐信中又抄录了程先生致黄先生信全文。信外附信，信中套信，一信中包含三信，格外有趣。此外再增订本中所收致赵炳南、任笃行（一通）也是周晶先生提供，此信主要谈"明清文学理论丛书"增加副主编事宜，并另外附了一封有程先生手书、落款为南京大学古典文献研究所的公函，以示郑重。

此外来自私藏的信件，还有刘梦溪先生提供的致刘梦溪（增补十通）；张觉先生提供的致张觉（三通）；程丽则老师提供的致程丽则、张威克（增补二通），致何芳洲（七通），致程晴佳、程小佳（八通）；张春晓老师提供的致张春晓（增补一通）；萧效农先生提供的致萧效农（六通）；张伯伟先生提供的致张伯伟（增补一通）、致平田昌司（一通）；唐志远先生转来董苗先生提供的致董每戡（二通）；宋健先生提供的致吴白匋（七通）、致陈永正（六通）、致舒芜（增补一通）；罗鹭先生转来的致杨明照（增补三通）；张宗友先生转来徐志平先生提供的致徐志平（二通）；谢欢先生提供的致董健（一通）；林日波先生转来冯保善先生提供的致冯保善（二通）；徐雁平先生提供的致周实（一通）；周裕锴先生提供的致周裕锴（一通）；等等。私藏书信的征集，正如程章灿老师所说，是"诸方胜缘的交集"。

宋健先生是收集闲堂书简的有心人，他在其创办的"程门问学"公众号上开辟"闲堂书简补遗"专栏，收集书信图片，整理书信文字，颇具规模。此次增订，吸收了专栏中的所有成果，如致闻宥（四通），致陆维钊（一通），致周采泉（一通），致常任侠（四通），致戴自中（一通），致章子仲（八通），致宋谋旸（三通），致丁灏（二通），致人民文学出版社古籍室、杜甫全集校注组（三通），致刘茂舒、皮公亮（增补八通），致陈祖美（一通），致宗白华（一通），致唐圭璋（二通），致杨廷福（一通），致王迪纲（一通），致陈美林（二通），致魏之祯（三通），致马瑞芳（四通），致邓广铭（二通），等等。这些都是宋健先生不辞劳苦，精心收集与整理的。此外，宋健先生还提供了致吴白匋、致陈永正以及部分致傅璇琮的信件图片，于《闲堂书简》的再增订，功绩甚大。

还有部分书信来自已经发表的文章或已出版的著作中。致王淡芳书信，初版时收录 10 封；增订本时据刘彦邦提供的书信增补 2 封，又据网络增补明信片 1 封。而实际上，在程先生生前，其与王淡芳的 20 封书信就以《程千帆与王淡芳书二十通》之名，发表于 1999 年 4 月出版的《学林漫录》第 14 集。因此再增订本据《程千帆与王淡芳书二十通》再次增补 10 封，使得致王淡芳书信达到 23 封。致蒋寅书信，初版、增订本收入 69 封，是初版收信数量最多、增订本收信第三多的收信人。蒋寅先生在增订本出版之后，又陆续发现未收入的书简，写了《千帆先生书札二三事》《千帆先生的两封书信》。本次即据两文增补 7 封，使得收入书信达 76 封，重回书信数量排行榜第一名（与致吴志达 76 封并列）。致杨坚书信 6 封，由唐志远先生提供线索，据岳麓书社 2012 年出版的《杨坚编辑文存》增补。书中所有书信，只录正文，未录称谓及落款。因未见原件，因而只能照书实录。日后若能见到原件，当加以完善。

来自网络售卖和拍卖的书信也不少。致姚雪垠书信，陶芸先生在初版征集时，就已经注意，并希望联系姚雪垠先生的后人获取书信。其在 2002 年 3 月 10 日至周勃的信中写道："近与砺锋等商议，拟搜集整理千帆与友朋的函札，作为《全集》之补编。记得姚雪垠先生去世后，其家属曾来索取姚先生致千帆的书札，我们因整理得很好，旋即寄去，但忘记同时请其家属将千帆致姚先生的书札也寄回。现在时隔已久，不知其家属的情况和通信处。您和姚先生素有往来，故烦请将致姚先生家属的函件（附在信内）转寄，并代填写（因不知其夫人尚在否，信的抬头应如何写）空白处。千帆和姚先生往来书函，多系谈学术和文学作品，对学术界颇有参考价值，故烦神代办。"2002 年 6 月 11 日信中又说："兹有请者，前次由您转寄给姚雪垠先生之子姚海天之征集信札之函迄无回音。据有人云，姚先生有书函集出版，内有千帆之函札，不知您是否见到过，想来千帆原函应不至全部不见，即使已印在书上，也可复印寄来。想请您再去一信代为问讯，并请将其通信地址寄下，以便再设法联系。"遗憾的是，致姚雪垠书信当时并没有征集到。然而最近几年，程先生致姚先生的书信，陆续出现于拍卖场。再增订本所收的 6 封书信，全部来自拍场。还有部分书信，因为拍卖图片加了水印或图片不全等缘故，未能加以收录，实属遗憾。

致傅璇琮书信，初版、增订本皆收入 4 封。傅璇琮先生在 2012 年 12 月撰写的《"逢其知音，千载其一乎"——缅怀学术知音大师程千帆先生》一文中提到"由陶芸同志编的程千帆先生书信集《闲堂书简》，收有程先生给我的四十封信"，这里的"四十"中的"十"当为衍文，因为《闲堂书简》初版只收了 4 封，而傅先生文章所提到的信件内容，也没有溢出这 4 封书信。2016 年，傅璇琮先生去世。几年后，他的藏书、信札等大批文献资料流散出来，其中程先生的书信也流落拍场，成为各方竞拍的对象，数量之多，令人惊讶。两位学术大家在 20 世纪八九十年代的信件往来，由此才揭开大部分的面貌。再增订本增补了 25 封，全部来源于拍场，其中部分图片因有水印而无法识读，则由宋健先生提供全图。此外仍有部分拍场信件由于水印缘故，无法收入，只能留待有机会再补。

《闲堂书简》的再增订，是在各方师友的大力支持下，才有了广搜博采的机会，才有了我们为新版《程千帆全集》做一点力所能及之事的机缘。我们知道我们做得还不够，还有大量的书信未能被征集、被纳入进来。再增订本定稿后，我们又收到张伯伟先生找到的致曹虹信 1 封，徐俊先生从中华书局档案室找到的致中华书局信 2 封，陈书录先生提供的致陈书录信 1 封，等等。程章灿老师见到这些佚简，说道："第四次增订工作启动！"我们衷心期待在日后的增订工作中，还能得到各位师友、广大读者的大力支持，再继前缘，续写华章。

（原载澎湃新闻 2023 年 11 月 2 日）

走进苏东坡

——莫砺锋《漫话东坡》读后

郭馨馨

　　南京大学莫砺锋教授的最新力作《漫话东坡》一书，近日由凤凰出版社隆重推出。该书展示了一个真实的苏东坡，区别于文人林语堂，学人曾枣庄、王水照等人笔下的苏东坡。该书既非不着边际的"戏说"，亦非纯粹堆砌而成的"史料"，而是一部融学术性与通俗性于一身，面向大众的通俗读物。莫教授以严谨的学术态度，雅洁别致的笔调还原了一个历史上真实可信的东坡居士。他从各个侧面向世人展示了不同身份下的东坡：不仅是朝中大臣、地方长官、文人学士，而且是深情绵邈的丈夫、慈祥可亲的父亲、诚恳坦率的朋友、好饮而易醉的酒徒、见到好纸好墨就手痒的书法家、戴着斗笠在田间踏歌的逐客、至死不肯皈依西方净土的俗人等。

　　该书最大的一个特点就是漫话。莫砺锋教授以漫话的形式，闲庭信步，娓娓道来，带领着我们走进苏东坡的生活。首先从其家庭入手，描述了东坡的成长史，从东坡的生长环境和家庭教育来告诉我们，"培养天才的土壤"是如何形成的。其次细数东坡的师友们，如前辈忘年之交欧阳修、司马光、韩琦，推心置腹的知己文同、米芾，亲如手足的僚友赵庾、毛滂、陈师道，相濡以沫的患难之交王巩、陈珪等，甚至平民、诗僧都有涉及。"观善士之友自可识天下善士"，一个士人的交游关系不容忽视。让东坡置身于人物交游的真实环境中，可以感受到东坡的欣喜、悲伤、闲适、窘迫。随后的"弟子篇""敌人篇"蝉联而下，其中关于既是政敌又是朋友的王安石、沈括的描述，颠覆传统文学史上的直观认定，客观重现历史，让我们可以全面深入地了解到真实鲜活的东坡，理解其丰富的内心情感。又通过东坡在朝廷、在地方官任上，在黄州、惠州、儋州等章节，连贯完整地讲述了东坡为官和生活的经历。特别是其间所发生的具有分水岭性质的重要事件"乌台诗案"，作为全书的转折点，讲述得惊心动魄，引人入胜。

第二个特点是据史而叙，绝无虚构。本书为东坡一生的写照，颇具小说家笔法，但又不同于一般的人物传记，其特别之处主要表现在以下两方面：

一、不以时间为线索，点面结合，纵横自如。虽然通篇以"传主"东坡的生平事迹为主要内容，但抛却一般传记类文章的惯用手法，并不采用编年体来记述其事。按莫砺锋教授的话，就是"本书在结构上有意用共时性取代了历时性，所以没有取'东坡小传'之类的书名"。跳出时序，用纪传体来叙述东坡的生平和他所处的历史阶段，难度较大，人物事件易脱漏。但作者很好地把握了人物与历史的结合，事件与时间的关联，系统叙述了东坡所处时代几十年的历史和各地之事，展示了北宋的社会生活。

二、叙述言必有据，资料丰富，行文严密。关于《漫话东坡》一书定性的问题，莫砺锋教授自己明确定位为"学术性质的通俗读物"。异于一般的通俗读物，本书在叙述中参夹了不少考证性质的内容，另有不少页下注作为对正文内容的解释和补充，这是典型的学术论文风格。但莫砺锋教授又时时以普通大众为叙述对象，语言上雅洁别致，又通晓明白，不故作文人言；选材上多取日常生活的琐事，有趣又让人明白易懂；细节上讲究周详的考证，精益求精，具有生活的真实性和形象性。通篇来看，全书深入浅出，充分体现了作者严谨细致的学者风范。整部书的叙述顺理成章，舒缓优雅贯穿始终，大纲与细目并举，避免了重复割裂，将通俗与学术结合得如此自然，令人叹服。

特别的笔法，雅致的语言，巧妙勾勒了一个立体真实的东坡。莫砺锋教授能创作出这样的著作，除了他深厚的文化底蕴和学术背景外，还得益于他对东坡的热爱。他满怀热忱地向大家呈现一个真实的东坡，是希望大家都能走进这段历史，走进东坡的内心世界，去感受中国文化的浩瀚与博大。

作者莫砺锋教授，是新中国第一个文学博士，20世纪80年代师承程千帆教授，专攻古代文学研究。其学术专著《江西诗派研究》《朱熹文学研究》《古典诗歌的文化观照》《唐宋诗歌论集》等传誉学界，另外带有创作性质的专书如《莫砺锋诗话》《浮生琐忆》等引起学术圈内外的广泛关注。此次《漫话东坡》是他用学术功底通俗解读东坡的一个尝试，果然不同凡响，捧读之下，让人击节叹赏。这个东坡融入了莫砺锋的一腔热忱，他在后记中说："我情愿长期侍奉东坡，只要能在他身边磨墨铺纸、递茶送水，也是三生有幸。"以至于他对东坡身边人物作过考察，早就选准了"竞争上岗"的对象：一个是马正卿，其主要贡献是帮助东坡开荒种稻，作者曾在江南水乡种过七年水稻，插秧、割稻都是一把好手，一定不输马正卿。二是刘丑厮，是东坡在定州手下的一个小吏，当时年方十二，尚未开始读书。作者虽自称才疏学浅，但毕竟是文学博士，要是代东坡翻检书籍或誊录文稿，总要比刘丑厮强一些吧。可惜这些美好的愿望只能痴想而已，东坡早在九百年前就"羽化而登仙"了。

（原载《出版人》2008 年第 14 期）

披览汰择千载诗　奇文妙思共赏析

——读程千帆、沈祖棻《古诗今选》

林日波

　　诗歌是中国古代文苑中的奇葩，古体、乐府、绝句、律诗，瑰丽多姿；四言、五言、六言、七言、杂言，异彩纷呈。自孔子编选《诗经》而下，古典诗歌总集、别集代不乏见，诗歌文献逐世积累，经由文人学者的披览拣择、注释品评，名作得以流播传承。《古诗今选》即是当代学术大家程千帆、沈祖棻伉俪充分利用传世的诗歌文献以及"古今学者在诗学研究上所获得的许多成果"，编选、评析的一部通代古典诗歌总集，期望为古典文学的普及做些力所能及的探索和贡献。

　　1983 年，《古诗今选》由上海古籍出版社印行 64500 册，影响广泛，深受好评。惜沈先生当时已去世，程先生在《后记》中深切地说："祖棻治学细密严谨，对古典诗词造诣很深。如果她始终参加此书的写作，定可提高质量，减少错谬。"许总教授撰文肯定全书的选录标准和艺术分析，称其"对广大读者普及古典文学知识，提高人们的艺术素养以及为古典文学研究工作提供新的工具和素材，都必然是有所裨益的"。1998 年，河北教育出版社决定出版《程千帆全集》，莫砺锋教授依照程先生的嘱托，收集学界的反馈意见及研究成果，对《古诗今选》所选诗的题目、字句、注释、评语进行了一次全面的校订。需要指出的是，由于《古诗今选》宋诗部分篇什在程先生《读宋诗笔记》中有更为深入精彩的论析，为避免两书同时收入《程千帆全集》后令读者心生赘冗之感，故对前者评语或改或删。鉴于此，凤凰出版社新版《古诗今选》乃在全集本的基础上，补足了初版本原有的评语，同时又做了一些求精求善的工作。然古人云"校书如扫尘，旋扫旋生"，细心的读者对其中的编校疏误当仍有发现指正。

《古诗今选》是"由汉到宋的五七言诗的一个选本（按照传统习惯，也包括了一小部分六言诗和杂言诗）"（《前言》），千余年间形式与内容、体裁和题材各异的诗歌几近百万，程、沈二先生是如何独居手眼加以拣择的？在《前言》中，二先生首先分析说："四言诗的盛行时期远在周代，汉魏以下很少有人写四言诗，所以五七言诗是诗歌中流行得最悠久和最广泛、作品最丰富的样式。"又说："五七言诗的发展，八代、唐、宋是三个主要的各有特色的历史阶段。"有心的读者通过翻检近人丁福保所编《全汉三国晋南北朝诗》、逯钦立所编《先秦汉魏晋南北朝诗》，加之清人所编《全唐诗》、今人所编《全宋诗》，然后稍加求索，便能容易地获得直观的认识。概言之，随着文化的承续、语汇的丰富、音律追求的自觉、文学活动的兴盛以及更加灵活细致地表情达意的需要，文学样式不断出新，四言诗逐渐式微，五言诗顺势成为诗歌形式的主导，与后来发展成熟的七言诗一道蔚成大观，代有名家杰构。至于具体的选录标准，程、沈二先生在《前言》中指出："首先是注意作品的思想内容，其次也注意它们的艺术形式。我们希望介绍给广大读者的，乃是具有健康的、进步的思想内容和尽可能完美的艺术形式的篇章。"众所周知，汉儒强调"温柔敦厚"的诗教说，认为诗歌创作在追求形式、抒发情志时要"止乎礼义"，历来作家与选家大都不出此藩篱。书香世家出身的程、沈二先生自幼便接受宿儒的教化，浸淫于丰厚的经史文化传统中，成年后颠簸的命运更加深了他们作诗论文时的悲悯色调。因此，二先生明言披览汰择诗歌时对思想内容的偏重，如所选唐末罗隐《蜂》一类作品时称："唐末有些诗人曾用比较通俗的语言写诗，反映当时的民生疾苦。罗隐以及聂夷中、杜荀鹤、于濆等，对此都有所贡献。但他们艺术水平不够高，因此这些作品影响并不大。"（第388页）

鲁迅先生曾说，"凡选本，往往能比所选各家的全集或选家自己的文集更流行，更有作用"，但它作为选家"发表和流布自己的主张的手段"（《集外集·选本》），不可避免地具有一定的局限性。对于某一作家"倘有取舍，即非全人，再加抑扬，更离真实"（《且介亭二集·"题未定"草[六]》）。因此，与那些任意轩轾、强为取舍的选家不同，程、沈二先生除了注重诗歌的思想内容、艺术特点等显在标准外，还把握着一条尚友古人，着力于全面展示诗人风貌的隐性标准。所以，在人们熟知韩偓早年"写了不少近于庸俗猥亵的艳情诗"之外，选其《故都》等5首作品，于评语中平允地指出他"是唐末最重要的诗人"，"许多感怀身世的七言律诗，继承了杜甫和李商隐的传统，而语言评议流畅，又有其独特的风格"（第402页）。又在柳永作词"多半写都市繁华、男欢女爱"而表现为一副风流浪子的形象之外，选其《煮海歌》以表明"他还是有其关心人民痛苦的一面的"（第429页）。其他如选李清照《浯溪中兴颂诗和张文潜》，提请诗词批评者考虑"这种具备独特见解和带有讽刺意味的咏史诗"；选秦观《春日》，提示读者学会欣赏"异量之美"；选杨亿《书怀寄刘五》、晏殊《寓意》、宋祁《落花》等沉着清新的好诗，提示读者一分为二地看待"西昆派"。

此外，在诗歌发展过程中，还存在着一些形式或内容不易多见的诗，程、沈二先生亦加以采择。如所选杜甫《奉送严公入朝十韵》《偶题》两首五言排律，"由于它的音律是用固定的平仄反复相间相重，同时，句法除一头一尾之外，都要对偶，比较难于处理，后人写的不多"（第239页），使读者见其一斑。又如所选钱起《湘灵鼓瑟》，是"以一个古代动人的传说为题材"（第264页）的省试诗佳作，众里挑一。它如联句诗、六言诗等多有撷取。《古诗今选》因此极具包容性，最大程度地避免了"读者的读选本，自以为由此得了古人文笔的精华的，殊不知却被选者缩小了眼界"（鲁迅《集外集·选本》）的遗憾。

"奇文共欣赏，疑义相与析。"诚如黄裳先生当年"在灯下竟一直读到夜深"后的感受那样，"《今选》（征求意见稿上册）所收是从汉乐府诗起，迄于唐代前半期的作品，大半都是名篇，但也有一些不常见于通行选本的。选者的手眼很有一点特色，诗后所加评语，也多有一些使人耳目一新的意见"（《涉江词[跋]》）。《古诗今选》的评语简洁明了，少则数十字，多则百余字，入微破翳恰到好处，颇具传统诗话的特色；尤其是那些前后呼应、纵横比较的论析文字，给人许多启发，最值得品读。以下略为揭示。

第一，《古诗今选》所选诗以五、七言为主，关于这两种诗体的产生、发展及其律化，长期以来便是诗学研究者关注和讨论的课题，由汉至隋的"八代"时期实为一大转关。程、沈二先生在《前言》中指出，在这一历史阶段，五言诗已经成熟、盛行；七言诗发展则比较迟缓，但在句式、结构、韵律等方面为唐代的蔚然兴起奠定了基础。为避免立论流于空泛，二先生特别注意围绕具体作品来论析按断，如所选无名氏《古诗》（上山采蘼芜）一篇评语开门见山："五言诗在东汉已经成熟。其时出现了一些无名氏的杰作，风格多样，技巧精纯。其中有叙事的，也有抒情的。"（第 22 页）又选曹丕名作《燕歌行》以表明汉晋时代七言诗的承前启后性。而沈约《别范安成》、庾信《乌夜啼》《寄王琳》《秋夜望单飞雁》、沈佺期《独不见》的评语内容前后贯连，直可当作诗歌由古体到新变体再到近体的律化小史来看。《别范安成》评语称："齐梁时代，声律说渐兴，为律诗的产生提供了条件，先是五言古诗开始律化，然后是七言古诗和绝句诗。在完全律化以前的过渡形态，成为'新变体'。本诗就是其中之一。以下所选的诗，如何逊《与胡兴安夜别》、王籍《入若耶溪》、徐陵《关山月》、庾信《咏怀》、薛道衡《昔昔盐》也都是由五古过渡到五律的'新变体'。到了唐代，就出现了完整的律诗和律化了的绝句。"（第 96 页）《乌夜啼》评语称其："是七言诗律化过程中的产物，也可以说是一篇七言新变体。……它证明：在五言诗开始律化不久，诗人们也就注意到七言诗的律化并从事实践。"（第 104 页）《寄王琳》《秋夜望单飞雁》评语称："它们可以算是绝句诗中的新变体，虽然自来谈新变体的，多着眼于五言古诗到五言律诗的变化，但在七言古诗以及五、七言小诗中，这种逐渐律化的现象也是存在的。否则初唐的七言律诗以及律化了的绝句的出现就显得太突然了。"（第 106 页）《独不见》评语称："这篇诗情致婉转，色彩富丽，音调和谐，是初唐七律的杰出作品。它标志着七言诗的律化已经达到成熟的阶段。"（第 129 页）在五、七言律化完成之后，凡庸者作诗难免落入窠臼，积生出平滑圆熟的弊病。诗坛"掣鲸手"杜甫遂有意创作"拗体诗"来加以革新，产生了令人惊异的"陌生化"效果。程、沈二先生在《白帝城最高楼》的评语中称："它是一篇句法用律体而音节用古体写成的诗，称为'拗体七律'。这是杜甫的一种创造，其目的在于突破七言律诗中已形成传统的对偶与声律的统一与和谐，使人耳目一新。"（第 248 页）

　　第二，唐、宋诗高下之争由来已久，崇唐者声言"唐后无诗"，尊宋者则称宋诗之于唐诗，乃"皮毛落尽，精神独存"（吴之振《〈宋诗钞〉序》）。晚清以至近代，不主一偏的持平之论渐成学界风向。1940 年，程先生读陈衍《宋诗精华录》时心领神会，且着眼于诗歌流变趋势撰文称："唐人以情替汉魏之骨，宋人以意夺唐人之情，势也。浸假而以议论为诗。"（读《〈宋诗精华录〉》）另外，程先生曾在 1957 年与缪琨先生合编《宋诗选》，因而能得心应手地将其见解全面详细地贯穿在《古诗今选》"第三部分宋诗"的相关篇什中。如苏舜钦《中秋夜吴江亭上对月，怀前宰张子野及寄君谟蔡大》评语称："我们读过张九龄的《望月怀远》那种风格安详和雅的作品，再来念这篇主题相同的诗，就不难看出宋人在力求突破唐人成规，避俗就生，推陈出新等方面，所下的工夫，所取得的成就。"（第427页）如王安石《思王逢原》评语称："第二联（妙质不为平世得，微言惟有故人知）写人才难得，知人不易，关合彼我，力透纸背；虽若发论，实则抒怀。正是这些地方，宋人力破唐人余地。"（第438页）程先生特别注意到，北宋初文坛大家欧阳修倡导诗文革新运动，友朋如梅尧臣等、弟子如苏轼等继起响应，"宋诗逐渐清晰地呈现了其不同于唐诗的新面目"（第419页），而后期围绕黄庭坚形成的江西诗派影响甚大，在"夺胎换骨""点铁成金"的理论指导下，诗人创作争奇求新，"宋人之诗变化于唐而出其所自得，往往于这些地方可以窥见"，"宋诗的独特面貌，以在苏轼和黄庭坚及其同派诗人陈师道等的作品中体现的最充分"（第419页）。具体如陈师道，《和寇十一晚登白门》评语称："它前四句写登临，后四句写怀抱，似乎了无关涉。细加玩索，始知后者即登临所感，由前者来。似断非断，连而不连。前选杜甫《登楼》一篇，也是在登临中抒怀抱，但起笔即点明'伤客心'，'万方多难'，便是唐人章法，与此有异。"（第498页）《谢赵生惠芍药》评语则称："唐人咏牡丹名句如李正封之'国色朝酣酒，天香夜染衣'，李白之'一枝红艳露凝香'，吴融之'腻若裁云薄缀霜'，都从正面形容其体态，此诗则从侧面暗示其风神，非惟实虚有殊，还从议论中展示形象。唐、宋有别，这又是一例。"（第500页）除分析差异之外，《古诗今选》评语亦注意揭示唐宋诗人在文化传统方面的共同性、继承性。如寇准《追思柳浑汀州之咏，尚有遗妍，因成一绝》评语中引杜牧《江南春》，称二者都刻画了十分鲜明的形象，表明"唐、宋诗人的思维方式并不存在太大的差异"（第408页）。又如杨万里《暮泊鼠山，闻明朝有石塘之险》评语称其三、四两句（雁来野鸭却惊起，我与舟人俱仰看）采用的"流水对"句法"唐人已开其端，而宋人运用更加自如"（第522页）。

第三，比较是学术研究的重要方法，无论是"求同"还是"求异"，它可以把讨论引向深入，启人深思。基于博通的学识、欣赏的能力、丰富的联想，程、沈二先生能娴熟地将此法运用到传统诗学的研究当中，得出了许多通透的结论。《古诗今选》评语中精简的对比俯拾皆是，给读者以极大的阅读张力。举其要者，一是同一作者的不同作品的比较，如杜甫《丹青引赠曹将军霸》评语称："这篇诗气势充沛，情绪苍凉，感慨至深。它透过一位艺术家的遭遇，显示了当时整个社会政治局势的重大变化，与《观公孙大娘弟子舞剑器行》及《江南逢李龟年》两篇事异情同。"（第232页）又如王维《汉江临眺》《终南山》写水之浩淼、山之高大，"而各极其妙"（第158页），等等。二是同时代诗人诗作、句法的比较，如元稹《行宫》评语称："我们念过杜甫的《丽人行》、白居易的《长恨歌》、元稹的《连昌宫词》等描写玄宗时代宫廷贵族五光十色的生活的大诗，再来读这一篇二十个字的小诗，诗人们的今昔盛衰之感就更其突出了。值得深思的是，《丽人行》等写得那么丰富、绚烂，而读时不嫌其多；这篇诗写得如此简练、平淡，而读时不觉其少。"（第345页）又如韦庄《古离别》与王维《送沈子福归江东》，前者"强调此时已不奈离情，彼地当更伤春色"，后者"强调春色既无边，故相思亦无尽"，"同中之异，非细赏不知"（第400页），等等。三是不同时代诗人诗作、句法的比较，如王籍《入若耶溪》评语称："五、六两句（蝉噪林逾静，鸟鸣山更幽），动中见静，极佳。钱起《山中酬杨补阙见访》此联云：'幽溪鹿过苔还静，深树云来鸟不知。'境界仿佛似之。王安石《钟山即事》后半云'茅檐相对坐终日，一鸟不鸣山更幽'，则是以自己一时的生活体验写出了与王籍诗中不同的境界。"（第98页）又如苏轼《和子由渑池怀旧》与白居易《览卢子蒙侍御旧诗……》互有短长，前者"比喻新奇，属对工巧"，后者"将卢、元和自己一再并提，有回环往复之妙"（第465页），等等。四是诗、词、赋、小说不同文学样式之间的比较，如李觏《忆钱塘江》评语称："以被斜阳照射着的白帆比为穿着淡红衫的水仙，出人意想之外，又在情理之中。这可能是受到曹植《洛神赋》'凌波微步，罗袜尘生'的启发。姜夔《点绛唇》云：'数峰清苦，商略黄昏雨。'则更进了一层，因为李诗不过形容斜阳下白帆之外表，而姜词却在揣摩暮雨中山峰的内心了。"（第430页）又如卢纶《腊日观咸宁郡王部曲娑勒擒虎歌》与《水浒传》写武松打虎艺术构思不同，"娑勒和武松的形象也各有特色"（第275页），等等。舒芜先生所言"千帆善于比较"一语真是切中肯綮。

《古诗今选》选诗笼括一千五百余载，诸篇注评，看似形散，其实是气脉贯注，与传统选家有着实质的区别。如上所述，评语中将同中有异、异中有同的诗作联系比较已能启发读者抽绎古人微妙诗思，推寻古典诗歌发展线索。除此而外，程、沈二先生又在评语中对古典诗歌发展史上承前启后的重要诗作、作家作了讨论，对读者甚有助益。如谢朓《之宣城郡，出新林浦，向板桥》评语称："谢朓也长于写山水。他的诗是谢灵运诗的一个发展。在谢朓的作品中，山水诗中玄言诗的不良影响完全被摆脱了，而语言更秀丽，风格更清新。这对唐诗的发展起了重大作用，所以李白极其推重谢朓。"（第92页）徐陵《关山月》评语称"南北朝诗人写的这一类的作品是唐人边塞诗的先驱"（第101页）。二者分别涉及山水诗、边塞诗的渊源问题。又如卢思道《从军行》评语称："萧衍的《河中之水歌》和本篇，无论在样式或是题材方面，都为初唐七言歌行开辟了道路。它们的特点是情调爽朗，语言流畅，音节浏亮，并在整齐中有变化。"（第110页）寥寥数语却把歌行的源流、题材、特点逐一点名。其他如谢灵运、卢照邻、陈子昂等开风气之先的作家，二先生都给予了恰如其分的评价。

相对于评语文字可以随意表达个人阅读、探索的心得体会，注释文字的发挥余地很少，主要是对疑难字句、天文地理、山川名物、人物爵里等作出正确合理的解读。这其中，由于程、沈二先生长期以来坚持文献学与文艺学相结合的论诗方法，所以十分注意对异文的指明。如岑参《走马川行奉送出师西征》"走马川，雪海边"注称："两句各本均多一'行'字，误，今删去。"（第255页）就此，曾专撰《读岑参〈走马川行奉送出师西征〉记疑》一文加以讨论。又如对王维《汉江临眺》"临眺"二字异文的注解，对白居易《琵琶行》"幽咽泉流水下滩"一语"水下滩"的注解，等等。

总而言之，《古诗今选》选诗则独具手眼，注释则求真求实，评语则内容丰富，"体现出了当代学者撰述时注意结构严谨、体系完整的科学精神"（周勋初《程千帆先生的诗学历程》）。

（原载《书品》2010年第4期）

思接千载，博学鸿儒选历代遗韵
视通万里，大方名家评各体菁华

——新版"名家视角丛书"评介

王清溪

学术和普及是古籍整理出版工作的两翼，二者互为支撑，相辅相成。就后者而言，早在1981年9月17日，中共中央发布的37号文件《关于整理我国古籍的指示》中，就明确强调其重要性。伴随着改革开放的深入，在全国古籍整理出版规划领导小组的积极推动下，普及类古籍整理图书出版工作取得了令人瞩目的成绩。2016年9月14日，国家新闻出版广电总局和全国古籍整理出版规划领导小组发布65号文件《关于申报2016年度普及类古籍整理图书专项资助项目的通知》，这是首度设立普及类古籍整理图书专项资助，文件还对申报工作提出若干具体要求。在认真学习文件精神后，凤凰出版社申报了"名家视角丛书"，并成功获得立项，"丛书"编辑历时一年，于2018年正式推出。

一、前世今生

中国古代文学遗产，蔚为大观，诗词曲赋文，博大而精深，它已不仅仅属于中国，更是人类文化遗产中的珍品，它所包含的思想意蕴与艺术魅力，不知醉倒了多少吟诵者。其中更有名篇佳作，成为一代之文学绝唱，千古传扬。为弘扬中华文化，让更多的人领略与感受中国古典文学的美，江苏古籍出版社(凤凰出版社前身)于20世纪90年代初，策划了这套丛书，原名"文苑丛书——名家精选古典文学名篇"，于1992年12月正式出版，繁体竖排，凡十册，包括：《古诗精选》(余冠英、韦凤娟编选)、《汉魏六朝文精选》(曹道衡编选)、《唐诗精选》(霍松林编选)、《唐宋词精选》(吴熊和、肖瑞峰编选)、《唐宋散文精选》(王水照编选)、《宋诗精选》(程千帆编选)、《元明清散曲精选》(黄天骥、康保成编选)、《金元明清词精选》(严迪昌编选)、《明清诗精选》(钱仲联编选)、《明清散文精选》(郭预衡编选)。编选者或为博古通今的学界泰斗,或为专治一门的大方之家,"丛书"在选篇立目与注释品评上,做到了精品与新见相结合,而在装帧形式上的创新,更是开一时之新风。正是由于这几方面的原因,这套"丛书"的出版,受到了学术界与广大读者的好评与欢迎,并有了良好的社会效益。

2002 年 9 月,江苏古籍出版社出版了"丛书"的简体横排本,更名为"名家视角",反响依旧热烈,并于 2004 年 3 月重印。如今这套"丛书"再版并获得国家资助,说明了我们当初的想法是得到读者认同的。我们在一丝的喜悦当中,更多的是为祖国的文学遗产而自豪,更多的是对参与"丛书"编选工作的诸位学术大师智慧的敬佩,是对广大读者厚爱的感激,是对从"丛书"当初的策划高纪言先生、主编吴小平先生、编辑姜小青先生等人手中接下这套书中精品的庆幸,面对上述,我们没有理由不继续前行。

在此次"丛书"新版的编辑过程中,除了在内容方面订正文字标点错讹、删去所有直音、规范引文格式、更新行政区划等,在装帧设计方面也花了不少工夫。例如:为了能与本社另外两套普及性读物"古代文史名著选译丛书"和"名家精注精评本"达到同中存异的呼应,反复调整了开本、版式、字体、字号等;为求简洁清雅,删去了书前彩插和正文页边花纹;为了吸引读者,做出令人眼前一亮的封面,设计了不下五种方案,单是一个"名家视角"印章图案的设计,即数易其稿。最后呈现的效果:天青色封面,书名烫黑,作者签名烫白(下文详述),"名家视角"印章烫红("视"字变形,像一只眼睛),腰封印宣传语配十竹斋《尚友》图。

前不久,集团组织"40 年记忆——我与改革开放"摄影比赛,社里负责宣传的同事把三套书摆在一起拍了张合影,取名"90 后、00 后、10 后"。

二、历久弥新

杨牧之同志在《新中国古籍整理出版工作的回顾与展望》一文中曾指出:"近年来由于市场的压力较大,普及性读物读者面略广,各出版社在普及上动的脑筋更多一些,这是好事,但出于求多求快的心理,在选题上不免有些滥,整理质量参差不齐,有待于进一步提高。传统文化普及读物同样有一个精品战

略的问题。"(《古籍整理与出版专家论古籍整理与出版》，凤凰出版社，2008年，第112页)

时至今日，普及性古籍整理出版仍存在规划性不足、规范性不强、创新性不够、质量总体不高等问题。回顾我们这套"名家视角丛书"，历经岁月磨洗，依旧熠熠生辉。

"丛书"从体裁看，属于一套"选本"。中国古代文学是中国传统文化的重要组成部分，五千年的传承和积累，留给后人无比丰富的精神财富，是华夏民族美育和文学教养的经典，是哺育中国文人的伟大传统，也是各种艺术创作取之不竭的灵感源泉。然而普通读者面对如此庞大的财富，常会显得无所适从，难寻门径，常致入宝山而空手归。如此一来，选本的作用无疑十分重要。选本在传播文化和塑造经典方面的作用不容低估，然而选政实难。上古至明清的韵文和散文作品浩如烟海，如何披沙沥金，既不遗漏文学史上的大家之作，还能发掘一些未曾被重视的优秀作品，以期向读者展现中国古代文学发展的全貌，实见功力。编选者既要有深厚的学养，宏通的眼光，还要有去粗取精的判断力。"丛书"当初邀请的诸位大师皆为一时之选，其专业成就不再赘述。今日很难想象再凑齐这样一套实力相埒的阵容。一流学者保证了"丛书"的高质量和高水准，这是一套真正的"大家小书"。说一个小插曲，在设计腰封时，关于要不要加上作者简介，存在一些分歧。最后决定，我们既然将"丛书"定位为较高层次的普及选本，期待读者为中文专业的高校师生及古典文学爱好者，那对这些专业读者来说，编选者的名字已足以令人信赖服膺。

有诸位名家把关，较之同类出版物，"名家视角丛书"还具有选目精当、编排合理、注释明晰、篇幅适中的优点。"选目"是选本的关键。编选者本着弘扬传统文化的宗旨，发挥自己的专业所长，精心选材。"丛书"共分10册，体裁涉及诗词曲赋文，时间跨度从先秦到清末，编排上既体现中国古代文学历史发展的全貌，也突出不同文体在某一特定时代的高峰性呈现。每册附有编选者悉心撰写的《前言》，提纲挈领，评析某一文体在特定时期的发展概况。正文中，每篇作品附有作者小传、注释和品评，以利于增进读者对作品的理解。小开本精装，每册不超过二十万字，便于读者携带和阅读。

"删汰繁芜，使莠稗咸除，菁华毕出"而得"文章之衡鉴"(《四库全书总目》)，"名家视角丛书"庶几副之。

三、薪火相传

推出一些历久弥新、传之久远的古籍整理精品力作，是新时代古籍整理出版工作的根本要求。而凤凰出版社历来坚守"传承文明、传播文化、服务大众、贡献学术"的出版理念，再版"名家视角丛书"，我们希望继续传承以下几个方面的价值：

1. 普及性。"丛书"是丰厚的中国古代文学遗产的一个缩影，是宏伟冰山的一角，无比丰富的艺术宝藏还有待我们去发掘。这套"丛书"无疑就是开启宝藏的钥匙。借由它，让读者亲近诗词歌赋，体味古典文学的艺术魅力。许多编选者都带着这样的期许，如钱仲联先生在《明清诗精选》前言中说："选入的诗虽仅仅是一百篇，却概括了明清诗歌的全貌，一勺水可以尝大海味。"程千帆先生在《宋诗精选》前言中说："这本书只是想使读者对有异于唐诗的宋诗风味尝鼎一脔而已。"王水照先生在《唐宋散文精选》前言中说："尝鼎一脔，以蠡测海，愿这一小小的选本能帮助读者去叩启唐宋散文百花园的大门。"

2. 思想性。古代文学作品是中国传统观念和思想的载体，蕴含了丰富的哲学、宗教、政治、法律、军事、经济、历史、地理等知识，古代文人素有"诗言志""文章合为时而著""文以载道"的传统，细心读者在阅读作品时自能领会中华传统文化的博大精深。

3. 艺术性。开卷有益，最重要的是反复吟诵原作。只要读者潜心品味入选"丛书"的每篇作品，就足以感受古代文学的艺术魅力，领略古典诗文丰富的艺术技巧和完美的声律形式，而我们中华民族的审美趣味、美感经验和艺术情操，很大程度上就是由这些文学经典陶铸的。

4. 学术性。虽属普及性读物，但书中蕴含着编选者的文学批评思想和文学史观，值得揣摩和发掘。举例而言，很多人受"一代有一代文学"观念的影响，认为词在两宋时期已是极其发展并臻于灿烂的高峰境地，而无视这一文体的后续发展。而严迪昌先生就在其编选的《金元明清词精选》前言中写道："高峰并非是断岭，历史的必然不等于历史终结。文化永远呈积累形态，而且一旦积淀后又成为精神投入而渗合进入的心态。""词史证明，大致与北宋告终同时而始起的金、元、明、清四代八百年间词界才士们没有耗损这一特定的文化积累。虽有兴替起落之势，然而心灵运载之体的效能始终呈现强劲而多姿多彩。"又如郭预衡先生在《明清散文精选》前言中开宗明义:"明清文学,在今天看来,小说为最;但在当时,士人所重者,仍在文章。因此,从历史上看,明清之文,不仅作者甚多,数量甚富,而且流派层出,为前代所未有。"由此观之,严迪昌等先生实则赓续了古人"操选政以存史"的传统。通过这套"丛书",可增进读者对古代文学的了解,引起他们的兴趣,进而为充实壮大未来的学术队伍做好铺垫。

此次"名家视角丛书"再版,编选者中的许多先生,已经永远地离开了我们,但我们希望继续传承和发扬他们留下的精神财富,让一代又一代的读者通过名家的引导,进入人类文学遗产的艺术殿堂。

为了纪念这些前辈名家,在封面设计时,决定烫印他们的亲笔签名。在与美编徐慧商定硬笔竖写的选择标准后,为求最佳效果,多方搜求,终得全璧。在此要特别感谢以下诸位老师的热心襄助:史小军(师承霍松林)、肖瑞峰、康保成、马大勇(师承严迪昌)、魏师中林(师承钱仲联)。

我在送给导师的一本《明清诗精选》扉页上写了几个字:"编一本老师的老师的书送给老师。"或许也是一种薪传。

(原载《古籍新书报》2018 年 11 月 28 日)

从古典诗词中汲取新生的力量

——读《趣说人间好诗词》

杜锦瑞

　　春天是读诗的季节。物候回暖，万灵复苏，陈旧的枝干上萌发新绿，引人情动，阅读《趣说人间好诗词》的过程便是这样一趟春日之旅：看旧景中孕育出新美，从古典诗词中汲取新生的力量。

　　这是一本思考有新意、表达有温度的古典诗词鉴赏文集。史双元在书中撷英拾萃，择精妙高绝之篇，用幽默风趣之笔，讲述诗里词外的动人故事。全书谈诗论词如春雷乍响，点破"一字千金"的名篇中"惊心动魄"之情。又如东风拂过，用新锐的解读视角助使古典诗词的枝头抽出新生之芽。亦似春雨绵绵，笔下文情并重，美的文辞与美的情感共同滋养读者心灵，"润物细无声"。

用共情勾连起古典与现实

　　感人心者，莫先乎情。情感是支撑起中国古典诗词之树长存的主干。《趣说》开篇便定下写作的基本原则："言之有情，贴近古人，同情共鸣，以有温度的表达转述古人心思。"

　　情感是古今共通的，但动情的契机往往随着时代的转变而有所不同。对解诗者来说，解诗近似于"翻译"，把古之生活、观念翻译成今之现实，使读者闻之亲切，其中自然也包括"翻译"这种已发生转变的契机。《趣说》显然注意到了这种"翻译"对读者是否能产生共情的作用，书中随处可见巧妙的"翻译"。孟郊写《游子吟》以歌母爱，诗中远游在即带来的骨肉分离之情和慈母灯下补衣的辛酸场景是古人共鸣度极高的元素，放在交通发达、信息便捷的现代社会却难免稍显褪色。《趣说》高明地避开赘述诗中正面描写的远游与补衣，而是从孟郊本人的生平经历入手，详写孟郊屡试不第的落榜生涯。高考落榜的苦闷、邻里乡亲怀疑的目光，都是今人也常感同身受的处境。如今见到补衣的机会少了，《趣说》描绘的那副铩羽回家，只有母亲不问成败、安慰落榜子女的场景却更为普遍。由此，诗中母亲的"意恐"才更能令人读之动情，莫不垂泪。

在碰到另一些以意境见长的诗歌时，这种技巧性的"翻译"便不如更直接的文字渲染了。刘勰道："夫文者，情动而辞发；观文者，披文以入情。""披文"不精，则"入情"不深。《趣说》便采用最直接的文本细读法，用诗人的第一视角将诗词化作一篇美文，用诗意的语言阐释诗意的情感，也即书中自言"言之有文，以美的文辞传译美的诗词"。读刘邦《大风歌》，恐常人难近帝王之心，书中从刘邦回乡写起，截取刘邦大宴乡亲的历史场景，细致入微地刻画刘邦在高台之上的所思所感。帝王之情，一句一顿，一顿一转，起伏之间，层层渲染，帝王搅动风云的壮志豪情尽在其中。"此时此刻，风起云涌，山河辽阔；日月星辰，群臣拱卫；天下之大，我居其中；驾驭海内，舍我其谁！"读之如同身临其境，似乎目睹刘邦击筑高歌之景，气之所感，情之所动。

《趣说》并不死板，在勾连古典与现实的过程中，它因篇而异，灵活地采取"现场还原""古今对读""穿越式阅读"等带有创新意义的赏析模式。这些模式在书中被作为一套成体系的理论提出，又在之后的赏析实践中大获成功。《春江花月夜》的安宁怅惘、《琵琶行》的失意愁怨、《江雪》的孤绝岑寂……在重寻古典诗词之美的道路上，共情使读者透过千年不变的文字，触及诗人依旧鲜活温热的灵魂。正如钟振振所评："情共古今，原来你与一首诗、一阕词的距离如此之近。"

看旧景中孕育出新美

史双元无疑是勇敢的，他不避经典，所解诗词不乏诗评早已盈篇满籍的名作，但书中观点仍颇见新意。这就使阅读本书的过程如赏春日佳景，当看到旧日老枝上长出新芽，心中涌动的不仅是惊喜，更有感动。

嫦娥能被塑造成多少种形象呢？千百年来，嫦娥与万千宫妃贵妇共用同一张面孔，永远忧愁、悔恨，郁郁不乐，正如李商隐笔下的嫦娥，"碧海青天夜夜心"。《趣说》把嫦娥从压抑被动的处境中释放了出来，用勇敢、反叛、孤傲武装这位女神，称赞她为"中国的娜拉"，肯定并歌颂她那石破天惊的出走。神话是虚无缥缈的，既然人人都能为嫦娥涂抹上色彩，她为什么不能是代表着力量的女神，为什么不能是所有遭遇不幸的妇女之榜样呢？从这一刻起，嫦娥形象的内涵再次被填塞，她焕发出新的生机。中国古典诗词的内涵是丰富的，但这种丰富并非一成不变，若没有女性主义新思潮的东风来唤醒，嫦娥依旧是一个沉睡在旧时代的深闺怨妇。而在新时代，怨妇型的女子又能给读者多少精神力量呢？唯有解诗者主动用新思潮重新审视古典诗词，发现适于新时代的精神价值，才能使诗中人、诗中事经受一代代读者的考验，成为一代代人的精神养料。

老树抽出新芽，离不开成长过程的蛰伏蓄力。古典诗词中的新美，本质上植根于深沉广阔、积淀厚重的中国文化土壤。嫦娥之所以可以是反叛的，在于奔月神话的基本框架便是挣脱束缚、追求自由，这则神话本身便是我们弱小却勇敢的先民在对抗大自然时发出的呐喊。发现新美，必要对中国文化有着极为精深的研究。研究愈深，古典诗词之美愈加动人。乍读《元日》，可感诗中万象更新、生机勃勃的欢乐美好氛围。若了解诗人生平、历史背景，也能读出王安石借春节新旧交替的气象抒写对革新政治的坚定信念和热切期盼。《趣说》则更进一步，以《元日》为切入点，窥见中国文化巨大的再生能力和中华民族相信逢凶化吉、绝处逢生的积极乐观情感。在术数流行的时代，祖先们将民族困难时刻的记忆归纳整理而系之于双重奇数的日子下面。尔后，祖先们并未选择恐惧、躲避这些"重单"日，而是燃放爆竹、划起龙舟、登高采菊，用喜庆、热闹的活动冲淡这些日子的不祥意味，把痛苦转化为祥和，把恐惧转化为向往。这种奇妙的民众心理，便是独属于中国人的"超能力"。《元日》因此而增添一份坚韧之美。

诗词鉴赏是需要从旧景中发现新美的工作，但绝非为出奇而出奇。《嫦娥》的反叛与时代精神吻合，《元日》的坚韧被大病一场后的我们所需要，从古典诗词中，我们汲取到了真正有用的精神力量，这才是今人再读古诗的缘由。叶嘉莹谈解诗道："我们讲诗的人所要做的，就正是透过诗人的作品，使这些诗人的生命心魂，得到又一次再生的机会。而且在这个再生的活动中，将会带着一种强大的感发作用，使我们这些读者与听者或作者与读者，都得到一种生生不已的力量。"《趣说》的解诗正是这样一个"再生的活动"。

（原载《文艺报》2023 年 4 月 19 日）

第三辑　学林漫步

南图藏严杰校本汤若望《坤舆格致》初考

韩凤冉

明清鼎革之际，明朝政府财政日绌，继任徐光启主持历局的李天经为了缓解边饷筹措日益困难、国库空虚的窘况，想出了通过采矿来充实国库的对策，并为此与来华传教士汤若望等翻译了欧洲 16 世纪著名冶矿学家阿格里柯拉的《论矿冶》①一书，于崇祯十二年（1639）七月和崇祯十三年（1640）六月分两次，以《坤舆格致》之名进呈崇祯皇帝。面对日益严重的内外局势，崇祯皇帝于十六年下发谕旨，让内阁讨论是否采纳这项建议，虽然户部尚书倪元璐为此专门上了一封"请停开采疏"，对此表示反对，但是情势逼迫之下崇祯皇帝仍然下旨"发下《坤舆格致全书》，着地方官相酌地形，便宜采取"②。关于是否应该通过开采矿山来充实国库，在内阁讨论中曾经引起争论，因此该书在明末士人中影响很大，如黄宗羲等人的文集中都有对此事的记载。有关《坤舆格致》一书的具体内容以及作者情况特别是该书在中国的传播过程，著名科技史专家潘吉星先生曾有专文论述③。可惜该书虽经多位学者在故宫博物院、档案馆等可

---

① 阿格里柯拉（Georgius Agricola, 1494—1555）：德国学者，有欧洲"矿物学之父"的称号，1556 年出版了其代表作 *De re metallica*（《论矿冶》）一书。这部著作被誉为西方矿物学的开山之作，基本代表了文艺复兴时代欧洲的冶金成就，拉丁文版之后还先后出版有德文、意大利文、英文等多个版本。此外阿格里柯拉还著有 *De ortu et causis subterraneorum*（《地下物的起源及成因》），1544 年；*De Natura Fossilium*：*Textbook of Mineralogy*（《论矿物：采矿学教科书》），1546 年；*De animantibus subterraneis*（《论地下动物》），1548 年。

② （明）倪元璐《倪文贞公文集·奏疏卷一〇》，清乾隆刻本，南京图书馆藏。

③ 潘吉星《阿格里柯拉的〈矿冶全书〉及其在明代中国的流传》，《自然科学史研究》第 2 卷，1983 年第 1 期。潘吉星《阿格里柯拉的〈矿冶全书〉在明代中国的流传》，《海交史研究》1981 年第 3 期。

能收藏有该书的机构进行搜寻，但是都没有找到，一般认为该书已经散佚①。潘吉星先生也在文中认为"此书或迅即于兵火中散佚"②。

作为西方冶矿学的经典，其被翻译为汉文，并且得到最高统治者的重视，此书在中西文化交流史上的价值不言而喻，诸多学者因为该书的散佚而无法得见真容遗憾不已。近年笔者在南京图书馆查书过程中偶然发现南京图书馆藏《坤舆格致》抄本一册，署名汤若望，为学界寻找已久的《坤舆格致》的一个抄本。通过对该抄本的仔细阅读，似乎之前学界有关该书刊刻、内容的推测都有不少可商榷改进之处，故特撰此文，以飨读者。

一、抄本基本情况

该抄本1册，宽17.9厘米，高27.9厘米，每页八行，每行21字，共计120页。白纸墨书，间有朱文校勘文字。抄本第一页缺，为目录第一页，从目录第二页起。目录前标有"缺首页"三字。可知该抄本在最初抄写时所依据的版本就已经缺失目录第一页。目录页之后的空白处有一段署名为"左吴□□"的题识。题识之后为该书叙目，叙目后是有关该书翻译及恭进皇帝的奏折，共三折，分别为《督修历法加光禄寺卿李天经题为代献刍荛以裕国储事》（崇祯十二年七月初二日上）、《督修歷（曆）法李天经题为遵旨续进坤舆格致以裕国储事》（崇祯十三年六月上）和《回祠司手本》（崇祯十六年十一月日行）。其中前两份奏折可见于《西洋新法算书》的奏疏部分和《增订徐文定公集》中，学者已经讨论很多，比较令人意外的是第三份回祠司手本，这份手本是李天经回复礼部祠祭清吏的。原来礼部在接到崇祯皇帝要求内阁审议李天经奏折后，遂到修历局调取李天经的原奏和书册，以便作为各部大臣讨论的依据，按照流程礼部应该是先发给了李天经一份手本，这份就是李的回复，所以名为"回祠司手本"。这份手本对考察《坤舆格致》是否刊刻具有重要价值，下文会

---

① 潘吉星《阿格里柯拉的〈矿冶全书〉及其在明代中国的流传》，第43页。由于潘先生此文是专门讨论这一问题的论文，以后相关研究多以转引潘先生论文结论为主，如：李兰琴《汤若望传》，东方出版社，1995年，第61—62页。陆敬严、钱学英、童瑞清《中德科技交流的先驱——汤若望》，《中国科技史料》第14卷，1993年第2期，第40页。王渝生《通玄教师汤若望》，《自然辩证法通讯》第15卷，1993年第2期，第67—68页。茹靓靓《明末清初天主教徒李天经研究》，暨南大学2011年硕士论文，等等，文赘不叙。

② 潘吉星《阿格里柯拉的〈矿冶全书〉及其在明代中国的流传》，第43页。

详细讨论。其后是正文三卷，分别为第一卷，第二卷上下，第三卷上下。其中每卷之下署名"远西汤若望译"。中缝处标有卷次，其中在第二卷下的后面空白处有一段严杰的识语，可知该书曾经严杰校勘一过，内文中的朱笔文字应该就是严杰的校勘成果。

需要特别说明的是该"书中金银铜铝锡之字，率以槿银铳奄心等字代之，盖国初开采之禁严，此书世不敢传抄藏，此特易字以讳其逾也"（左吴□□题识文字）。即抄本中的"金"、"银"、"铜"、"铅"（题识中之"铝"字不确，应该为"铅"）、"锡"等字，抄者为了掩人耳目，分别用"槿"、"引"（题识中的"银"不确，考内文"银"应该替换为"引"）、"铳"、"奄"、"心"所替代，此外尚有"忝"代替"铁"等。可能是考虑到读者的阅读，全书的这种对应替换并不彻底。原文中仍然偶尔出现"金""银""铁"等字。

二、该书的抄写年代及流传概况

通过抄本前的题识和卷二后的严杰识语以及书上的款识综合判断，该书的抄写时间应该在乾隆嘉庆时期。署名为左吴□□的题识中提到"己卯客三山，访主人于蝓海楼，试此以证西法"，"盖国初开采之禁严，此书世不敢传抄藏"，按清代己卯年有 1699、1759、1819 和 1879 年，考虑到文中提到"国初"，则不太可能是 1699 年，而该书后经严杰校勘，严杰在识语中写道得到此书的经过："叶氏风满楼藏书甲于岭南，中多奇秘之册，《坤舆格致》其一也，云谷部郎秘不示人。余与交好，屡索而后得之。部郎得于富顺某氏，天台周璞斋亦有是书，为予对勘数字，后之览者勿漫视之。鸥盟率识于书福楼。"说明严杰此书是得于岭南著名书画家、收藏家叶梦龙(字云谷)之手。严杰(1763—1843)字厚民，号鸥盟，浙江钱塘人，被阮元聘为西席数十年，为阮元小女儿和女婿张熙的老师，并且协助其完成《十三经注疏》《皇清经解》等的刊刻，是《皇清经解》的总编。阮元有《题严厚民杰书福楼图》："厚民湛深经籍，校勘精详，因昔人云：'书不饱蠹鱼，不经俗子误改，书之福也。'因以名楼。古书有古义，后人每未详。俗子作聪明，何妄下雌黄。少见多所怪，以不狂为狂。石经在开成，据宋已改唐。孰知据明监，更改金陀坊。严子精校雠，馆我日最长。校经校《文选》，十目始一行。人有读书福，书福人亦康。书楼画为册，树石杂缥缃。北齐勘书图，今复见钱塘。厚民比古人，遵明岂可方。"① 可见其为阮元刊刻《十三经注疏》和《皇清经解》的得力助手，阮元对其校勘水平评价颇高。严杰曾先后两次到广东，第一次在嘉庆二十五年(1820)，阮元《揅经室二集·女婿张熙女安合葬墓碣》载"余之女子子安……师钱塘严厚民读书……嘉庆二十五年春，熙年十八，其父命随其师严来粤东，赘余府中"。② 第二次在道光五年(1825)，严杰于《皇清经解》前之识语云：官保阮师"所取国朝以来解经各书发凡起例，酌定去取，命杰编辑为《皇清经解》，(道光)五年八月，于广东学海堂刊刻《清经解》"③。其从叶梦龙处获得该书应该在此期间。考虑到该书在叶梦龙之前还曾经富顺某氏的收藏，再参考文中"曆"字均写为"歷"字，应该是避乾隆皇帝名讳，则此抄本可能的抄写年代应该在清乾隆、嘉庆之间。

此外该书钤刻有多方印记，结合题识和识语可以对该书的流传概况进行基本梳理。该书钤刻印记先后有：1. 目录页后左吴□□的题识后盖有一枚印记(朱文)，不过该印记字迹模糊不清；2. 督修历法加光禄寺卿李天经"题为代献刍荛以裕国储事"奏折页有"清白自问"（白文）印；3. 叙目页自上至下依次有"鸿雪轩"（朱文）、"□□□"（朱文）、"铁君长寿"（朱文）、"弘农季子"（朱文）、"清白自问"（白文）、"乌程杨氏所藏"（朱文）印；4. 正文第一卷下有"书福楼"（朱文）印；5. 正文第二卷下，严杰识语后有"严杰"（白文）印。

这些印记中"乌程杨氏所藏"和"弘农季子"钤印应该属于同一人的钤印，而"书福楼"④ 为严杰室名，则"书福楼"和"严杰"两处应该为严杰所印无疑。其余"鸿雪轩""清白自问""铁君长寿"笔者学力有限，尚未考出。此外在左吴□□的题记中提到该书为"拜青主人"所藏，再结合严杰识语，可知该书曾先后经过"鸿雪轩"、"乌程杨氏"、"拜青主人"、"富顺某氏"、岭南风满楼叶梦龙以及严杰等人收藏。

---

① 阮元《题严厚民杰书福楼图》，《揅经室集》，中华书局，1993年，第1108页。
② 阮元《女婿张熙女安合葬墓碣》，《揅经室集》，中华书局，1993年，第533页。
③ 钱曾《读书敏求记》阮福刻本序中亦曾言"道光乙酉夏，武林严厚民师因编《皇清经解》，重游岭南"。（《钱遵王读书敏求记校证》，中华书局，1990年，第238页）
④ 杨廷福、杨同甫《清人室名别称字号索引》(增补本)下册，上海古籍出版社，2001年，第980页。

三、该书卷次、内容概况

由于此前未有版本面世，有关该书的内容讨论很少，只有潘吉星先生根据所见汤若望所依据的翻译底稿，进行过简略探讨。此次抄本得见，对于该书的内容可以进行更准确细致的介绍。

《坤舆格致》一书的具体卷次以往有三卷、四卷和五卷的不同说法。现分述如下：

按照李天经崇祯十二年七月初二日所上"代献刍荛以裕国储"奏疏内言"谨先撰译缮绘得《坤舆格致》三卷，汇成四册，敬塵（呈）御览，尚有煎炼炉冶等诸法一卷……"① 可知该书第一次呈给崇祯皇帝的就是尚未完全译完的三卷本。此次发现的南图藏抄本亦为三卷本，然此三卷本内容与李天经所说不同，全书分三卷，除第一卷外，第二卷、第三卷还分上下，全书基本没有图，仅在卷三上有十幅手抄简图，也正因此，才有目录后的题识所说"惜其图已佚，拟览西字本为译补之"。可知与李天经所言"缮绘"四册本不同，当为另一三卷本系统，又根据上引严杰的识语可知，此书至少还有天台周璞斋的一个抄本，严杰也是根据这个本子进行的校勘。抄本中的红笔应该就是严氏的校改笔迹。从全书来看校改数量不是很多，说明该书的抄本系统可能都是同一个来源。天台周璞斋应该就是清代天台著名天文学者周治平，周治平是临海的一名诸生，"其人亦深于天算，兼习西法"②，是当时著名的天文算学家，其中尤以对《曾子问·天员篇》的注释而知名。阮元《曾子注释》"谓其（周治平）能融会中西之说"，阮元还在《定香亭笔谈》中记载："予于天文算法中求士，如临海洪颐煊、震烜，归安丁传经、授经，钱塘范景福，海盐陈春华，皆有造诣，然以临海周治平为最深。治平拙于时艺，久不试。余至台州，治平握算就试，特拔入学。治平精于西人算术，通授时宪诸法，明于仪器奇器。余有句云：'中法原居西法先，何人能测九重天？谁知处士巾山下，独闭空斋画大圆。'"③ 他还辅佐阮元编《畴人传》，阮元在《畴人传·凡例》中称"台州学生

---

① 汤若望等《西洋新法历书·奏疏》，《故宫珍本丛刊》，第 383 册，海南出版社，2003 年，第 212 页。
② 阮元等《畴人传续编》，卷五十一，清扬州阮氏琅嬛仙馆本，《续修四库全书》，516 册，第 511 页。
③ 阮元《赠周朴斋治平》，《揅经室集》，中华书局，1993 年，第 817 页。

周治平力居多"①。他自己也入《畴人传续编》之中，其中称"阮相国曩撰《曾子注释》，谓其能融会中西之说，曾采其言，又《畴人前传》亦获其校理之助"②。则此人收藏有《坤舆格致》的可能性很大。既然他与严杰均曾辅佐阮元编书刻书，两人可能很熟悉，因此才有借书校勘之举。

有关四卷本的记载，则为李天经在崇祯十三年"遵旨续进坤舆格致以裕国储"奏疏所载"于今月始获卒业，为书四卷"③。可知该书翻译完成后确为四卷。可惜此后无论是各家书志所载，除法人裴化行(Henri Bernard) 在其《*LES ADAPTATIONS CHINOISES D'OUVRAGES EUROPEENS*》(《改编成中文的欧洲著作》)中认为《坤舆格致》为四卷木刻本外④，均不见四卷本的说法。查裴化行所依据的乃是德国人魏特的《汤若望传》中的材料，并且他本人也在木刻本后打了一个问号，说明裴本人并未见过四卷木刻本。而从此次南图抄本前所载的李天经的"回祠司手本"来看，原来此书翻译的原稿后来已经丢失："然前书译稿无存，盖恐好事者窃取抄传，以滋弊窦，仅有西庠原本，悉书西字，使之重译，抑又浩繁，未能合将进书原奏抄白送阅，庶知开采之梗概，为此合用手本，前去贵司，烦为据实呈堂，以凭议覆。"因此四卷本应该只有李天经进呈皇帝的本子了。

至于五卷本，原本不见于李天经的几次奏疏之中，反而出现于后来的书目所载，如徐维则辑、顾燮光补《增版东西学书录·东西人旧译著书》："坤舆格致五卷，明崇祯十三年刻本。"⑤ 崇祯十三年仅为该书翻译完成的时间，非刊刻时间，从崇祯十六年十一月此书原稿无存而无法提供给阁臣讨论来看，此时尚无刻本。书目所记当是以为该书完成之时为刊刻之时，但又明言该书为五卷，而非李天经奏疏所言之四卷，有学者以为此记载和刊刻时间搞错一样，也是记错了⑥。然通过阅读南图三卷本前的叙目，五卷本的由来或可从中找到答案。叙目在最后说明了全书卷次为五卷，"今约得节帙为五，诸帙条目，撮列

① 阮元等《畴人传·畴人传凡例》，清扬州阮氏琅嬛仙馆本，《续修四库全书》，第516册，第59页。
② 阮元等《畴人传续编》，卷五十一，第511页。
③ 汤若望等《西洋新法历书·奏疏》，第221页。
④ 是文载 Monumenta Serica(《华裔学志》)第10卷，国家图书馆出版社，2011年影印。
⑤ 徐维则辑、顾燮光补《增版东西学书录·东西人旧译著书》，载《近代译书目》，北京图书馆出版社，2003年，第298页。
⑥ 潘吉星《阿格里柯拉的〈矿冶全书〉及其在明代中国的流传》，第42—43页。

如左"，并且简要介绍了五卷的内容。

第一卷，论蕴于地及各成异性之所以然。先详其精者，如金如银，次详柔如铅锡，终详刚如铜铁。末述其异类六种：为汞，为倭铅，为山泽，为硫黄、信、朱砂，缘其六者，与金相类，故赘论于此也。

第二卷，论诸种地液，或归盐类，若硝矾硇砂等，或归地油，若黑胶琥珀等。

第三卷，论凡采取兆迹，或缘显于外者，以识金脉有无。或蕴于内者，以采矿之赢绌，及脉之斜正，并论试法，以识其情势，定取金后当炼之法。

第四卷，论开采诸法，先测脉之浅深及备洞中之工用，何以去所来之水，使不致（按：原稿红笔校改为"至"）于阻工，何以除所发邪气，并开掘崩卸之患，以保安工人，与夫内外所必需之器。

第五卷，论炼法，先分纯金于杂体，次定各金所需炉礶炼法，使其（按：原稿改为"之"）彼此判然，各归其本质，以精详其体与成数。

原稿下有朱笔"共三卷于后"五字，当是严杰在校勘过程中所写。

将此处所列五卷内容与抄本的三卷具体内容对比可以发现，其实抄本内容应该是叙目五卷概要中的后三卷。其中第三卷当为抄本第一卷，第四卷当为抄本第三卷，第五卷为抄本第二卷。而叙目所言第一卷、第二卷内容因为是对金银等金属性质的介绍，这段内容被高度概括存于叙目之中。需要说明的是叙目所言第一卷和第二卷内容据笔者推测应该不是阿格里柯拉《矿冶全书》的内容，而应该是来自于其另一著作，即 1546 年出版的 *De Natura Fossilium：Textbook of Mineralogy*（《论矿物：采矿学教科书》）一书。因为《矿冶全书》中并没有讨论具体矿物的形成及其分类的内容。

现就抄本的三卷具体内容进行概要介绍，同时与 1556 年版阿格里柯拉 *De re metallica* 内容进行一简单对比。抄本第一卷共分为"论矿脉外显之迹""矿脉透山之迹""访榷异迹"三节，主要介绍寻找矿脉的几个原则，如勘探地点要尽量靠近水源、林木资源丰富等，方便矿物的运输和木料的采集；如何辨别不同地形下的矿脉走向，以便于采挖；不同种类矿藏的矿物特征等探矿方法。对应内容为阿格里柯拉原书的第二卷（如何寻找矿脉）和第三卷（矿脉的分类）。抄本第二卷上共分为"试矿砂法""试矿药方""试榷引器皿""榷引公式法""试引矿法""试榷矿法"等六节，第二卷下共分为"试铳矿法""试奄矿法"

"试心矿法""阿奄等矿试法""强水法""分五矬"等六节。对应为原书的第七卷(矿砂的试炼方法)、九卷(熔炼的器皿)、十卷(金银的分离)、十一卷(银铜的分离)、十二卷(各种辅助材料的制取)。抄本第三卷上共分为"论开山、定开山之处,测井与洞,论器具,采矿,山内支撑"等五节,第三卷下共分为"运山内矿料大器、论出水、论出山中毒气、论采之当忌"等四节。对应为原书的第五卷(采矿技术)和第六卷(采矿工具和机器)。由于原书规模较大,仅为三万余字的译本肯定不可能将原书全部完整翻译,只能是择其要者,或者将相近内容融合意译,如原书中的第一卷主要是对采矿观的理论回顾,第四章是讲如何通过划分股权来规避风险,与采矿不直接相关,并没有被翻译。而原书第七卷讲述矿砂的试炼,则与第九卷讲述熔炼器皿、第十卷和第十一卷讲述金属的分离,合并为第二卷内容。阿格里柯拉原书还配有两百多幅精美的木刻插图,而此抄本则"惜其图已佚",从具体内容来看,整个抄本也仅在卷三上有十幅手抄简图,对应的应该是阿格里柯拉原书第五卷的部分插图。

此外值得注意的是抄本的次序与李天经所上奏疏而言的次序也有所不同,按照李天经两次奏疏所言"得《坤舆格致》三卷,汇成四册,敬尘(呈)御览,尚有煎炼炉冶等诸法一卷……昼夜纂辑续进"[1]。(崇祯十二年七月李天经奏疏)"即煎炼炉冶,其事较难,其法较密,前所进书,虽备他法,而煎炼炉冶之法,书尚未成……于今月始获卒业。为书四卷……"[2](崇祯十三年六月李天经奏疏)则此三卷本与李天经所言四卷本相较,只有抄本第二卷有可能为李天经所言的"煎炼炉冶之法",也就是四卷本中的第四卷。

四、该书的价值

首先,该抄本的发现有助于重新评估《坤舆格致》一书在当时产生的影响,及其在我国矿物学史上的价值。以往学者一般认为该书"已在明清之际佚失,其影响难作考证"[3]。该书的发现能够为"矿物"一词的来源提供更多实证。有关"矿物"一词的来源,一般认为首先起源于西方的"mineral"一词,至于"西文 mineral 和 mineralogy 何时传入中国? 谁人何时在汉语文献

---

[1]　汤若望等《西洋新法历书·奏疏》,第212页。
[2]　汤若望等《西洋新法历书·奏疏》,第221页。
[3]　艾素珍《清代出版的地质学译著及特点》,《中国科技史料》第19卷,1998年第1期,第11页。

中首次使用'矿物'一词？这是矿物学史研究者尚未搞清楚的重要问题"①。由于此前学者未见《坤舆格致》原书，虽然"mineral"一词在阿格里柯拉 *De re metallica* 原书中已经出现，但是中文译本是否译为"矿物"却无法肯定。查抄本全书，"矿物"一词共出现两次：第二卷下"试奄矿法"："其次矿之黑而杂石，或杂他矿物者"，第三卷下"论出水"节："有齿者所转，因依前援矿物之法"。可知此书中确实已经出现该词，而且从文意理解，其意思也是与今天的矿物一词含义相同。因此该书对矿物史的研究，具有重要史料价值。

其次，虽然此书此前并未被学者发现，但是关于此书是否曾经刊刻，学者却有着统一的认识。潘吉星先生认为"该书在1643年底前就应已刊出"②，李兰琴在《汤若望传》中也持此观点③，裴化行也记为四卷，北京木刻本，只是在木刻本后打了一个问号。晚清徐维则辑、顾燮光补《增版东西学书录·东西人旧译著书》中明确记载"坤舆格致五卷，明崇祯十三年刻本"④，似乎此书有过刊刻已成定论。

然而考此手抄本前李天经《回祠司手本》内容，《坤舆格致》一书至少在明代不可能有刻本行世。此手本具体内容如下：

> 督修历法李为钦奉上传事，准礼部祠祭清吏手本称"奉上传李天经所奏《坤舆格致》一书，着辅臣传该部，速为议覆。钦此。移取原奏并书册等因到寺"。窃照《坤舆格致》一书，向因蒿目时艰，未能仰佐司计一筹。乃值修历远臣汤若望，简有本国携来此书，诚有裨于国计者。遂尔翻译，两次绘图缮进，以抒仰承皇上招徕至意。本寺爰有《代献刍荛》一疏，恭塵(呈)御览，以听圣明采择耳。然前书译稿无存，盖恐好事者窃取抄传，以滋弊窦。仅有西庠原本，悉书西字，使之重译，抑又浩繁，未能合将进书原奏，抄白送阅，庶知开采之梗概。为此合用手本，前去贵司，烦

---

① 崔云昊、陈云彦《"矿物"词源再考》，《中国科技史料》第14卷，1993年第3期，第78页。

② 潘吉星《阿格里柯拉的〈矿冶全书〉及其在明代中国的流传》，第42—43页。

③ 李兰琴《汤若望传》，东方出版社，1995年，第184页。在该书附录《汤若望生平年表》中作者在1642年下记载"与李天经等共译《坤舆格致》，次年刻于北京"。其实《坤舆格致》一书的翻译完成时间是比较明确的，应该是崇祯十三年(1640)六月，有李天经的《督修歷(曆)法李天经题为遵旨续进坤舆格致，以裕国储事》奏折为证，此书记载有误。

④ 徐维则辑、顾燮光补《增版东西学书录·东西人旧译著书》，第298页。

为据实呈堂，以凭议覆。倘或鉴其可行，不妨明白题敕远臣汤若望尽授其法。仍责成原译局员等，一一祗领其传，便可分任其事。则匪类不能私擅妄行，而善法不为伪传者淆溷矣。再按，目今四郊多垒，民不聊生之际，远臣抒忠为国，尽译开采一书者，以搜括不若生聚为可久长耳。今试于深山穷谷之中，取造物自然之利，不第济军需而裨国计。即饥寒迫身、易于为盗之民，使之佣作以安其生，庶可杜潢池之弄，未始非收拾人心之一机也。计开进书疏稿抄白二折。

崇祯十六年十一月日行。

此手本不仅揭示了该书上呈皇帝后，1643 年底，崇祯皇帝要户部、吏部等会商是否采纳李天经的建议在全国推广时，该书原来的手稿居然已经丢失一事，在手本中李天经提出的补救办法是"使之重译，抑又浩繁，未能合将进书原奏抄白送阅，倘或鉴其可行，不妨明白题敕远臣汤若望尽授其法"。此事就发生在十二月二日内阁讨论之前。很可能此事皇帝已经知晓，所以当崇祯皇帝看到倪元璐在内阁会议的奏折时第二天即批示："览卿奏，自属正论，但念国用告绌，民生寡遂，不忍再苦吾民，发下《坤舆格致》全书，着地方官相酌地形，便宜采取，仍据实奏报。汤若望即着赴蓟督军前传习采法并水利火器等项。"① 此处发下的应该是李天经之前进呈的抄本。因为前两次李天经进呈奏折皇帝都明确批示留览。而历局原稿已失，只能发下此前的进呈之本。这也说明，虽然该书崇祯十三年六月即已经全部翻译完毕，但是直至十六年底，该书仍然没有刊刻，甚至原稿已经丢失。而且奏疏中提到让汤若望立刻前往蓟督军前传授采矿等技术，也与李天经《回祠司手本》中的建议一致，因此该手本也对考察该书是否在当时进行刊刻具有重大价值。

此外，该书对探讨崇祯时期赐予传教士匾额一事的详细过程有重要价值。作为中国的最高统治者，赐予传教士匾额具有重要象征意义，此事在中西交流史上也十分著名。结合该书的进呈过程，可以对这一事件的细节进行复原。该事件的背景是崇祯十六年，徐光启、李天经主持的历局历经十几年的努力，新法的修订工作终于基本完成，此时身为主事者的李天经在当年十月二十七日奏请对汤若望等人予以优叙，同时给予汤若望焚修处以敕赐重修扁额，以表彰他

---

① （明）倪元璐《倪文贞公文集·奏疏卷一〇》。

们在创制新法和制器方面的贡献，同年十一月初九日，皇帝批准准予优叙，但是对敕赐扁额一事，却以"扁额是何字面竟未说明，不必行"① 而拒绝。但是到了十二月二日内阁讨论是否采用《坤舆格致》一书后，内阁传奉上谕"远臣汤若望还与他扁额，著礼部拟字来看"②。十二月十一日礼部拟了"旌忠"和"崇义"两个上报，崇祯十七年正月初四日，最终赐给了汤若望"旌忠"的扁额。可见这块扁额的赐予与崇祯皇帝对《坤舆格致》一书的重视是分不开的。

五、结语

此文仅是有关该抄本的初步介绍，有关严杰校勘内容的具体情况，五金试炼方法在冶矿史以及化学史上的意义及价值，甚至简笔插图与拉丁文原版插图的对应关系等，都有待于进一步的深入研究。希望该抄本的发现能够为相关研究提供帮助。

（原载《中国典籍与文化》2015 年第 4 期）

---

① 汤若望等《西洋新法历书·奏疏》，第 251 页。
② 汤若望等《西洋新法历书·奏疏》，第 252 页。

现存南宋别集中所见宋人经部佚著的价值

——以对朱彝尊《经义考》的订正补充为中心

林日波

一、引言

与汉儒字句训释的特点不同，宋儒研读经部之书尤其注重义理阐发，揭示经典的内蕴。因此，皮锡瑞将经学发展史上的两宋时期称为"经学变古时代"[1]。今人漆侠在总结宋学特点之时指出："从方法论上说，汉学属于微观类型，而宋学则属于宏观类型。在我国古代学术发展史上，宋学确实开创了学术探索的新局面，并表现了它的新思路和新方法。"[2] 这里所谓"新思路和新方法"，其中突出的一个表现便是疑经辨古，"自庆历后，诸儒发明经旨，非前人所及；然排《系辞》，毁《周礼》，疑《孟子》，讥《书》之《胤征》《顾命》，黜《诗》之序，不难于议经，况传注乎！"[3] 正是在这样一种学风的推动下，宋人关于六经的著述日益丰富，新见迭出。具体就《诗经》来说，宋儒辨析的内容主要包括"孔子删诗"说、《诗》篇的出入、《诗序》的真伪、毛公传与郑玄笺的迂曲之说等等。其中，对《诗序》的辨疑"萌于欧阳修，成于郑樵，而定于朱子之《集传》"[4]。北宋中叶，欧阳修撰《诗本义》，开始怀疑《诗序》，对序中观点有所取舍；南宋郑樵撰《诗辨妄》，则直斥《诗序》"皆是村野妄人所

---

① 《经学历史》，第 220 页。
② 《宋学的发展与演变》，第 5 页。
③ 《困学纪闻》卷八，第 1095 页。
④ 《四库全书总目·〈钦定诗经传说汇纂〉》，第 130 页。

作"①;大儒朱熹更集前辈学者大成而撰《诗集传》,后学大体只是守成而已。在这一前后承续的过程中,颇有学者持不同的意见,纷纷著书立说,求其友声。宋代《诗》学之盛,从其著述总量上亦可窥见一斑。《宋史·艺文志》著录两宋论《诗》者74家1100卷(其中三家无卷数),黄虞稷增补7家78卷(其中两家无卷数),今于现存南宋别集中,又得16家150卷(其中八家无卷数),超出汉唐总数②。至于经学中的其他部分,情况亦类此。

元明清学者正是在这样丰厚的经学遗产的基础上发展的,最终汇成了中国古代经学学术之大观。清代初年,著名学者朱彝尊有志将所闻见的历代解经之作编辑为一书,于是广搜博采,穷其学识,撰成《经义考》三百卷。全书取材涉及四部,如经部的易类、礼类,史部的正史类、传记类、地理类、目录类,子部的儒家类、类书类,集部的别集、总集③,文献种类广泛,数量繁多。也正因此,朱彝尊在钞撮材料时难免会有疏失,加之刊印时手民误植,书中讹、脱、衍、倒之处时有,其后,翁方纲《经义考补正》、罗振玉《经义考目录·校记》等书继之而出,对后学研读、利用《经义考》颇有助益。今人杨果霖即利用翁、罗二书及《四库全书总目》经部提要、吴政上《经义考版本异文校记》等成果,"并参酌其他的典籍",系统呈现了《经义考》中的错误④。

二、《经义考》疏误举例

宋代作为经学史上的一个极为重要的历史阶段,其经学著作无疑是《经义考》一书重点考述的对象。实际上,朱彝尊在这一方面也确实投入了很大的精力。从文献使用的宏观角度来看,他在撰作《经义考》之时,已经大量参考了各类相关文献,宋人别集,尤其是南宋的别集,自然是其考察宋人经义著作的重要依据。在具体利用这一类型文献的过程中,朱彝尊费了很大精力,搜残辑佚,补阙考疑,使许多亡佚的宋人经义著作重新"浮出海面",又通过排比梳理,重新描绘了一幅宋代经学著述的历史面貌。但是,从微观角度来看,南宋

---

① 《朱子语类》卷八〇,第2076页。
② 《汉书·艺文志》著录6家,《隋书·经籍志》著录33家,《旧唐书·经籍志》著录30家,《新唐书·艺文志》著录25家,除去重复有七十余家。
③ 参见《朱彝尊〈经义考〉研究》(上)附表一《〈经义考〉的引书种类简表》,第233—259页。
④ 《朱彝尊〈经义考〉研究》,第371—427页。

别集毕竟只是朱彝尊所使用的各种文献中的一项，他在搜集辑考的过程中，难免隅照未周，一些重要的材料未能经眼，未予采用，一些考证有所疏失，千虑一失和沧海遗珠的现象时有发生。

今仅以现存南宋别集中所见宋人经部佚著为主，参照杨果霖纠缪之例，再对《经义考》疏误之处加以校订。

（一）误题作者姓名。

例如，卷三二著录"丘氏巽之《易原》"一书，叙录中引魏了翁曰："巽之居嘉之夹江。淳熙元年（1174）举于礼部，贯通古今，论说诸子。有《诗总》《易原》。"卷一〇九则著录"焦氏巽之《诗总》"一书。查《鹤山先生大全集》知，前引魏了翁之言出自卷八四《学究焦君巽之墓志铭》一文，是故"丘"字实为"焦"字之误。此乃因其抄录所据材料偶误，致使误题作者。

又如，卷二九著录"曾氏穜《大易粹言》"，卷八三著录"余氏穜《尚书说》"、卷二七二著录"余氏穜《薿书》"，按，"余穜"实为"曾穜"之误。《薿书》叙录中所引周密《癸辛杂识》文中有"余穜自著书……楼攻愧尝为考"之语，考楼钥《攻愧集》卷七七《跋薿书》称"余君穜编《大易粹言》，刊于龙舒，又自著书，名曰《薿书》"云云。《大易粹言》今存，曾氏有自序，其僚属张嗣古、程九万、李祐之作《跋》均称"曾公"，其他宋人对此书亦多有记载，未有第二人称"余穜"，楼钥之误颇难考索。据此可知，周密实乃沿袭楼钥，而误"穜"作"穜"，当是传刻所致。朱彝尊沿袭《癸辛杂识》而不查，遂使曾穜姓名全误。

（二）以字为名。

如卷八三著录"史氏孟传《书略》"一书，叙录中引魏了翁《志》曰"丹棱史孟传守道"云云；卷一〇八则著录"史氏守道《诗略》"一书，叙录中引《四川总志》称"史守道，字孟传"云云；卷一二三著录"史氏守道《周礼略》"。按，今观魏了翁所撰《故迪功郎致仕史君孟传墓志铭》一文，通篇言"孟传"如何如何；而《哭史孟传守道》一文又称"自得孟传，今二十年"[1]，则魏氏称字以示敬重友人之意显然，《四川总志》所载当不误，称"史氏孟传"乃朱彝尊疏失。较之《四川总志》，宋集中的墓志铭显然是更原始的材料，朱

_____

① 《鹤山先生大全集》卷九一。

氏虽然使用了宋集，但未加细读，更未参考其他材料辨证，故误以字为名，并将同一作者误析为二。

（三）卷数单位不同。

这有时因为朱氏删改文献，或误解原文。如卷一三三著录"马氏廷鸾《仪礼本经疏会》九卷"，叙录称："廷鸾自序曰：余家藏败帙中，有景德年官本《仪礼疏》四帙，正经、注语皆标起止，而疏又列其下。儿子请予附益之，因手自点校，取朱氏《礼》书与其门人黄氏、杨氏诸家续补之编，章分条析，厘为九卷。"上述引文实出自马廷鸾《碧梧玩芳集》卷一二《〈仪礼本经注疏会编〉后序》，两相对照，朱彝尊删改颇多，以致误将原文"九帙"改作"九卷"①。有时则是因所援据的不是原始文献，如卷一三七著录"梁氏观国《丧礼》五卷"，所据乃《广东通志》，胡寅《斐然集》卷二六《进士梁君墓志铭》称其书实为"十五卷"。又如，卷二一五著录"王氏绚《论语解》二十卷"，所据明人卢熊《苏州府志》，乃后出之史料，而张守《毗陵集》卷一二《资政殿大学士左光禄大夫王公墓志铭》称其书实为"三十卷"。再如，卷二四三著录"宋氏藻《群经滞穗》百篇"，所据乃明人何乔远《闽书》，而未见刘克庄《后村先生大全集》卷九七《宋去华集（序）》，故对刘跂所记中"八卷"之说未能采录参证。

（四）漏辑作者他书。

如卷二三著录张浚《紫岩易传》，叙录中引朱熹所撰《行状》称其著有"《诗书礼解》三卷"；卷二五著录鲁訔《易说》，叙录引周必大所撰《墓志铭》称其著有"《论语解》十卷"；同卷著录钱俣《易说》，叙录引《姑苏志》《姓谱》均称其著有"《诸经讲解》十卷"；卷一八八著录徐定《潮州春秋解》，叙录中引叶适《徐德操〈春秋解〉序》言及"《礼经疑难》一卷"，以上张浚《诗书礼解》、鲁訔《论语解》、钱俣《诸经讲解》、徐定《礼经疑难》四书朱彝尊均未辑录。也就是说，朱彝尊已经收集发掘了相关宋集文献，但对这些文献中所存经部佚著材料只使用了一部分，这种疏失是令人遗憾的。

（五）漏列卷数。

如卷三一著录吴昶《易论》，不言卷数，吴龙翰《古梅遗稿》卷三《读家集》称吴昶"遗文今所存者《书说》四十卷、《易论》四十卷"。其实，《经义考》卷

---

① 清人汪士钟尝翻刻景德本《仪礼疏》，全书共五十卷，由此亦可证朱彝尊误改。

八二著录吴昶《书说》时，朱彝尊按语即引吴龙翰语，其疏略过甚。

（六）提要中称引人名有误。

如卷八一著录"樊氏光远《尚书解》"，叙录中称："汪逢辰曰：光远字茂实，钱唐人。绍兴五年进士，官福建路转运副使。"考汪应辰《文定集》卷二二有《吏部郎樊茂实墓志铭》一文，据此知"逢辰"乃"应辰"之误。

三、现存南宋别集中所见宋人经部佚著对《经义考》的文献补充

尽管《经义考》全书错讹间出，但它作为一部特出的专科目录，仍被后世研治经义的经学家所珍视，亦被目录学家所借重①。为此，学者们在辨析《经义考》疏失的同时，更须注意另一问题，即朱彝尊在叙录中虽然对其著录的8443 部经籍或详或简地标明了文献来源，但限于见闻，未能一一援据原始材料，以故降低了学者依据《经义考》所载诸家著述知人论世，"辨章学术，考镜源流"的效用。今以现存南宋别集中所见宋人经部佚著为主，参核《经义考》一书所著录，对朱彝尊疏漏之处略为补足。总体上，现存南宋别集中所见宋人经部佚著材料都是原始材料，很有史料价值。这些材料不仅可以丰富和提高《经义考》的文献价值，对学者进一步研究《经义考》有所助益，对宋代经学史研究也有重要的意义。

附表如下：

序号	作者、书名、卷（篇）数	《经义考》提要援据文献	南宋别集篇目
1	曾几《周易释象》五卷	《中兴馆阁录》《直斋书录解题》	《陆游集·渭南文集》卷三二《曾文清公墓志铭》
2	胡铨《易传拾遗》十卷	《直斋书录解题》《困学记闻》《宋史·胡铨传》	《庐陵周益国文忠公集》卷三〇《资政殿学士赠通奉大夫胡忠简公神道碑》、《杨万里集笺校》卷一一八《宋故资政殿学士朝议大夫致仕庐陵郡开国侯食邑一千五百户食实封一百户赐紫金鱼袋赠通议大夫胡公行状》
	《书解》四卷		

---

① 梁启超称："这部书把竹垞以前的经学书一概网罗，簿存目录，实史部谱录类一部最重要的书，研究'经史学'的人最不可少。"（《中国近三百年学术史》，第 227 页）姚名达则称《经义考》"为目录学辟一新大陆焉"（《中国目录学史》，第 270 页）。

序号	作者、书名、卷(篇)数	《经义考》提要援据文献	南宋别集篇目
3	章服《易解》二卷	《金华志》	《陈亮集》卷二六《吏部侍郎章公行状》
	《论语解》三卷		
	《孟子解》二卷		
4	韩元吉《系辞传》	《江西通志》	《南涧甲乙稿》卷一四《系辞解序》
5	钱俣《易说》三卷	《姑苏志》《姓谱》	《宫教集》卷一二《福建提举钱公俣墓志》
6	孙调《易解》十卷	《闽书》	《鹤山先生大全集》卷八〇《孙和卿墓志》
	《龙坡书解》五十卷		
	《诗口义》五十卷		
	《左氏春秋事类》二十卷		
7	刘光祖《山堂疑问》一卷	《直斋书录解题》	《西山先生真文忠公文集》卷四三《刘阁学墓志铭》
8	高元之《易解》一卷	《宁波府志》	《攻愧集》卷一〇三《高端叔墓志铭》
	《诗说》一卷		
	《论语传》一卷		
9	虞刚简《易说》	《姓谱》	《鹤山先生大全集》卷三五《答丁大监黼》
10	郑文通《易学启蒙或问》	《闽书》	《复斋先生龙图陈公文集》卷二二《进士郑君墓志铭》
	《丧礼长编》三卷		
11	吴如愚《准斋易说》	《读书附志》《馆阁叙录》	《梅野集》卷一一《准斋先生吴公行状》
12	倪思《易训》三十卷、《易说》二卷	《馆阁叙录》《直斋书录解题》	《鹤山先生大全集》卷八五《显谟阁学士特赠光禄大夫倪公墓志铭》
	《昆命元龟说》一卷	《齐东野语》《四朝闻见录》	
	《中庸集义》		
	《论语义证》二十卷		
	《孟子问答》十二卷		
13	王太冲《易爻变义》	《兴化府志》	《后村先生大全集》卷一五五《礼部王郎中》

序号	作者、书名、卷（篇）数	《经义考》提要援据文献	南宋别集篇目
14	吕大圭《易经集解》	《中兴馆阁录》	《后村先生大全集》卷二一《题吕广文大圭春秋易传》
15	程大昌《书谱》二十卷	《直斋书录解题》	《庐陵周益国文忠公集》卷六二《龙图阁学士宣奉大夫赠特进程公大昌神道碑》
16	朱弁《书解》十卷	疑取自《宋史·朱弁传》	《朱熹集》卷九八《奉使直秘阁朱公行状》
17	史守道《诗略》十卷	《四川总志》	《鹤山先生大全集》卷八二《故迪功郎致仕史君孟传墓志铭》
18	李夔《礼记义》十卷	陆元辅《续经籍考》	《龟山集》卷三二《李修撰墓志铭》
19	李心传《丁丑三礼辨》二十三卷	《中兴艺文志》	《耻堂存稿》卷四《秀岩先生三礼辨后序》
20	梁观国《丧礼》十五卷	《广东通志》	《斐然集》卷二六《进士梁君墓志铭》
21	熊庆胄《三礼通义》《庸学绪言》一卷	《闽书》	《熊勿轩先生文集》卷一《熊竹谷文集跋》
22	洪皓《春秋纪咏》三十卷	程端学《春秋本义》	《盘洲文集》卷六二《先君述》
23	任续《春秋五始五礼论》五卷	无提要	《庐陵周益国文忠公集》卷三四《恭州太守任君续墓志铭》
24	郑可学《春秋博议》十卷	《闽书》	《复斋先生龙图陈公文集》卷二一《持斋先生郑公墓志铭》
25	李浃《左氏广海蒙》一卷	郑元庆曰（未知所本）	《叶适集》卷一九《太府少卿福建运判直宝谟阁李公墓志铭》
26	杨时《三经义辨》十卷	吕本中曰（未知所本）、《朱子语类》、《中兴书目》、《玉海》	《龟山集》卷二〇《答胡康侯》（九、一〇、一四）、卷二一《答萧子庄》
27	宋藻《群经滞穗》百篇	《闽书》	《后村先生大全集》卷九七《宋去华集》
28	郭忠孝《中庸说》一卷	黎立武曰（未知所本）	《刘辰翁集》卷六《郭兼山、冲晦中庸说序》
	郭雍《中庸说》一卷		

序号	作者、书名、卷（篇）数	《经义考》提要援据文献	南宋别集篇目
29	薛季宣《中庸说》一卷	《浙江通志》	《陈傅良先生文集》卷五一《右奉议郎新权发遣常州借紫薛公行状》
	《大学说》一卷	《浙江通志》	
30	吕惠卿《论语义》十卷	无提要	《鸿庆居士集》卷三〇《东平集序》
	《孝经传》一卷		
31	王绹《孝经解》五卷	卢熊《苏州府志》	《毗陵集》卷一二《资政殿大学士左光禄大夫王公墓志铭》
	《论语解》二十卷		
32	钱观复《论语解》二十卷	卢熊《苏州府志》	《苕溪集》卷五〇《宋故左朝散郎赐绯鱼袋钱君墓志铭》
33	史浩《论语口义》二十卷	《中兴书目》	《鄮峰真隐漫录》卷一七《进论语口义表》、《攻愧集》卷九三《纯诚厚德元老之碑》
34	黄榦《论语注义问答通释》十卷	《鹤山先生大全集》、《直斋书录解题》、《读书附志》	《复斋先生龙图陈公文集》卷一〇《跋〈论语集义或问通释〉》
35	章甫《孟子解义》十四卷	卢熊《苏州府志》	《龟山集》卷三五《章端叔墓志铭》
36	陈耆卿《论语记蒙》六卷	《直斋书录解题》、谢铎曰（未知所本）	《筼窗集》卷三《〈论孟纪蒙〉序》、《叶适集》卷二九《题陈寿老〈论孟纪蒙〉》
	《孟子记蒙》		
37	黄绩《四书遗说》	《闽书》	《后村先生大全集》卷一六三《黄德远（墓志铭）》
38	童伯羽《四书训解》	《闽书》	《詹元善先生遗集》卷下《童伯羽四书集成序》
39	卢孝孙《四书集义》一百卷	张萱《内阁藏书目录》、《广信府志》	《巽斋文集》卷一二《四书集义序》
40	黄榦《孝经本旨》一卷	《中兴艺文志》、陆元辅《续经籍考》	《复斋先生龙图陈公文集》卷一〇《孝经本旨序》

从上表中可以明晰地看出，朱彝尊《经义考》叙录中援据的文献除了宋集外，有相当一部分属于史传、方志、书目、笔记、类书等，这些书或出后代，

或非有针对性的专门论著，皆有其不足。略举一例，如洪皓《春秋纪咏》一书，《经义考》卷一八四据《宋史·艺文志》著录，叙录称："程端学曰：鄱阳洪皓元弼撰。"程端学为元代人，撰有《春秋本义》一书，书前"《春秋传》名氏"列有"鄱阳洪氏皓元弼《纪咏》"，此为朱彝尊叙录所本。其实，洪适《盘洲文集》卷六二《先君述》有较详细的记述："宣、政间，《春秋》之学绝，先君独穷遗经，贯穿三传。在冷山，摘褒贬微旨，作诗千篇。北人抄传诵习，欲刻板于燕，先君弗之许。"据此可知，洪皓《春秋纪咏》诸诗作于羁留金国期间。进一步考察可知，嘉定（1219—1224）中赵与时撰《宾退录》时曾得见此书，录下其中两首诗，并称赞洪皓所作乃"以经、子被之声诗者"①；景定（1260—1265）间此书书版尚存，《（景定）建康志》卷三三记载："《春秋纪咏》四百九十三版。"至于那些无叙录的著作，其详细情况更是令读者难以考索，今标注诸书的原始出处，在补充《经义考》的同时，亦可概见搜录宋集中经部佚著的意义和价值。

四、现存南宋别集中所见《经义考》遗漏之宋人经部佚著

前贤对于朱彝尊《经义考》的研究，除了归纳体例、校证疏误以外，还有续补之作。如沈廷芳《续经义考》十四卷、钱东垣《补经义考》四十卷、《续经义考》二十卷、陆茂增《经义考补遗》，以上诸书或未成，或未刊，以致散佚不传，其中沈、钱二人续补之大概内容、体例赖蒋光煦《东湖丛记》记载幸得概见②。杨果霖统计称《经义考》著录的历朝经籍中，"宋代经籍佚失最多，远远超过其他各朝，达一八七三部典籍，超过佚失典籍的四成以上"③。张宗友则以条目为统计单位得宋代佚书条目 1734 条④。其实何止此数！据笔者搜录统计，仅南宋别集中可以考知的《经义考》遗漏之宋人经部佚著至少就有 68 种。

今将查阅南宋别集时所得《经义考》遗漏之宋人经部佚著简单列表（按《易》、《书》、《诗》、《礼》、《乐》、《春秋》、群经、四书、《孝经》顺序）附录于下，以期绍续前贤之志。

---

① 《宾退录》卷二，第 25 页。
② 对上述诸家续补之作，张宗友《〈经义考〉研究》一书有考述，第 236—248 页。
③ 《朱彝尊〈经义考〉研究》，第 280 页。
④ 《〈经义考〉研究》，第 69—70 页。

序号	作者、书名、卷（册、篇）数	见载于南宋别集篇目
1	蒲慎密《易传》	《陆游集·渭南文集》卷二九《跋蒲郎中易老解》
2	吕惠卿《周易大传》	《鸿庆居士集》卷三〇《东平集序》
3	詹扑《易书》二卷	《毗陵集》卷一二《詹扑墓志铭》
4	卫阗《易说》十卷	《后乐集》卷一七《先祖考太师魏国公行状》
5	员南圭《易说》二卷	《九华集》卷二一《左奉议郎致仕员公墓志铭》
6	宋晋之《乾坤二卦讲义》一卷	《攻愧集》卷一〇九《朝散郎致仕宋君墓志铭》
7	曾益《易集议》	《缘督集》卷一八《庆长兄易集议序》
8	袁说友《择善易解》	《东塘集》卷一八《择善易解序》
9	徐蒙《易补传》十卷	《漫堂文集》卷二八《故徐府君墓志铭》
10	刘弥邵《易稿》	《后村先生大全集》卷九五《季父易稿》
11	张祥龙《大易集解》四卷	《无文印》卷五《中沙先生张公墓志铭》
12	赵越《易说》十卷	《丹阳集》卷一三《江阴赵君墓志铭》
13	黄氏失名《观物外篇详说》	《碧梧玩芳集》卷一五《跋黄君观物外篇详说》
14	刘定子《易象本旨》	《巽斋文集》卷二〇《题易象本旨后》
15	胡份《书解》三十卷	《庄简集》卷一八《靖州通判胡公墓志铭》
16	吕惠卿《尚书义》	《鸿庆居士集》卷三〇《东平集序》
17	程揆《尚书外传》五卷	《方舟集》卷一六《资州程使君墓志铭》
18	孔元忠《书纂》二卷	《漫堂文集》卷三五《故长洲开国寺丞孔公行述》
19	陈大方《书训杂录》三卷	《澹斋集》卷一七《陈履道墓志铭》
20	赵氏失名《尚书讲解》	《竹溪鬳斋十一稿续集》卷一三《赵尉尚书讲解跋》
21	宋晋之《禹贡讲义》《洪范讲义》	《攻愧集》卷一〇九《朝散郎致仕宋君墓志铭》
22	李遇《诗解》	《后村先生大全集》卷一六五《秘书少监李公（墓志铭）》
23	吕惠卿《毛诗集传》	《鸿庆居士集》卷三〇《东平集序》
24	陈大方《诗名物辨》四卷	《澹斋集》卷一七《陈履道墓志铭》
25	谢汉章《诗集传》《诗义》	《莆田黄仲元四如先生文稿》卷四《故进士谢春塘墓铭》
26	王叔子《周官说题》	《鹤林集》卷三四《王立言墓志铭》
27	吕惠卿《周礼义》	《鸿庆居士集》卷三〇《东平集序》

序号	作者、书名、卷（册、篇）数	见载于南宋别集篇目
28	徐定《礼经疑难》一卷	《叶适集》卷一二《徐德操春秋解序》
29	苏模《古礼书叙略》一卷	《鲁斋王文宪公文集》卷一三《跋苏太古书》
30	刘弥邵《深衣问辩》	《后村先生大全集》卷一五一《习静叔父（墓志铭）》
31	丁里《礼记集解》三十卷	《刘辰翁集》卷七《丁守廉墓志铭》
32	朱熹《古今家祭礼》二十卷	《朱熹集》卷八一《跋古今家祭礼》
33	韩琦《古今家祭式》一卷	《省斋集》卷九《题魏公祭式后》
34	孔元忠《祭编》五卷	《漫堂文集》卷三五《故长洲开国寺丞孔公行述》
35	胡铨《学礼编》三卷	《庐陵周益国文忠公集》卷三〇《资政殿学士赠通奉大夫胡忠简公神道碑》、《杨万里集笺校》卷一一八《宋故资政殿学士朝议大夫致仕庐陵郡开国侯食邑一千五百户食实封一百户赐紫金鱼袋赠通议大夫胡公行状》
36	张栻《三家昏丧祭礼》五卷	《张栻全集·南轩集》卷三三《跋三家昏丧祭礼》、《朱熹集》卷八三《跋三家礼范》
37	徐说、袁抃编《四家礼范》	《程端明公洺水集》卷一三《书四家礼范后》
38	章中《集礼书》	《潜斋集》卷七《章中时甫集礼书序》
39	蔡元定《燕乐本原辨证》	《攻愧集》卷五三《燕乐本原辨证序》、《清献集》卷一九《蔡元定传》
40	翁彦深《翁氏春秋解》十二卷	《斐然集》卷二六《右朝奉大夫集英殿修撰翁公神道碑》
41	程揆《春秋外传》十卷	《方舟集》卷一六《资州程使君墓志铭》
42	宋晋之《春秋十二公论》一卷	《攻愧集》卷一〇九《朝散郎致仕宋君墓志铭》
43	谢汉章《春秋分国事类》	《莆田黄仲元四如先生文稿》卷四《故进士谢春塘墓铭》
44	王叔子《春秋折衷会解》	《鹤林集》卷三四《王立言墓志铭》
45	江琦《春秋经解》三十卷	《斐然集》卷二六《左宣教郎江君墓志铭》
46	曾噩《左氏辨疑》	《复斋先生龙图陈公文集》卷二二《大理正广东运判曾君墓志铭》
47	史守道《春秋统会》十二卷	《鹤山先生大全集》卷八二《故迪功郎致仕史君孟传墓志铭》
48	杨景清《春秋发微》	《后村先生大全集》卷三三《天台杨景清以所进春秋发微示余辄题小诗其后》

序号	作者、书名、卷（册、篇）数	见载于南宋别集篇目
49	邓柔中《群经解义》五卷	《樗溪居士集》卷一二《邓司理墓志铭》
50	张浚《诗书礼解》三卷	《朱熹集》卷九五《少师保信军节度使魏国公致仕赠太保张公行状》
51	钱俣《诸经讲解》十卷	《宫教集》卷一二《福建提举钱公俣墓志》
52	晁端规《大学知归》	《庐陵周益国文忠公集》卷五五《晁氏二图序》
53	张缜《中庸辨择》	《陆游集·渭南文集》卷三一《跋张季长中庸辨择》
54	宋晋之《中庸讲义》一卷、《大学讲义》一卷	《攻媿集》卷一〇九《朝散郎致仕宋君墓志铭》
55	方公权《正通庸言》	《莆阳黄仲元四如先生文稿》卷二《跋方石岩正通庸言》
56	鲁訔《论语解》十卷	《庐陵周益国文忠公集》卷三二《直敷文阁致仕鲁公訔墓志铭》
57	卫闻《论语解》十卷	《后乐集》卷一七《先祖考太师魏国公行状》
58	林公一《论语类》五册	《蒙川遗稿》卷四《故友林道初察推墓志铭》
59	员兴宗《论语解》	《九华集》卷二二《论语解序》
60	李承之《论语说》	《朱熹集》卷八二《跋胡澹庵所作李承之论语说序》
61	孔元忠《论语抄》十卷	《漫堂文集》卷三五《故长洲开国寺丞孔公行述》
62	林汝器《论语集说》	《朱熹集》卷八四《题林汝器论语集说后》
63	赵不息《论语解》	《叶适集》卷二六《故昭庆军承宣使知大宗正事赠开府仪同三司崇国赵公行状》
64	谢正夫《论语言仁》	《秋崖集》卷三八《跋谢正夫论语言仁》
65	王与之《论语说》	《蒙斋集》卷一五《跋王次点论语说》
66	刘谊夫《孟子指要》	《缙云文集》卷四《书孟子指要后》
67	罗从彦《集二程语孟解》	《豫章文集》卷一六《题集二程语孟解卷后》
68	厉直之《孝经集注》	《刘辰翁集》卷六《孝经集注序》

以上 68 种宋人经部佚著包括《易》类 14 种、《书》类 7 种、《诗》类 4 种、《礼》类 13 种、《乐》类 1 种、《春秋》类 9 种、群经类 3 种、四书类 16 种、《孝经》类 1 种。其中作者不乏《宋史》立传之人，典型的如吕惠卿（1032—1111），字吉甫，晋江（今福建泉州）人。嘉祐二年（1057）进士，累官参知政事①。作

---

① 参见《宋史》卷四七一本传，第 13705—13709 页。

为熙宁变法期间的一名干将,吕惠卿初与王安石"论经义,意多合"①,然而王安石《三经新义》独行后,致使其《尚书义》《毛诗集传》《周礼义》三书泯没不传,二人因此互生罅隙②。《经义考》卷二一三、卷二二五仅据《宋史·艺文志》著录吕惠卿《论语义》十卷、《孝经传》一卷,今据孙觌《鸿庆居士集》卷三〇《东平集序》为之增补《周易大传》《尚书义》《毛诗集传》《周礼义》四种著述,学者可于《宋史》刻画的"奸臣"形象之外了解吕惠卿的经学造诣,丰富对他的认识。当然,如表中所列,在宋代经学发展过程中存在着更多名不见经传的地方官宦、学者,他们的论说撰述多注重阐扬大儒旨意,在学术下移、传播过程中起到了十分重要的作用。如楼钥《攻愧集》卷一〇九《朝散郎致仕宋君墓志铭》所载墓主宋晋之(1126—1211),字正卿,温州乐清(今属浙江)人。隆兴元年(1163)进士,历任地方县丞,官止信州通判。闲暇时撰成《乾坤二卦讲义》《中庸大学讲义》《禹贡洪范讲义》《春秋十二公论》诸书,启发地方士子向学之心。朱彝尊限于所见文献,遗漏此类著作甚多。总的来说,笔者所补68种只是小部分,若继此以往,扩大搜录范围,所得宋人经部佚著又当有若干个68种。在坚实的数字基础上,《宋史》作者关于宋代"辅治之臣莫不以经术为先务,学士搢绅先生,谈道德性命之学,不绝于口,岂不彬彬乎进于周之文哉"③ 的论断将更加可靠而无虚浮之感;同时,随着宋人经学著作材料的丰富、集中,亦有助于学者从更多的角度探讨宋代经学,进而构建其更完整完善的全貌。

(原载《梵净国学研究集刊》2017 年第 1 集)

---

① 《宋史》卷四七一,第 13706 页。
② 《栾城遗言》载:"吕吉甫、王子韶皆解三经并《字说》,介甫专行其说,两人所作皆废弗用,王、吕由此矛盾。"
③ 《宋史》卷二〇二《艺文一》,第 5031 页。

赵烈文《落花春雨巢日记》的文史价值

樊　昕

　　赵烈文(1832—1894)，字惠甫，亦字能静，江苏阳湖(今常州)人，少时声誉籍甚，不事举业，三应省试不中。时太平天国乱起，与族兄赵振祚(伯厚)、姊丈周腾虎(弢甫)等"讲求经世学，思以靖祸变而保乡里"。曾国藩督师江右，以币聘之，因其对战事的敏锐判断，后遂成为曾氏最为倚重的机要幕僚之一。传见闵尔昌《碑集传补》卷二十六《清故奉政大夫易州直隶州知州赵府君能静先生墓志铭》。其《能静居日记》五十四卷(咸丰八年至光绪十五年)荦荦大观，举凡平定太平天国始末、庚申之乱、时政军事、机要人物之臧否、清廷夷务操办、北方官场实态及江南地方士绅的政治文化活动与日常生活，均有详细、生动的记载，具有十分重要的史料价值，向为治晚清史事者所重视。

　　然相较于《能静居日记》，赵烈文另有《落花春雨巢日记》六册，迄今尚未整体公开①。此部日记与《能静居日记》相隔两年，为咸丰二年(1852)至咸丰六年(1856)间，记录了二十一岁至二十五岁的赵烈文的乡居生活，如最后一次赴江宁应试、太平天国兴起及与湘军在长沙、武昌、南昌等地的攻战，以及受曾国藩聘，第一次赴南康大营的始末与细节等，内容上与《能静居日记》适

---

① 较早提到这部日记，或者说知道这部日记名称的是马叙伦，其在《石屋续瀋》中记云"阳湖赵惠甫先生烈文……其《春雨巢日记》，蔚为大观，惜不得尽读"(马叙伦《石屋余瀋　石屋续瀋》，浙江古籍出版社，2018年，第338页)然其所录曾国藩评论郭嵩焘奏折及在粤声名的言论，实际上是《能静居日记》中所记，可见马氏并未读过《落花春雨巢日记》。又，罗尔纲先生编《太平天国史料汇编》，曾抄录其中涉及太平天国战事的部分，亦未窥全豹。

相衔接①，甚有裨于了解赵烈文早期的生活与思想。本文拟从日记的版本情况、史料与文学价值等方面作一初步的揭示。

一、《落花春雨巢日记》的版本情况

《落花春雨巢日记》六卷，今藏南京图书馆，有三个版本：一为赵氏手稿本，五册，开本为 24.9 cm×13.0 cm，半页版框 17.7 cm×9.4 cm，绿框，每页10 行，每行约 23 字。卷首钤有"南京图书馆善本图书""南京图书馆珍藏善本""毗陵文献徵存社"等朱文印，"惠父""延陵赵季""赵氏惠父"等白文印。起咸丰二年（1852）初七日戊午，迄咸丰六年（1856）六月二十五日庚戌，并有"七月初一日，逢方淑人讳，绝笔。至戊午五日重记，凡断二十二月"之语（此句为另两本所无）。此本系赵烈文手稿，然字迹潦草，涂抹甚多，识读不易；一为赵氏能静居钞本，一册，开本为 28.4 cm×19.2 cm，半页版框 18.8 cm×13.0 cm，黑框，每页 10 行，每行约 24 字。版心有"能静居钞"四字，无钤印。起咸丰二年正月初一日壬子，迄咸丰六年六月二十五日庚戌，字体工整，当为付抄胥所抄，且间有校改。按此本每月末有"光绪丙申五月校过""丙申六月初十日校"等字迹，再比对同藏于南图的《能静居日记》钞本，在第一册咸丰八年八月建辛酉十四日丙辰所记末有"甲辰十月依原本校勘竟，宽谨识"一条，笔迹系同一人所书，可知最开始的"光绪丙申"为 1896 年，此时赵烈文已谢世两年，"宽"即为赵氏次子赵宽（1863—1939）。此钞本为三个版本中唯一从咸丰二年正月初一日起始，且经过书手的誊录与赵宽的校改，最称完善；再一钞本，五册，开本为 22.9 cm×15.5 cm，无版框，每页 10 行，每行约 20 字，起同赵氏稿本，卷首钤"南京图书馆藏""南京图书馆珍藏善本"朱文印。迄日记册三咸丰四年十二月三十日，亦非完帙。此钞本封底有一粘条，云"贺昌群先生交来落花春雨巢日记壹册"②，可知为当时中央图书馆系所钞，抄写时间南京图书馆著录为 1952 年。

---

① 两部日记间断了两年，因系赵氏为母方荫华去世丁忧所致。《能静居日记》卷首（咸丰八年）云："余旧有日记，琐屑必登，不报笔者五载。丙辰秋，奉先淑人讳，哀辞之中，遂废楮墨，今二十二阅月矣。"

② 按：贺昌群（1903—1973），四川乐山人，著名历史学家，在中西交通史、敦煌学等方面均有建树。历任中央大学教授、南京图书馆馆长、中国科学院历史研究所第二所研究院研究员、中国科学院图书馆馆长等职。

二、《落花春雨巢日记》中的太平军史料价值

日记是一个人的微观心灵史，也是包罗作者所处时代的政治、社会经济、文化等内容的直接史料。赵烈文这部跨度四年的日记，首要的价值便在于记录下了太平天国从起义、与湘军攻战到定都天京的重要过程。众所周知，洪秀全于道光三十年（1850）在广西金田乡率拜上帝教起义，随后的三年间，太平军的锋镝席卷广西、湖南、湖北、安徽等地，最后击破清军江南大营，定都金陵，改名天京，与清廷呈分庭抗礼之势。位于江南富庶之地的常州，也在第一时间感受到了战火的硝烟。咸丰二年六月二十六日（1852 年 8 月 11 日），赵烈文阅读邸报，"知粤西贼由全州犯湖南，道州失守。邑人陈甲自广西逃归，言先时桂林被围甚急，贼于四月初五趋众北去，至初七日，城尚闭不开，伊悬缒而出。壕堑内外，白骨如山，臭不可闻。去境既远，辄觉土石皆香。又言督师奏称所获贼谍，从者皆状貌异常。又或见神灯，书'广福王字请旨加给关帝及蜀汉神将武当即广富王。封号'"。这是赵氏在日记中有关战事的第一次记录。咸丰三年正月二十九日（1853 年 3 月 8 日），长兄赵熙文持南京来信，"云贼至铜陵，为周军门天爵所破，刻下向提督扼其上游，周帅阻其下扰云云，则昨日安庆并未被兵之说不确，可知此虽非凶耗，然闻之不能无忧。闻各乡俱有阴兵之助，初至声如疾风暴雨，磷火杂沓，中复见有戈甲旗帜之象，其来自溧阳、宜兴，由西而东，每夜皆然，咏如、才叔皆目击之"，可见江南地区已感受到战争的紧张氛围。二月十一日（3 月 20 日），见抄录，始知"贼渠名太平王洪秀泉，广东花县人。东平王杨秀清，西平王萧朝贵，南平王冯云山，北平王韦正，翼王石达开"，并记正月廿九日南京战事云："贼纷纷薄城下，炮日夜不绝，挑土筑围，为久守计。四出房掠，驱年壮力强者为之作工，羸弱者令炊汲。贴伪示甚多，首称开国平满大元帅杨秀清，示语多指斥本朝。"二月二十八日（4 月 6 日），姊丈周腾虎自富安来谈战事甚详，录二则于下：

> 正月初旬，有差官至陆帅军营，口称向提军前锋和春来请陆帅至老鼠湾会剿。来文鄙俚，不类官牍，印篆亦模糊难辨。其人头戴白石顶，足穿多耳麻鞋，从兵六百，俱内裹女衣，踪迹诡异。或疑之，以告陆帅，乞察之，不听。越二日而告者益众，始下令付广济县狱。收者未至，彼兵已拔刃相向，贼援亦到，我师败绩，镇将恩长死之。陆帅与左翼领兵官王彦和

遁至东流，始觅衣冠入县署，上章自劾，而贼遂破安庆，系十七日。破池州，破太平，水陆并进，舟师蔽江。二十七日至东西梁山，水军参将周鳌将艇船七只环击，歼贼甚众，贼遂挥兵登岸，守兵先溃，艇船无援，亦遂败。二十八日抵下关，廿九日扎营城下，顿兵不攻。二月初九日，有伪檄至城中，言定于明日破城，尔等须各预备，城中大乱。初十日梯冲，并至百道进攻。十一日寅刻城破，陆帅为贼兵所杀，漕帅杨殿邦、都转刘良驹先俱奉旨协守扬州，贼将至，俱以办理粮台为辞，避至邵伯。合城负弁有力者率随往各官眷属皆居舟中，停泊僻处，廨宇为之一空。粤匪红巾战袄，往来城外，无敢致诘。良驹知事急，谋脱身计。一日与漕帅对语忽仆地，遂以疯疾卸事，即欲至家眷舟中。漕帅心知其伪，佯令避风勿出，良驹知计不行，复起视事。二十二日贼破金山防兵，焚毁寺宇，遂破京口。良驹托言巡视江口，下舟欲行。二十四日扬州陷，乃率眷遁去。

附录：湖南李君在围城中致靖江县令书

粤寇初至时，即于孝陵卫茶烟口一带扎营，每营六十人，在粤中来者为内营，各处裹胁者为外营。外营兵十名，一内营兵监之。伪军师住船上，每出巡营，坐皮包大轿，外人不得见面。有长枪、藤牌、铜炮拥护，马兵二三十人随之。孝陵卫营中二渠帅，一帅深处民房，未有人见。一帅头披金边红风帽，身穿大红袍，脚穿薄底靴，手执长刀约三十余斤。内营兵皆凶猛，脸上均带杀气，无一善相。头扎红布，身穿短衣，腰带双刀，手执长枪。外营兵亦扎红布，腰悬一牌，手持短刀，兵船多湖广划子及大小剥船，自下关至上河接次排泊。军师之船有女兵卫护，大约船上四万余人，攻城兵三万余人。所招土匪流民数亦相等，总计不下十余万人。军中有术士号三先生，善作法，能起雾及飞沙走石。又四处出示，教人送礼物。有一小旗插孝陵卫街，上书"奉令收贡"四字。凡各村庄送猪羊米面者，给与执照，上书"某村送物若干，吾等兄弟不得上门滋扰"，末书"太平天国三年日给"，送礼之后有人来抢夺者，可去彼处告状。号角一吹，各营毕至，即将抢夺之人锁住，少顷，有两人披红风帽坐公案审讯，罪轻论杖，重即杀之。一切庙宇俱毁，惟教人敬天，给人通书有闰日无闰月，按西洋各国皆如此。以三百六十六日为一年，每日下止有干支及二十八宿值日名。看此光景，的是楚粤天地会附和天主教者。前各省奏折止言长毛贼数千，岂知长毛皆其渠魁，未蓄发之羽党何止数十万。金陵围已十天，外无援兵，初八日一日夜炮声不绝，闻之寒心，用将眼见耳闻、实情实境缕陈左右，伏乞言之上宪，速请调兵救护，金陵为目前第一要著。……

前条披露了太平军先后攻破池州、太平，抵达南京的战事细节，后条则详细记载驻扎于孝陵卫的营制、行伍与装备等；四月二十日（5月27日）"闻贼分军为四，原起事之人曰右一军，裹胁精壮民人曰右二军，降贼兵勇曰左一军，所收盗贼、乞丐、狱囚曰左二军，每至一城，即令四君轮往搜掠，先右后左，四军毕而地无寸草矣"；五月初一日（6月7日）"见贼中通书，前列伪衔。首为禾乃师、赎病主①、正辅左军师东王杨，右弼又正军师西王萧，前导副军师南王冯，后护副军师北王韦，右丞相翼王石，共五人，皆不名。单月三十一日，双月三十日。又改地干丑为好，卯为荣，亥为开，本年即称癸好，三年不知何义"；九月二十五日（10月27日），游于广西按察使姚莹幕中的伍锡生来谈咸丰二年永安围攻太平军之役甚详：

广西向多盗，四处剽掠，官司莫敢捕。巡抚郑祖琛但事粉饰，亦不欲捕，以是盗益炽，羽党遍地，渐合为一，始有不轨心。元年于浔州府贵县之金甸乡起事，建城堡，拜官爵，设立伪号。有司督兵往捕，大败，遂出兵纵掠郡邑，我兵莫能撄之。嗣后赛尚阿以辅臣视师，麾下将帅勇名称著者，推乌兰泰、向荣二人，其余将佐不下千人，兵勇二十余万，粮饷充足，士气未扰。贼攻据永安州，我兵围之数重。永安险阻之地，城延广六里，南界浔梧，北连省会，城东有山曰仙回岭，岭凡三重，跌而复起，磴道曲折。西曰花城岭，猛獐所居，古无人迹。向荣率十总兵营城北，赛尚阿中军复在其后，乌兰泰率四总兵营城南。一总兵以兵数千守花城岭之内口，一总兵以兵数千守仙回岭之外隘，率去城数里，远者或数十里。坐困月余，赛惟日登将台，南望蹙额。而乌、向二帅以论功绩不相能，向故为赛所委信，晨朝帐中辄云乌畏葸赛，因以令箭命乌克期攻复，兼致诘责。乌不能平，屡移书诟，向猜嫌益甚，会叠逢严旨，促攻甚急，赛转促二帅，二帅约期进攻，以怨故期会多不信。贼守城固严，攻亦不能克。既复

---

① "禾乃师""赎病主"均为杨秀清的封号。

令诸将迭攻以疲之，贼坚定如故，往辄舆尸返而二帅不之悟，日必攻，攻必败，如是五十余日，死者数万人，兵气大沮。赛知事益绌，忧甚，或为赛言，贼之不破，皆兵少不能合围故耳。盍尽调诸军同日进击。赛然之，并撤诸隘口兵诣城下。识者忧其弃险，谏不停。时天大雨，贼果倾城突出，我军披靡，贼奔据仙回岭之第一重，整兵而退，以次立营于第二、第三重。越二日，乌、向二人始率余兵至岭下，雨益甚，士卒饥疲，向欲且止，乌不可，兵皆痛哭，不肯从。强率镇将以下偏裨百二十八员、兵三千人往，甫入而贼伏扼其归路，二帅仅以身免，将士咸死之，精锐遂尽。

按当时清军兵马尚足，士气方振，已成永安合围之势，然因赛尚阿的好急偏私以及乌兰泰、向荣的争功推诿，久攻不下，导致兵气锐减。加之战术失当，撤去守卫隘口险要之地的官兵，太平军遂得以弃城冲破防线，并于官军路途设下埋伏，大败清军，转而北上围攻桂林，随即又南下湖南，攻长沙、郴州等地。可以说，永安第一道防线的失守，是导致随后太平军一路突进，最后定都天京的重要因素，日记中所记录的前方督帅与大将的表现与细节，是关于永安之围失败的重要史料。

此外，日记还记录了太平军制的诸多名目，如火药称"红粉"，火药局门前大书"红粉重地，闲人禁入"字样（咸丰四年正月十三日）；记招贤榜（伪示）云"江南人才最多，英雄不少，或木匠，或瓦匠，或竹匠，或铜铁匠，或吹鼓手。你有那长，我便用你那长；你若无长，只可出力的了"（三月初五日）；又记"贼凡一物一事皆立一馆，而以'典'字冠之，如掌金银器皿则曰典金馆之类。馆有一总制，僚属咸备，所辖繁剧，则置丞相捡点一人。伊在贼中所隶曰典天袍，掌画天王袍。……别有典东、典北袍馆，分掌东、北二王袍。舆则有典天舆馆，亦有丞相。……官制，王以下有侯，次六官，正丞相，次丞相，次捡点，次指挥，次将军，次总制，次监军，次军帅，次师帅，次旅帅，次百长，次两司马，次五长女。馆中设官亦同，皆以湖广人妇女领之。各王府俱有典丞，宣衙亦置丞相，计所属丞相无虑数百人。捡点位亚于丞相而尊崇过之，每出皆以鼓吹导引，丞相惟刀、矛各二为卫而已。军法分前、后、左、右、中，凡四十八军，水军皆以沿途裹胁水手为之，故帆桨便利"云云（八月初十日），莫不是研究太平天国最为鲜活的细节材料。

三、《落花春雨巢日记》中的曾国藩幕府史料

作为曾国藩一生事业高峰的主要幕宾，赵烈文终身对曾执弟子礼。在《落花春雨巢日记》中，赵烈文记载了他受曾的礼聘，初次拜见曾国藩的情形。根据日记可知，赵烈文得以入幕是因其姊丈周腾虎的推荐，日记咸丰五年九月十六日（1855年10月26日）记：“弢甫有函见寄，专人同江西钦差曾帅国藩，字涤生。戈什哈徐某来，特聘金延余赴营，并择属里中同人，要共往。”随后即与龚橙（孝拱）于十月十一日（11月20日）动身赴江西①，途经苏州、嘉兴、杭州、富阳、桐庐、兰溪、衢州、常山、玉山、铅山、弋阳等地，于十二月十六日（1月23日）抵达南昌府；并于十二日瑞洪舟中先会晤郭嵩焘（筠仙），得知九江、樟树战事与南康水师的大致情况：“曾帅陆军约万六千人，岁八月，罗罗山方伯以八千人出境收鄂省，石达开率骁贼万余乘虚寇临、瑞，连陷之，省城大震，遂撤九江攻围之师四千人至省南。十一月克复樟树，遂驻军防守湖东湖口，防兵二千余人。湖西青山防兵一千余人，水师约四千人，分八营：南康亲兵一营，樟树二营，防守湖面、青山等处四营，余一营在吴城镇。”十二月二十六日（2月2日），赵烈文在南昌城外的南康大营初次谒见了曾国藩：“偕孝拱通谒大帅，少坐而退。营在府城东北三里许。……大帅，湖南长沙府湘乡县人，戊戌翰林，兵部右侍郎钦差总理军务赏穿黄马褂。”随后数日，曾国藩命初到的赵烈文参观驻扎在青山、樟树等地的湘军水陆各营。咸丰六年正月初七日（1856年2月12日），赵烈文先至青山观前、后、左三营，备录彭玉麟、李元度等营制甚详；初九日，与曾国藩、罗泽南参观湘军陆营建制：“陆营之制：营各五哨，哨各十队，队各十人，每名食口粮一钱四分。兵十人，长夫三人，营官亲兵二十四人，长夫四十人，其数与各哨正勇皆有出入。主文书、军火、器械、口粮各一人。水营战船，大者为快蟹，次长龙，三板、四板皆篷盖，左右设桨，多至二十余，柁或一或二。炮或三或五，无杂械。每舟自为一哨，三板为副哨，哨或二十人至四十人，副哨十人，每名食口粮一钱二分，营

---

① 此处赵氏日记题“江右往返日记五”，并云“乙卯孟冬，受督师侍郎曾公之聘，偕龚孝拱至豫章。丙辰仲春，辞帅返里，中途遭乱，遗弃衣物，日记一帙亦失。归后追忆得之，辄存景响，惟晴雨多不记，始乙卯十月十一日，迄丙辰四月十三日，总十八旬”，可知赴南昌曾营所记日记系回常州后所追忆。

舟多寡无定数。左营最大，凡四十余艘，亲兵营新立最少，止十余艘。营中论任不论官，有千总为营官，参游为哨官。有犯法，当跪受棍。战以包抄绕袭为成法。得地利者胜，其术得之贼。中下之伍率人人能言之，俗尚往来，一营官度岁贺正，用名刺八百余缄，缘皆同省人，亲戚故旧多之，故法不甚严峻。统领之于营官，或如友朋，哨官有受挞者，决首贯耳，盖无闻焉。"

咸丰元年正月二十八日(3月4日)，赵烈文至文案所借观历届奏稿，记咸丰四年岳州、武昌战事云：

咸丰四年，官军集长沙，贼退保岳州，筑垒为固守计。六月十三日。水师统领褚汝航率夏銮、彭玉麟自省河北上，陆师统领塔齐布帅罗泽南、周凤山等进扎新墙口。岳州南河名。二十九日，水师设伏，败贼于君山。七月初一日，岳州贼宵遁。是日大军入岳州城。初三，贼从下游来犯，败之，追至临湘，陆师亦获胜。初六日，水师复败贼。十四日，又败之。十六日，我师败绩，褚汝航、夏銮死之。十八日，陆路获胜。闰七月初二日，陆路冒雨攻贼营，贼炮不得燃，连破营十三坐，水陆贼皆遁。初三日，水师追贼至六溪口，湖口崇阳蒲圻水口入江处。进扎罗山。监利县地。廿七日，至金口。去武昌六十里。八月初二日，陆师破崇阳。十五日，进扎纸坊。去武昌六十里。廿一日，水师进攻武汉，陆师夹江翼之，大破之。廿二日，焚贼于塘角，尽毁沿岸贼垒。廿三日，贼遁，克复二城。陆师复败逃贼于洪山。九月初七日，水师头帮起椗。十三日，塔齐布率罗泽南等由南岸进发。十七日，副都统魁玉率杨昌泗等由北岸进发。廿一，南路复兴国、大冶，水师进泊道士洑。十月初一日，南路攻据半壁山。初四日破其营。十三日，水师攻破田家镇。与半壁山夹峰。断江中铁锁，火烧木牌船。是夜北岸贼遁。十四日，蕲州贼亦遁。十九日，水师退贼至九江府南路，陆兵渡江。廿八日，复广济。十一月初四日，复黄梅。十四日，水师破贼木牌于浔江。十五日，陆师进逼小池口。九江对岸。二十日，复渡至南岸，攻围九江，贼复据小池口。十二月十二日，水师精锐追贼入鄱湖，为贼卡隔断，不得出。廿五日夜，九江、小池两处陆贼招小舟入江劫水营，我师败衄。廿九日，陆师渡江，击小池口，又败贼，复上攻武汉，北岸兵遁。五年正月初二日，外江水师西上追剿，奏请内湖水师修整战船，驻孤塘等处。二月十七日，贼复陷武昌。

于此可见，咸丰四年下半年间，曾国藩所率领的湘军在岳州各条战线上与太平军展开拉锯战，双方各有败绩，但湘军已取得了初步的优势。

咸丰五年月初九日（3 月 15 日），赵烈文舟至樟树镇，与驻扎于此的水师统领彭玉麟晤谈良久；十五日回南康大营，指出周凤山所统领的"陆军营制甚懈，军气已老，恐不足恃"，这番言论引起了曾国藩的不悦，适逢赵母生病，赵烈文便向曾氏乞归，曾也就没有挽留，批准了赵烈文的回乡。就在将去之时，传来樟树湘军大败的消息，曾国藩始对这位年轻的书生刮目相待。二十三日（3 月 29 日）至曾处辞行时，赵烈文特呈守南昌城之计：

> 余以省垣三面滨河，贼上游无水师，而我军战船二百余艘守之有余，贼不能合围，且城内兵勇万众，登陴足用，贼黠甚，必舍省而东袭抚、建，绝我饷援，此可虑耳。时各军纷纷调遣周军溃散者，复不及半，谓当置之左右，别发他军守抚、建，帅以为然。先是，余从樟树归，为帅言周军不可恃，帅不然之，未数日果以败闻。帅坚问何见之决，余但以不幸而中为逊词谢之。帅时欲留守省垣，余请与登陴之役，帅曰："君以太夫人疾乞归在前，非避危殆，但请速行，家中无事望早来耳。"

在上陈了上述计策后，赵烈文便于下午启程回乡，至此，赵烈文也结束了在曾国藩幕中的第一次的经历，计 180 余天。

赵烈文之所以在晚清近代史上留名的原因之一，大概源于他多被认为是"预言大清结局"的人。同治六年（1867），太平天国平定之后，曾国藩与其幕僚评古论今，臧否人物，判断时局颇为频繁，这其中，尤以六月二十日（7 月 21 日）两人谈论清廷气数为最①。

四、《落花春雨巢日记》中的社会生活史料

在《落花春雨巢日记》中，赵烈文还记录了其在家乡常州的日常生活与个人经历。除去每天与友朋会晤、谈论时局之外，赴江宁乡试、游览苏杭各地名

---

① 同治六年六月二十日（1867 年 7 月 21 日）：初鼓后，涤师来谭。言得京中来人所说，云都门气象甚恶，明火执仗之案时出，而市肆乞丐成群，甚至妇女亦裸身无裤，民穷财尽，恐有异变，奈何？余云："天下治安，一统久矣。势必驯至分割，然主威素重，风采未树，若非抽心一烂，则土崩瓦解之局不成。以烈度之，异日之祸，必先根本颠仆，而后方州无主，人自为政，殆不出五十年矣。"师蹙额良久，曰："然则当南迁乎？"余云："恐遂陆沉，未必能效晋、宋也。"

胜、购买书籍碑帖、研记经方等成了青年赵烈文二十一岁至二十五岁人生的重要内容。咸丰二年七月二十四日（1852 年 9 月 7 日），赵烈文放舟毗陵，在途经镇江，游览金、焦二山后，入龙潭、栖霞，于二十八日（9 月 11 日）抵达金陵，其间拜会了妻子邓嘉祥（南阳君）的父亲邓尔颐（子期）族弟邓尔晋（子楚）、邓尔巽（子鱼）等人。初八日丑刻入考场，得西龙腮万字号。初九日子刻得题，对本次江宁乡试的试题作了记录：

首题：道之以政，齐之以刑，民免而无耻；道之以德，齐之以礼，有耻且格

次题：布在东方

三题：其实皆什一也。彻者彻也，助者藉也

诗题：半潭秋水一房山得居字

又：

康候用锡马蕃庶，昼日三接

锡土姓

制彼裳衣，勿士行枚

遂城虎牢襄公二年

孔子佩象环五寸

八月十五日申刻终卷，随后的几天，赵烈文与亲友方骏谧（幼静）、邓家绶（伯紫）、刘曾撰（咏如）等畅游秦淮、孝陵、鸡笼山、冶山、朝天宫等金陵名胜，归途又再游金山，二十四日抵家。

同治十一年（1872）赵烈文辞去易州知州一职，此前数年，便买地常熟虞山，筑"静圃"以安家室，并构天放楼，存藏历年宦游所得的各类珍本书籍、碑帖拓片与金石彝器，他曾自编《天放楼藏书目录》，惜不存，而《落花春雨巢日记》中则记录了赵烈文早期的购书情况与名目，如咸丰二年九月十一日（1852 年 10 月 23 日），托同乡友人刘怿（申孙）代买怀素《千字文》一帙，"此为予购石墨之始"；十八日，买得《道因碑》《争座位》《多宝塔》《中兴颂》诸帖，并以《思古斋石刻》易申孙颜平原《东方画赞》；二十九日，得《庙堂碑》及《十三行》二种，又东阳《兰亭》一种，并云"此种极良"；十月初十、十一日得《玄秘塔》《九成宫》等；咸丰四年九月十一日（1854 年 11 月 1 日），冯承熙（耕亭）来常，以宋拓《圣教序》相示，售价三十元，赵烈文"阅之爱不忍释，脱细

君头上珠易钱得之，灯下复展阅数过，喜不能寐"；十二月初一日（1855 年 1 月 18 日），于书肆见水拓《瘗鹤铭》，于耕亭处见《岳麓寺碑》，复售南阳君珠饰，得钱买之。可见当时赵烈文购书的重点集中在精拓碑帖。

另外，在究心传统经史学问以外，对于西洋学说，赵烈文也十分关注，并有自己的判断。早在咸丰二年正月十八日（1852 年 3 月 8 日），于四姊处"见《天帝宗旨论》一本，即耶稣教，其书系外洋刊印……书中大要教人敬事上帝，间能说理，率多浅近，又依傍释氏而变易之。究其意旨，复微类黄老，然于三教无不排屏者。卷首所载年月，称耶稣降世一千八百四十九年，不系国号。按天主教古称大秦教，或称袄教，唐讳丙为景，故又称景教。唐有《景教流行中国碑》，即其祖也。书言耶稣降世系中国汉哀帝二年，不知何时始入中国。彼处先止奉天主教，后更有耶稣教，西海各国因此树党攻战者几百年。至是耶稣盛行，天主不敌之矣。外国争教，每至兵连祸结，杀人盈野；吾儒汉宋、朱陆之争真雅道矣"。咸丰四年六月初三日（1854 年 6 月 27 日），观西洋人医书《全体新论》："其言人身血脉脏腑，与《同人图》大异。言男子精中有动物，形类蝌蚪，游行经宿，犹活血之色，本与水同，其中有赤轮至多，细不可辨。赤血管分新血，灌溉一身，回血管接受死血，达于肺，以接生气，无三焦、命门。另有腑名甜肉经，其语异如此。"咸丰五年正月二十一日（1855 年 8 月 3 日）访龚橙，"假英吉利书十余种"。如上种种新见异说的遐览，正可视为日后曾国藩命其办理夷务的知识基础。

此外，赵烈文自学岐黄，在后来的《能静居日记》中，多有其为亲友诊脉开方、探讨病理的记载。《落花春雨巢日记》中，已有此滥觞，咸丰五年其母病笃，赵氏便处处措意于经方药理，并记下名医毛省庵、曹青岩为其母诊疾的前后各经方多种。

五、《落花春雨巢日记》中的文学资料

作为浸淫诗书的传统文人，《落花春雨巢日记》中记载了不少赵烈文的诗词，这些诗作都是在游览或宦游之中创作的。如咸丰四年十二月游绍兴大禹陵，作《登会稽山谒禹陵》五律；九月至苏州，有《寄内》七律、《舟中口占》五律；十月自富阳陆行杭州，有途中纪游四首。咸丰五年二月太平军攻镇江，"当局无人，相与愤臆"，作《感事杂诗八首》。咸丰六年入南康大营，二月有

庐山之游，作《匡庐五首》等。

这其中，尤以八期"绿梅庵词会"的唱酬为盛事。词会自咸丰五年五月二十八日(1855年7月11日)始，迄于八月初九(9月19日)，从时间上来看，显然为消夏之举。二十八日记云："同人纠词会，才叔、稚威、听胪、咏如、吴晋英、盛隽生、徐孟祺、汤伯温及余为会友①。"八期词会采用每期分题赋咏的形式，赵烈文的词作如下：

绿梅庵词会第一期(五月三十日，7月11日)

贺新凉　咏蝉

春色归何处，记来时、夕阳村里，绿阴无数。病翼高枝飞难到，一抹凄凉谁诉。闲睡醒、满庭芳楸。水阁凉亭谁伴我，听声声依约章台路。又忽被，风吹去。　　绿杨芳草西陵渡。过征帆，向人啁唧，几多情绪。唱彻秋凉知音少，只数丝丝金缕。凭谁问、夜深零露。齐女生前休更化，恐重来风景都非故。频断续，向何许。

绿梅庵词会第二期(六月初五日，7月18日)

咏竹夫人　调寄绮罗香

睡醒匡床，清凉无汗，却忆者番相识。玉骨冰肌，似有泪痕点滴。谁怜取、瘦损亭亭，镇相伴，粉消香熄。纵幽怀、千种玲珑，相逢无语向君说。　　晓来慵对宝镜，只是伴他罗幌，梦魂沉寂。便唤青奴，能否一生怜惜。听夜雨，旧梦惊回，又秋风，新愁堆积。愿他生、只作孤筇，更无时抛掷。

绿梅庵词会第三期(六月初九日，7月22日)

咏闽兰　调倚多丽

太匆忙，落花送尽韶阳。剩幽兰、烟凝雨洗，丰姿不是寻常。画帘遮、重风犹暖，纱笼护、晓露微凉。空谷当年，晚风凄急，未妨众草共低昂。纵春色、相逢无日，应不怯秋霜。却何日、倩他纤手，栽向回廊。

试晓来、闲坐花侧，知他何处疏香。但盈眸、倡条冶叶，都疑是、浪蕊孤芳。号亦馨侯，名曾香祖，任同心未解行藏。却怜春花烂漫，更雨横风

---

① 按：词会成员，才叔即管乐，稚威即周瑄，听胪即杨传第，咏如即刘曾撰，吴晋英即吴唐林，盛隽生即盛久曤，徐孟祺即徐启荣。

狂。相看久、花如解语，合共评量。

绿梅庵词会第五期①（七月十二日，8月24日）

六州歌头　咏七夕

晚凉天气，闲卧看双星。微波近，纤云薄，到三更，转凄清。欲息欢游地，金篦撤，朱丝尽，针楼畔，秋风吟，梦魂惊。天半茫茫，银汉问何处，乌鹊桥成。但相将钿合，私语记分明，西园三屏，隔蓬瀛。　　算欢无几，愁重积，一相见，已飘零。凭谁乞，人间巧，付今生。忆边城，笳鼓从征客，曾此日，遇云轺。千载下，空含睇，望冥冥。纵使相逢天上，都惆怅、斗落参横，更秋意空庭，白露泠泠。

绿梅庵词会第六期（七月二十四日，9月5日）

长亭怨慢赠徐氏倡，社首意也

正宝镜、收敛妆歇。隐约晶帘，暗中偷瞥。薄鬓裁云，浅窝融晕，度双颊。消魂到此，难遣暗愁堆积，算一寸相思，但付与、春前啼鴃。
此日，叹相逢草草，犹有琦情千叠。幽轩细语，只难把、断肠向说。闲过尽、愁里缠绵，浑忘却、看灯时节。几盼到翠尊，双饮凭肩对月。

绿梅庵词会第七期（八月初二日，9月12日）

摸鱼儿　赋得秋雨

听声声、玉阶点滴，闲愁几许堆积。画楼灯火人初静，酿就乍凉天色。情脉脉，但陌上、疏杨又褪丝丝碧。小园径寂。更砌畔秋棠，铅华洗尽，付与谁怜惜。　　垂帘箔，怅念江南塞北，知他多少羁客。惊残好梦沉沉狂，争共乱蛩鸣咽。声未彻，算只虑、晚潮还逐征帆急。冥迷望极。却不道伤春，者般偌您，凄楚更难说。

绿梅庵词会第八期（八月初九日，9月19日）

六丑　紫薇花谢后拟周美成蔷薇谢后作

又匆匆秋色，早过了、几家池馆。惜花护花，垂垂千万卷，偏自飘零。看地衣铺径，谁裁紫锦，向砌苔低糁。比风颸水纹犹软，芳沼荷残，小山柱满。飘零更无人管。念春归时节，应自肠断。　　画楼梦短，到朝来晴暖。望碧阴如故，都凄婉。凤凰池上相伴，算而今一样，绿愁红惨。

---

① 按：第四期词会在六月二十三日，系无题《菩萨蛮》五首，赵烈文请周瑷代作，未录。

頳墙外、依然丛干。怕转眼、一树萧萧落叶，无端飘转。料西风、正是悲凉处，吹来如剪。

关于这个词会的情况，组织者吴唐林在《留云借月盦词叙》中有更进一步的披露："不佞少伏里间，壮识俊流。尝于咸丰乙卯夏日，与杨汀鹭、管才叔、赵惠甫、唐伯温辈共集八人，合成一社。粘题斗韵，刻烛倚声，即所谓云溪词社是也。……"① 日记中的绿梅庵词会，大概就是云溪词社的别名或初名。这七首词作以及词会的组织情况，对于了解咸丰时期常州地方词派的运作与创作活动，提供了一批重要的文学史料。

三、余论

以上，从版本、史学与文学价值等方面介绍了这部尚未公布的《落花春雨巢日记》的大体情况，借此可了解赵烈文青年时期的生活与经历，特别是关于太平天国运动的认识，日记从个人微观的角度予以关照，提供了更加丰富的细节史料。笔者已将此日记，连同同藏于南京图书馆的能静居钞本五十四册《能静居日记》，参以赵氏手稿本，重新标点整理，并编制人名字号索引，期为赵烈文日记提供一个全新可靠，并便于检索的文本②。

（原载《文献》2019 年第 3 期）

---

① 刘炳照《留云借月盦词》，光绪十九年刻本。冯乾编校《清词序跋汇编》第四册，凤凰出版社，2013年，第 1736 页。
② 按：《赵烈文日记》(全 6 册) 由中华书局 2020 年出版，并获全国古籍出版社百佳图书 (2020 年) 二等奖。

焦循《里堂家训》流传考论

许 勇

　　嘉庆二十五年（1820）七月二十七日，一代通儒焦循（1763—1820，字里堂、理堂，晚号里堂老人，江苏甘泉人）病逝于江都。也就是在这前三天的二十四日，焦循自知"吾之病不能起矣"，对其子焦廷琥云："汝宜绩学，子孙宜读书。惜诸孙尚未成立，然长孙授易年十四，粗习属文之法；次孙授书年十一，吾教之作文作试帖，伊亦稍稍能领会；三孙授诗尚幼，俱宜教诲之，使勿坠先业可也。"① 这是焦循的遗言，也可视作他留给儿孙的一段"家训"。在焦廷琥所撰的《先府君事略》中，记录了不少焦循教子弟的格言，有"学经之法"，有"学文之法"，有"论诗"，有"论词"，大抵为读书治学之法，以言传身教，期先业之不坠。其中"学经之法""学文之法"等亦见载于焦循所撰的《里堂家训》之中。

　　《里堂家训》现存有两种稿本，皆藏于上海图书馆。一种为手书卷子，卷首题"里堂家训"，下署"江都焦循著"，并钤"里堂"朱文印，卷中亦钤有"焦循私印""焦循手录""里堂"三枚印章。卷末有王欣夫、叶景葵、顾廷龙、潘承弼跋。此手稿当为焦循平时手录，手稿中有纪年两条，一为"嘉庆丁卯（十二年，1807）十月晦日"，一为"戊辰（十三年，1808）正月八日"。另一种为两卷本，卷首题"里堂家训卷上"，下署"江都焦循"，下钤"焦循手录"白文印。后影印收入《续修四库全书》。将两种稿本对勘可知，手书卷子实为二卷本的下卷，两者编次略有不同。

---

① （清）焦廷琥《先府君事略》，《焦氏丛书》本。

此手稿在焦循生前似已成书，但并未刊行，故而知之者甚少。阮元《通儒扬州焦君传》一文中提及焦循著述甚多，但并未提及该书。焦廷琥《先府君事略》亦有摘录《家训》中的内容，文末附有焦循著作，"《里堂家训》二卷"列在"自著未刊者"一栏。在焦循去世之后的六十余年里，《里堂家训》鲜有人提及，直到光绪十一年（1885），仪征吴丙湘刻《传砚斋丛书》，将此书收入，才广为人知。1943年，顾廷龙编印《合众图书馆丛书》时，征得《里堂家训》手书卷子两种，合并后正好与两卷本内容大致相同，故而影印出版。至此，《里堂家训》以刻本、稿本两种版本流传于世。而在《里堂家训》刊刻、影印的背后，不仅有着稿本两次"离而复合"的传奇经历，还有着两个时代的藏书家与出版人"众擎易举，各出所藏"的努力。

一、《里堂家训》的初期流传

仪征人李斗（？—1817）《扬州画舫录》卷十三"焦循"条，著录了《焦氏教子弟书》二卷，其云：

> 焦循，字里堂，北湖明经。熟于毛诗、三礼，好天文、律算之学。郑兆珏、郑伟、王准皆与之游。所著有《毛诗草木鸟兽虫鱼释》三十卷、《毛诗释地》七卷、《群经宫室图》二卷、《礼记索隐》数十卷、《焦氏教子弟书》二卷，又有《释交》《释弧》《释轮》《释椭》《乘方释例》《加减乘除释》，共二十卷，皆言算术也。①

焦循与李斗关系较为密切，焦循之妹嫁于黄文旸长子，李斗之女嫁于黄文旸次子，二人皆与黄文旸有姻亲关系。《扬州画舫录》成书于乾隆六十年（1795），书前有李斗是年十二月的自序。但实际上成书之后并未立刻刊行，此后李斗还在不断地修改，1796年焦循随阮元去往山东之前，有诗《将之济南留别艾塘即题其扬州画舫录》云："十二卷成需寄我，挑灯聊作故乡游。"可知此时的《扬州画舫录》还只是十二卷，而不是后来刊刻的十八卷。十八卷本《扬州画舫录》还有嘉庆二年（1797）阮元的序，可知此书刊刻时间当在嘉庆二年或稍后②。

---

① （清）李斗《扬州画舫录》卷十三，中华书局，1980年，第301页。
② 参史梅《〈扬州画舫录〉版本初探》，《南京大学学报（哲学·人文科学·社会科学）》2001年第5期，第90页。

此书中记载的《焦氏教子弟书》二卷，未见有他人著录或谈及。后人普遍认为此书可能即是《里堂家训》，如王欣夫云：

> 是书不载阮文达所撰《传》中，仅见李斗《扬州画舫录》云《焦氏教子弟书》二卷，不知何时两卷分散。

又如张舜徽胪列焦循著作中有《焦氏教子弟书》二卷，云："或即《家训》。"① 刘建臻在《焦循著述概说》中亦云《焦氏教子弟书》"疑为《里堂家训》"②。

从书名角度来看，《焦氏教子弟书》和《里堂家训》确实像同一本书。家训，即为教子弟书，曾国藩一生写下了数百封教子弟书，后人把它结集成《曾文正公家训》《曾国藩教子弟书》等，书名虽不同，但性质是一样的。但问题是，《家训》中的两个纪年明显晚于《扬州画舫录》的刊刻时间，如果《焦氏教子弟书》在《扬州画舫录》刊刻之前即已成书定稿，那么就不应该出现"嘉庆丁卯""戊辰"这样的时间节点。这或许能够说明，《里堂家训》的撰写是一个持续很长时间的行为，在李斗撰写《扬州画舫录》时，就已经有了二卷的雏形，直至嘉庆戊辰年（1808），焦循还在不断地修订中。

焦廷琥是最早摘引《里堂家训》的人，其在《先府君事略》中以"府君示不孝以……"的形式，摘录了多条现存于《里堂家训》中的内容。其所引文字与原稿本基本一致。由此可推知，焦廷琥是照着《里堂家训》的原稿照抄照录的。

焦循去世后，焦廷琥抱病校对、誊抄《孟子正义》，在半年后的道光元年（1821）二月病故。焦廷琥的三个儿子尚未成年，故而将焦氏遗书的整理托付给了焦循之弟焦徵。焦徵不负所托，主持刊刻了《焦氏丛书》，但焦氏遗书的刊刻，受制于资金的缺乏，并未能将焦循的著述全部刊行，相比于刊行的《孟子正义》《易学三书》《六经补疏》等九种焦循著作，《里堂家训》显得并没有那么重要。

《里堂家训》，这本私藏于焦氏家族里的教子弟书，曾在焦廷琥的视野中，一字一字地抄录到了《先府君事略》，也可能出现在李斗的视野中，化身为"焦氏教子弟书"，但在焦廷琥去世之后，似乎再也没有人注意过它。它再一次出现在人们的视野中时，已经是六十多年之后。

---

① 张舜徽《清代扬州学记》，华中师范大学出版社，2005年，第107页。
② 刘建臻《焦循著述新证》，社会科学文献出版社，2005年，第2页。

二、第一次"离而复合"

《里堂家训》二卷本的首次面世，是在吴丙湘刊刻的《传砚斋丛书》之中。《传砚斋丛书》刊刻于光绪十一年(1885)六月，其中收有焦循著述四种，分别为《邠记》六卷、《红薇翠竹词》一卷、《仲轩词》一卷、《里堂家训》二卷。《里堂家训》后有吴丙湘跋云：

> 光绪乙酉(1885)春日，同邑汪君砚山得里堂先生手书《家训》卷子，出以见视，刘君建伯见而爱之，手录副本。嗣闻皖南某氏藏有此稿，建伯借归校勘，乃知汪君所藏仅有下卷，因补录上卷，属余付刊。六月毕工。后丙湘谨识。

从吴跋中可知刊刻《里堂家训》的来龙去脉。先是汪砚山于光绪十一年春，得到了焦循手书的《家训》卷子，与吴丙湘共赏，刘建伯见到了此卷，非常喜欢，于是手录了副本。此后刘建伯又从皖南某氏借得了另一份《家训》稿本，才发现汪氏所藏只是下卷。于是刘建伯补录上卷，与下卷合并，交于吴丙湘刻入《传砚斋丛书》之中。

《里堂家训》手书卷子与稿本的出现，是在焦氏藏书散出的背景下发生的。关于焦氏藏书的散出，刘建臻在《焦循藏书》一文中说道：

> 焦循对自己的藏书爱惜有加，在小心保护和勤加题跋的同时，还在《周易兼义·记》中郑重写道："嗟乎！购一书艰难若此，子孙不知惜，或借人，甚或散失，真足痛恨，故书以告之。"可是，能承其志的焦廷琥在父亲逝世后半年就病死家中，后人不肖，加之备尝乱世苦果，焦循的藏书散失殆尽，雕菰楼也早已不复存在，就是遗址也难以找寻，令人嘘唏不已！[1]

《传砚斋丛书》共收书十种，每种书后皆有吴氏题跋。焦循另三种著述吴跋云：

> 光绪十年冬，假卞耕严肇昌传钞本校录付刊。第四卷、第五卷、第六卷乞刘樾仲家荫校字。十一年六月二十日，丙湘识于屏守山庄。(焦循《邠记》吴跋)

---

① 刘建臻《焦循藏书》，《江苏地方志》2004 年第 3 期，第 53 页。

仪征汪鋆藏本。丙湘借钞。乙酉五月十一日覆校毕记。（焦循《红薇翠竹词》吴跋）

仪征汪鋆藏本。丙湘借钞。乙酉五月十一日覆校毕记。（焦循《仲轩词》吴跋）

从吴跋可知，《邝记》一书的底本来自仪征卜肇昌钞本，《红薇翠竹词》《仲轩词》的底本来自仪征汪鋆藏本。汪鋆（1816—1890?），字砚山、研山，江苏仪征人，著有《扬州画苑录》《十二砚斋金石过眼录》《梅边吹篴词》等。在吴丙湘刊刻的四种焦循著作中，汪鋆提供了三种底本。上海图书馆藏有刘湍年抄本《仲轩词》《红薇翠竹词》，合为一册①，有江都秦更年（1885—1956）题识云："凡《红薇翠竹词》一卷，附自为笺注一卷，又《仲轩词》一卷，乃刘树君从汪砚山所藏稿本手录者。"② 可知，吴丙湘所称的"汪鋆藏本"，实际上就是焦循的稿本。结合光绪十一年春汪鋆所得到的焦循手书《家训》卷子来看，在光绪十一年前后，焦循的手稿已经从焦氏后人手中逐渐散出。

2015 年西泠印社春季拍卖会上拍了一种焦循批校本《大戴礼记》十三卷，钤有焦氏"理堂""焦循私印""半九书塾""焦氏藏书""因柳阁"藏书印。此书后经江标、盛宣怀递藏，封面有光绪八年（1882）江标题识："焦理堂先生手校《大戴礼记》十三卷二册。壬午七月下浣得于金陵市上，师许室藏。"卷末有江标跋语："右《大戴礼记》二册，朱文端藏书，本理堂先生手校者也。……光绪壬午九月，元和江标记。"又可确定在光绪八年（1882）七月时，焦氏藏书已经出现在南京的书市上。

《里堂家训》的第一次"离而复合"，是在焦氏藏书离散的大背景下发生的。正是因为焦氏藏书的散出，才导致了《里堂家训》稿本的第一次离散。

回到《里堂家训》吴丙湘跋，再看《里堂家训》的第一次复合。此跋提到了《里堂家训》的四种版本：第一种是汪鋆收藏的手书卷子，第二种是皖南某氏收藏的稿本，第三种是刘建伯的抄录本，第四种是吴丙湘据抄录本刊行的刻本。刘氏钞本与吴氏刻本正是前两种稿本"离而复合"的成果。刘建伯的钞本已不知下落。汪鋆收藏的手书卷子，后被诸仲芳获得，最后归藏于上海图书

① 参刘建臻《焦循诗文集》前言，广陵书社，2009 年，第 6 页。
② 秦更年《婴闇题跋》卷二，中华书局，2019 年，第 152 页。

馆。皖南某氏所收藏的稿本，王欣夫认为"今皖卷在高氏吹万楼"，结合现存两种稿本的情况来分析，这个说法有误。

刘建伯当时是见到了两个版本，一是汪鋆藏本，一是皖南某氏藏本。汪鋆的藏本目前我们还可以看到，卷首题"里堂家训"，下署"江都焦循著"。高氏吹万楼藏本原件不知下落，但曾影印收入《合众图书馆丛书》，仍可知此卷卷首题"里堂家训"，下无署名。如果刘建伯所见为汪鋆、高氏藏本，是很难知道汪鋆藏本仅仅是下卷的，所以刘氏所见到的皖南某氏的藏本应当是二卷本。只有看到完整的二卷本，才能够知道汪鋆藏本内容是不全的，而且知其为下卷。比照高氏藏本、二卷本稿本上卷、吴氏刻本上卷条目次序，可知吴氏刻本上卷与二卷本稿本上卷完全相同，而高氏藏本的次序则与刻本、稿本大不一样。

下表以二卷本稿本排列条目为序，对比三者排次：

条目	二卷本稿本次序	吴氏刻本次序	高氏藏本次序
儒者以治生为要	1	1	1
贫者不以货财为礼	2	2	2
子弟必使之有业	3	3	3
读书之士	4	4	4
家之不幸	5	5	5
所谓根本者	6	6	6
时文自有时文之绳尺	7	7	7
生一子必曰资质蠢	8	8	8
《癸辛杂志》云	9	9	9
《曲洧旧闻》云	10	10	10
宋朱彧《可谈》云	11	11	15
生员为人作讼证	12	12	16
萧山汪辉祖	13	13	17
《南窗纪闻》记	14	14	18
一学友训蒙为活	15	15	19
里中吴氏	16	16	20

条目	二卷本稿本次序	吴氏刻本次序	高氏藏本次序
高彦休《唐阙史》载	17	17	11
程易田《亦政录》载	18	18	12
费衮《梁溪漫志》云	19	19	13
《贵备余谈》云	20	20	14
韩昌黎言	21	21	24
《易》曰	22	22	25
《桯史》记	23	23	21
滋阳牛运震	24	24	22
人负我债	25	25	23
陆稼书先生	26	26	29
张志淳《南园漫录》云	27	27	30
阎百诗年四十四	28	28	31
许汜曰	29	29	27
田宅之买卖出入	30	30	28
弟子入孝出弟	31	31	26

从表中呈现的三者条目次序来看，吴氏刻本上卷与二卷本稿本上卷完全相同，而高氏藏本的次序则与刻本、稿本大不一样。从具体条目的内容上看，高氏藏本与刻本、稿本亦有不同，如"《癸辛杂志》云"条，刻本作：

> 《癸辛杂志》云：狗鼻畏寒，凡卧，必以尾掩其鼻，方能熟睡。或欲其夜警，则翦其尾鼻，寒无所蔽，则终夕吠警。

二卷本稿本作：

> 《癸辛杂志》云：狗鼻畏寒，凡卧，必以尾掩其鼻，方能熟睡。或欲其夜警，则剪其尾鼻，寒无所蔽，则终夕吠警。

两者除"翦""剪"书写不同外，完全一致。而高氏藏本则作：

> 狗鼻畏寒，凡卧，必以尾掩其鼻，方能熟睡。或欲其夜警，则剪其尾鼻，寒无所蔽，则终夕吠警。《癸辛杂志》

"《癸辛杂志》"并非正文的开篇文字，而是篇末的双行小字注文。

无论是从条目排序还是文字表述方面，高氏藏本都与吴氏刻本、二卷本稿本有着很大的区别。这更能证明刘建伯所见到的皖南某氏的藏本，定然不是高氏所藏的手书卷子，而是二卷本的稿本。

刘建伯既然见到了二卷本的稿本，为何不直接抄录二卷本，以付刊刻，而是在手书卷子的基础上补录上卷呢？对比二卷本稿本与汪鋆所藏手书卷子，可以发现除了手书卷子中有两条纪年而二卷本无之外，两者在条目次序与内容上几乎相同。刘建伯只要校勘一遍即可发现这个现象，因此无须再手抄二卷本的上卷。两条纪年，虽然对了解焦循的写作时间有所帮助，但是体例明显与《家训》不合，删去纪年是统一体例的要求。然而，吴氏刻本，又有二卷本稿本、手书卷子的不同之处：一、吴氏刻本中删去了稿本中的第25条，其原因不详；二、吴氏刻本将稿本中的第27、28条调到了第8条之后，此种缘由大概是第27、28条都是讲论"考据"的，与第8条讨论的对象一致。

通过版本的对比，可知《里堂家训》的第一次"复合"，所依据的底本为汪氏藏手书卷子、二卷本稿本；复合后形成的刻本，实际上并没有完全呈现底本的原貌，而是经过了刘建伯或吴丙湘的删削与调整。从文献流传角度来讲，这一次合并刊刻，无疑促进了《里堂家训》的流传，袁昶光绪十二年(1886)的日记中就有"阅江都焦里堂先生家戒，其言雅驯，委曲详尽"① 的记载。但是从文献存真角度来看，这一次的"复合"并不算成功，还有待改进的地方。

三、第二次"离而复合"

汪鋆藏《里堂家训》手书卷子、皖南某氏藏二卷本稿本，以及刘建伯的抄录本，在《里堂家训》刊刻后，犹如销声灭迹了一般，难觅踪影。直到1943年6月23日，诸仲芳带着《里堂家训》手书卷子，出现在了顾廷龙的面前。顾廷龙日记中记载了《里堂家训》两种手书卷子"离而复合"的情况，今据沈津《顾廷龙年谱》，摘录详情如下：

> 六月二十三日，诸仲芳来，嘱题焦循《里堂家训》卷。（日记）
>
> 六月二十六日，访姚光，借《田间诗集》，还《陶庐杂录》。（日记）
>
> 六月二十八日，姚光侍高燮来，见借《里堂家训》卷。晚访诸仲芳，即以此示之，并劝其集资影印。（日记）

---

① 袁昶《袁昶日记》，凤凰出版社，2018年，第661页。

七月七日，诸仲芳来，言《里堂家训》卷，其富友有印行意，属详加估计。……（日记）

七月十二日……诸仲芳来，印《里堂家训》款已取到三千九百五十元。此为先生所估计者。出资者为袁鹤松、潘炳臣、冷荣泉。（日记）

七月二十二日，跋《合刊焦里堂家训》二卷。此为《合众图书馆丛书》第十一种。……（《文集》P. 209）

七月二十三日，跋《里堂家训墨迹卷》。此卷藏诸仲芳处。是卷皆论治学之道，尤为后生所当师法。（《文集》P. 208）

七月二十九日……访诸仲芳，还《里堂家训》卷，已为加题。（日记）

是月，先生题签的《里堂家训》（清焦循撰），作为《合众图书馆丛书》第十一种，由袁鹤松、潘炳臣、冷荣泉、杨季鹿四先生捐资印行。

八月三十一日……诸仲芳来，《里堂家训》印刷费，由渠增五十元，足成四千之数。……（日记）①

此时的顾廷龙正忙于编辑出版《合众图书馆丛书》，诸仲芳带来的《里堂家训》卷，使他眼前一亮。诸仲芳此行的目的，是请顾廷龙为此卷作题跋。在这之前，王欣夫与叶景葵分别为此书作了题跋，王跋时间为"癸未春季月"，叶跋时间为"癸未五月夏至日"。癸未五月夏至日，即为 1943 年 6 月 22 日，也就是请顾廷龙作跋的前一天，可见诸仲芳求跋心切，也可见他对此卷的重视。冥冥之中，或许就有安排，王欣夫在跋中透露了高氏吹万楼藏有另一卷的信息，其云：

是书不载阮文达所撰《传》中，仅见李斗《扬州画舫录》云《焦氏教子弟书》二卷，不知何时两卷分散。此卷仍在扬，而又一卷则展转入皖，光绪时吴丙湘始钞得，合刊入《传砚斋丛书》，始有传本。今皖卷在高氏吹万楼，此卷为诸仲芳所获，余曾欲与高藏作缘合并而未果，因书其后，以识眼福。

诸仲芳也向顾廷龙讲述了高氏藏有另一卷的情况，顾廷龙在七月二十三日作的跋中说道：

一日，出《里堂家训》墨迹命题，并言虎玉所撰《事略》后附目录中有

---

① 沈津编著《顾廷龙年谱》，上海古籍出版社，2004 年，第 295—302 页。

《家训》之卷，光绪中吴丙湘始刊入《传砚斋丛书》中，今已罕觏，此即吴刻下卷也。尚有一卷藏金山高氏，未缘作合为憾。

于是有了之后顾廷龙登门拜访姚光的情况。姚光是高燮最宠爱的侄子，高燮即为吹万楼的主人。虽然在日记中顾廷龙仅仅记载了借还书的情况，但是托姚光向高燮借《里堂家训》一定是拜托了又拜托的事。因为此后的第二天，姚光就陪同高燮来了，而且还带来了《里堂家训》卷子。当晚，顾廷龙即访诸仲芳，向他展示了此卷，并强烈建议他集资影印此书。诸仲芳旋即筹备资金，七月七日，诸仲芳带来了好消息，有"富友"愿意资助出版，请顾廷龙估价。顾廷龙的估价为三千九百五十元，不久诸仲芳就筹备到了资金。《里堂家训》两个手卷的合并出版，在顾廷龙与诸仲芳的努力下，就这样一帆风顺的成功了。

相比《里堂家训》的第一次"离而复合"，第二次复合的意义更为重要，这次复合，不仅征集到了两种手书卷子，而且将两种手书卷子影印出版，极大程度上让世人看到了《里堂家训》最初的面貌。这个面貌，与经过誊抄整理的二卷本稿本不同，也与经过整理校勘后出版的刻本不同，它保存了焦循手书的原本形态，留下了焦循书写的时间印记。遗憾的是，这次复合的成果，似乎并没有被学术界所注意。近年来，焦循的著作不断地被整理出版，陈居渊主编的《雕菰楼史学五种》[1]、刘建臻整理的《焦循杂著九种》[2]，皆收入了《里堂家训》，但都以《传砚斋丛书》本为底本、上海图书馆藏二卷本稿本为校本，并没有注意到藏于上海图书馆的手书卷子，也没有注意到《合众图书馆丛书》所影印的两种手书卷子。这样的遗憾，只能留待后来的整理者去弥补了。

四、"众擎易举，各出所藏"背后的江南藏书家与出版人

《里堂家训》手稿两次"离而复合"的背后，有着一批江南藏书家与出版人的参与和努力。

吴丙湘刊刻的《里堂家训》，分别由汪鋆、皖南某氏提供了底本，由刘建伯抄录校勘，由吴丙湘校订刊刻，由江都严宽甫镌刻，由归安凌霞题签……一

---

① （清）焦循《雕菰楼史学五种》，凤凰出版社，2014 年。
② （清）焦循《焦循杂著九种》，广陵书社，2016 年。

本书籍的出版，是由很多人共同努力完成的结果。没有他们，《里堂家训》的第一次面世，不知要延后多少年。

汪鋆祖籍为安徽歙县，后随父至扬，遂定居于扬州。汪鋆并不以藏书家显名，而是得名于他的绘画、篆刻与金石研究。他著有《十二砚斋金石过眼录》，其例言云："地非爱宝，无时无出，目见一纸，亟为登之，俾使古遗翰流播无穷。"可见他的收藏主要是在金石书画之上。《殷周金文集成》收有原汪鋆旧藏的《子作鼎彝鼎》拓本①。2017 年中国嘉德秋季拍卖会上上拍了一种汪鋆旧藏的《耿勋摩崖》拓本，钤有汪氏"仪征汪砚山审定金石文字记""砚山所得金石"两方印。2010 年匡时国际上拍了伊秉绶（1754—1815）隶书"仲轩"纸本，后署"里堂先生属，弟伊秉绶"，此亦是汪鋆旧藏。

焦氏藏书品的散出，汪鋆应收获不少，目前所知，即有伊秉绶书法，焦循《里堂家训》的手书卷子，焦氏《红薇翠竹词》《仲轩词》的稿本，以及焦氏辑录的《集旧文钞》，此外南京图书馆藏焦循《孟子正义》稿本，亦为汪鋆旧藏。汪鋆的藏书并非秘不示人，他愿意与他人分享，更希望他所收藏的稀见稿本能够得到刊印的机会，他把焦循的三种稿本借给吴丙湘刊刻正体现了这一点，而在江都陈本礼《太玄阐秘》稿本上所写的题识，更能表露他的心迹：

> ……越廿余年，此稿流落于市。光绪四年三月，鋆适见之，以番蚨买归，并将另纸李序录于卷首，姑为什袭存，俟博雅慷慨君子闵而刻之，未始非阐发幽光之一事也。鋆益有厚望焉。光绪四年四月初七日仪征汪鋆谨识。②

或许在汪鋆的眼里，吴丙湘就是这样的"博雅慷慨君子"。

吴丙湘（1850—1896），字次潇，初名进泉，又字滇生，号蛰园，室名传砚斋，江苏仪征人。光绪十六年（1890）进士，官河南候补道兼袭骑都尉。光绪十一年，刊刻《传砚斋丛书》。事迹见孙葆田《河南候补道兼袭骑都尉又一等云骑尉吴君墓表》。吴丙湘刻书小而精。小是指部头小，他所刻的最大的一部书就是焦循《邗记》六卷本。精是指底本好，质量高。《传砚斋丛书》所收的十种书，采用底本都是未曾刊刻过的稿本或抄本，而且皆为江都前哲的著述，极

---

① 中国社会科学院考古研究所《殷周金文集成》，中华书局，2007 年，第 1087 页。
② （清）陈本礼《太玄阐秘》，凤凰出版社，2017 年，第 3—4 页。

有保存地方文献、传承先贤学术的价值。

扬州刻书历史悠久，可以追溯至唐，至清代空前发展，盛极一时。有清一代，扬州诗局、扬州书局、淮南书局都是知名的官书局，家刻本、坊刻本也层出不穷。吴丙湘生活在这样的环境中，受其熏陶，以藏书校书刻书为乐，并不为奇。刘声木在《苌楚斋续笔》"张之洞劝人刻书"条中说当时刻书之胜还受张之洞的影响：

> 南皮张文襄公之洞，督学四川时，所撰《𫐓轩语》中有《劝刻书说》一篇，言如歙之鲍、吴之黄、南海之吴、金山之钱，可决其五百年中必不泯灭云云。自此书出后，世人颇笃信其说。一时如张午桥观察丙炎之编刊《榕园丛书》，吴次箫观察丙湘之编刊《传砚斋丛书》……皆因张文襄公提倡一言，闻风兴起者也。①

张之洞《劝刻书说》云：

> 凡有力好事之人，若自揣德业学问，不足过人，而欲求不朽者，莫如刊布古书一法。但刻书必须不惜重费，延聘通人，甄择秘籍，详校精雕，（刻书不择佳恶，书佳而不雠校，犹糜费也。）其书终古不废，则刻书之人终古不泯，如歙之鲍，吴之黄，南海之伍，金山之钱，可决其五百年中必不泯灭，岂不胜于自著书、自刻集者乎？（假如就此录中，随举一类，刻成丛书，即亦不恶。）且刻书者，传先哲之精蕴，启后学之困蒙，亦利济之先务，积善之雅谈也。②

刻书，从个人来说可以"不朽""终古不泯"，从所刻之书来说，可以"终古不废"，从历史意义角度来说，可以"传先哲之精蕴，启后学之困蒙，亦利济之先务，积善之雅谈"。张之洞的这一番言论，几乎将刻书这一行为提升到了"经国之大业，不朽之盛事"的地位，可谓极具煽动性。

吴丙湘的刻书行为，的确如张之洞所提倡的一样，"延聘通人，甄择秘籍，详校精雕"。他所刻的《传砚斋丛书》，除了使用自身藏书、亲自校勘外，还征集到了仪征汪鋆、宛平刘氏等人藏书，邀请仁和郑琦、大城刘湘年（1821—1891）、归安凌霞题端，邀请刘建伯（1845—?）、刘樾仲兄弟校勘。正

---

① （清）刘声木《苌楚斋续笔》卷四，中华书局，1998年，第326页。
② （清）张之洞《书目答问汇补》，中华书局，2011年，第973页。

是在吴丙湘的统筹张罗下，在这些前辈与同仁的支持协助下，他所搜罗的孤本秘籍《里堂家训》等，才能在短时间内顺利刊布并流传。

顾廷龙影印出版的《里堂家训》，底本分别来自诸仲芳、高燮所藏的手书卷子。《顾廷龙年谱·人物小传》中有诸仲芳传："诸华（不详），字仲芳，江苏苏州人。壮岁游巴蜀，解组归隐，以收藏法书名画自娱，又喜集邮，与潘博山交契，曾任地方邮政局局长。"① 顾廷龙在编辑出版《合众图书馆丛书》时，诸仲芳提供底本、筹措资金，相助甚多。1989 年，顾廷龙在题《豫园雅集图》时回忆往事，仍对诸仲芳感念至深：

> 余于一九三九年秋，应叶揆初先生之招，自燕京回上海筹建私立合众图书馆，旋识仲芳先生，时承过访，纵谈古今，颇相得也。先生久客四川，任电报局长，阅历丰富，熟悉数十年往事，实皆清末民初之稗史也。既悉先生与先兄少蕚廷实公为苏州电报学堂同学，又为电信工作同事，相知较深，余即乞为家传，殁存均感。余编印《合众图书馆丛书》乏资，而馆藏有焦循、江藩手稿，亟谋流传。先生闻之，许为筹措。乃在江都知交中募集印费，遂获流通，学者至今珍之。先生好收藏书画，虽不称富，而所弄无一不精，盖别具只眼。所藏《恽南田哭王奉常诗册》，影印二百册，用广流传。……如藏家知什袭而不知流传，设有损毁，不将抱无穷之憾乎！先生之襟怀，可以讽世。②

可以说，在合众图书馆的困难时期，诸仲芳给予了顾廷龙很大的帮助。《里堂家训》能够在困难时期以影印的方式出版，也得益于诸仲芳筹措的资金。这些资金来自江都袁鹤松、潘炳臣、冷荣泉，他们都是焦循的同乡，愿意为乡邦文献的流传贡献一己之力。诸仲芳又自掏五十元，凑成四千元整交与顾廷龙。在《里堂家训》的扉页上，顾廷龙还提到了上海杨季鹿同样为此书捐赠了资金。

高燮（1978—1958），字时若，号吹万，江苏金山（今属上海市）人，是近代诗人、学者、藏书家。1912 年，高燮、姚光与柳亚子、李叔同等人，发起成立了"国学商兑会"，出版《国学丛选》。成立"国学商兑会"其目的之一为"创办一个图书馆，收藏古今书籍，刊刻世间孤本，以保存国粹"③，这不

---

① 《顾廷龙年谱》，第 945 页。
② 《顾廷龙年谱》，第 703 页。
③ 张军《高吹万与〈吹万楼文集〉》，《收藏》2010 年第 9 期，第 114 页。

正是二十多年后顾廷龙等人做的事吗？所以当顾廷龙向他提出借用《里堂家训》手书卷子时，高燮似乎不加考虑就答应了，隔天就亲自送到顾廷龙面前。

1943 年 1 月，合众图书馆创始人呈报上海市教育局立案申请一文中，对合众图书馆创办之目的与命名定义如下：

> 窃（陶遗、景葵、元济）等当昔国军西移以后，每痛倭寇侵略之深，辄念典籍为文化所系，东南实荟萃之区，因谋国故之保存，用维民族之精神，爰于中华民国二十八年五月发起筹设合众图书馆于上海，拾遗补阙，为后来之征。命名合众者，取众擎易举之义，各出所藏为创。①

众擎易举，各出所藏，造就了以刊印清代先哲未刻稿钞本为主的《合众图书馆丛书》，也造就了合众图书馆三十万古籍的收藏。而《里堂家训》这本典籍的两次出版，恰好以个案的方式，体现了晚清、民国时江南藏书家与出版人"众擎易举，各出所藏"无私合作的精神。他们在不同的时代，以同样的信念遥相呼应，"念典籍为文化所系"，依托一册册典籍，传承中国传统文化，彰显民族之精神。

（原载《中国典籍与文化》2021 年第 1 期）

---

① 《呈为设立私立合众图书馆申请立案事》，见王世伟整理《上海市私立合众图书馆发展史料二则》，载上海图书馆历史文献研究所编《历史文献》第三辑，上海科学技术文献出版社，2000 年，第 18 页。此文又被收入《张元济全集》第五卷《诗文》（商务印书馆，2008 年，第 100 页）、《叶景葵文集》（上海科学技术文献出版社，2016 年，第 132 页）。

民间视角下的历史演绎

——戏曲《打金枝》的流变

李 霏

　　在中国不少地方戏曲中均流传着一出经典剧目《打金枝》。它讲述了唐代皇室姻亲家庭里的一桩纠纷，由于各地风土人情有异，《打金枝》这出戏在晋剧、京剧、评剧、淮剧以及豫剧等剧种里的表现方式各有特色，但故事情节大体一致。该剧讲述了这样一则轶事：唐代宗时期，汾阳王郭子仪寿辰，七子八婿前去祝寿，唯三儿郭暖之妻昇平公主恃尊未往。郭暖忿极回宫，夫妻争理，怒打公主。公主入宫，向父皇哭诉委屈，郭子仪绑子上殿请罪。唐代宗念郭氏父子有功于朝，不予治罪，反将郭暖加官晋爵。汾阳王得慰，郭暖夫妻亦重归于好。

　　《打金枝》基调轻松诙谐，全剧热闹喜庆，为百姓所喜闻乐见，自清代诞生以来，常在各地村社上演，流传至今，长盛不衰。虽然地方剧目《打金枝》在清代才产生，但《打金枝》的故事却从唐末就开始流传。晚唐人赵璘在《因话录》中首次对这个故事加以记述，成为后世史家取材、文艺创作的蓝本。

一、《打金枝》本事溯源

　　戏曲虽诙谐有趣，但往往为了追求戏剧效果给史料"添油加醋"，使故事情节更加曲折丰富，那么《打金枝》的故事最初是怎样的呢？

（一）出处

最早关于《打金枝》的记载出自晚唐人赵璘所作的笔记小说《因话录》：

　　　　郭暖尝与昇平公主琴瑟不调，暖骂公主："倚乃父为天子耶？我父嫌天子不作。"公主恚啼，奔车奏之。上曰："汝不知，他父实嫌天子不作。

使不嫌，社稷岂汝家有也？”因泣下，但命公主还。尚父拘暧，自诣朝堂待罪。上召而慰之曰：“谚云：不痴不聋，不作阿家阿翁，小儿女子闺帏之言，大臣安用听。”锡赉以遣之。尚父杖暧数十而已。①

在赵璘的记载中，驸马与公主“琴瑟不调”继而产生争执，驸马郭暧口出大逆不道之言，郭子仪缚子上殿请罪，而代宗非但没有怪罪，甚至赏赐郭家，宽慰郭子仪，让公主返回婆家。《因话录》中并没有提及郭暧与公主产生争执的起因，但已有记载中的情节与戏曲中基本一致，可以视为《打金枝》的史料来源。

那么晚唐人赵璘是如何得知这些历史信息的？其笔记小说《因话录》作为史料又有几分可信度？

（二）赵璘、《因话录》与“打金枝”

赵璘是唐德宗时宰相赵宗儒（746—832）的侄孙，其母柳氏为关中贵族。《四库全书总目提要》中对《因话录》做详细考论时认为赵璘“称南阳赵氏，后徙平原”，“即德宗时宰相宗儒之从孙，而昭应尉伉之子也”，称其“家世显贵，又为西眷柳氏之外孙，能多识朝廷典故”。因此，《因话录》在史料价值上“足与史传相参”，“实多可资考证者”②。《因话录》成书于僖宗时期（873—888年），为后人提供了不少唐代的原始材料，成书之后就受到了史家、学者的青睐，用以补充正史之缺。关于赵璘的生平与《因话录》史学价值，史佳楠在《赵璘〈因话录〉研究》③中进行了详细的考证，在此我们不再赘述。总之，《因话录》中的史料十分具有参考价值。

那么具体到“郭暧尝与昇平公主琴瑟不调”这则材料，亦相当可信。赵璘生卒年不详，考察其人生轨迹，大和八年（834）进士及第，开成三年（838），博学鸿词登科，大中七年（853）为左补阙。赵璘的叔祖赵宗儒是德宗时期的宰相，生于公元746年，逝于832年。其外伯祖柳并，生卒年不详，约代宗大历（766—779）末仍然在世，曾任郭子仪帐下掌书记。根据《因话录》的记载，郭

---

① （唐）赵璘《因话录》卷一，上海古籍出版社，1979年，第70页。
② （清）纪昀《四库全书总目提要》卷一四〇《子部·小说家类一》，河北人民出版社，2000年，第3568页。
③ 史佳楠《赵璘〈因话录〉研究》，上海师范大学2010年硕士学位论文。

子仪曾向柳并咨询致祭贞懿皇后之事，对柳并非常信赖①，甚至以汾阳郡王的尊贵身份，礼事柳并之母②。可见二人关系之密切。

综合考察赵宗儒、柳并与赵璘的生卒年，可见赵璘青少年时期，赵宗儒仍然在世，距离柳并于郭子仪帐下任职也不过三四十载。出于这种家世背景，赵璘多识典故，娴于旧事。书中关于郭子仪事迹的记载多取之于家族和亲故间的逸闻轶事。可见《因话录》中包括"昇平公主和郭暧琴瑟不调"这件事在内的郭子仪家族的各种秘闻琐事也非常可信。

《因话录》中的记载基本奠定了戏曲《打金枝》的后半段情节基础，即郭暧与昇平公主争执、郭子仪缚子请罪以及代宗赏赐宽慰等主要情节。这则史料并没有讲郭暧与昇平公主争执的原因，也没有讲郭暧对昇平公主大打出手，但透露了更多的细节，比如郭暧说了在当时很"致命"的谋逆言论："倚乃父为天子邪？我父嫌天子不作！"而代宗的反应更具戏剧性，非但没有怪罪郭家，甚至直言："他父实嫌天子不作。使不嫌，社稷岂汝家有也？"论述至此，故事原貌基本还原。赵璘的记载让这则轶事得以永远地流传下来，也成为后世文史创作的蓝本。

二、正史取材：官修史书中的"打金枝"

安史之乱造成唐朝政治权力和物质资源的重组，进而在长安城催生出一众武将权贵及其家族势力，郭子仪及其家族就是其中之一。郭子仪（697—781）凭借在安禄山叛乱中的功业成为中唐极具政治影响力的朝臣，而自昇平公主下嫁郭暧，郭家一门富贵靠着皇家姻亲的关系更多了一重政治资本③。郭氏一族可称唐后期最重要的权贵之家，因此新、旧《唐书》与《资治通鉴·唐纪》等关于唐代的官修史书对郭家人事也多有记载。

（一）新、旧《唐书》中的"打金枝"人物原型

昇平公主，又称齐国昭懿公主，唐代宗嫡女，其母崔贵妃是李豫元妻，杨贵妃之姐韩国夫人之女。昇平公主降生于代宗还是广平王之时，不久安史之乱

---

① （唐）赵璘《因话录》卷一，第69页。
② （唐）赵璘《因话录》卷一，第75页。
③ 荣新江、李丹婕《郭子仪家族及其京城宅第——以新出墓志铭为中心》，《北京大学学报》2013年第50卷第4期，第17—26页。

爆发，包括广平王府上下在内的众皇族宗室追随玄宗逃亡蜀地，还在襁褓之中的昇平公主也与父母一起陷入了颠沛生涯。天宝十五年（756）马嵬驿兵变，杨贵妃一门被诛，昇平公主的母亲广平王妃崔氏一家受到牵连，崔氏由此郁郁而终。虽然昇平公主外家尽废，但她一生得到了父亲代宗、异母兄长德宗的恩宠，"恩礼冠诸主"①。

《汾阳王妻霍国夫人王氏神道碑》中提到，昇平公主在婆婆王氏逝世后"降天人之贵，从主妇之仪，手制衣衾，亲临祖载，自宫徂野，徒行号擗"②；大历末年，泾水为石碨所拥堵，百姓不能溉田，代宗下诏"撤碨以水与民"，昇平公主带头毁掉自家拥堵泾水的石碨，为诸戚表率。可见历史上的昇平公主还是十分贤明守礼的。

郭暧，是汾阳王郭子仪第六子，正室王氏所生。郭暧出身功臣之家，十多岁时娶了昇平公主，拜驸马都尉，为代宗所赏识，"恩宠冠于戚里，岁时锡赉珍玩，不可胜纪"③。建中四年（783）朱泚叛乱，逼郭暧出任官职，郭暧辞以居丧被疾，既而与公主逃到奉天，可见是有勇有谋之人。史料记载中的郭暧一生荣耀，并没有因与公主争执而口出狂言，与岳父产生嫌隙；他贤明爱才，广收诗人为门客；为人智勇，虽有父亲的功业和妻子的尊荣可倚仗，但郭子仪去世后，郭暧这一支郭氏后人依然延续了先人荣华，这与其本身的才能分不开。

郭子仪，戎马一生，功勋卓著。史书称他"再造王室，勋高一代"④，"天下以其身为安危者殆二十年"⑤。郭子仪资兼文武，忠智俱备，在险恶的官场上全功保身。郭子仪晚年多子多福，孙子多到不能尽辨的程度，在举国上下享有极高的威望声誉，享年八十四岁。正因如此，郭子仪在民间被视为福禄寿考千古一人，郭子仪拜寿的故事也常被引用为象征福寿的创作题材。《打金枝》以郭子仪寿辰为故事背景也为全剧奠定了喜剧的基调，使全剧笼罩在一片祥和的氛围之中。

代宗皇帝身逢乱世，自继位起就将平叛作为最重要的工作，而像郭子仪这

---

① （后晋）刘昫《旧唐书》卷一二〇，中华书局，2000 年，第 2359 页。
② 杨绾《汾阳王妻霍国夫人王氏神道碑》，《全唐文》卷三三一，中华书局，1982 年，第 3360 页。
③ （后晋）刘昫《旧唐书》卷一二〇，第 2357 页。
④ （后晋）刘昫《旧唐书》卷一二〇，第 2360 页。
⑤ （后晋）刘昫《旧唐书》卷一二〇，第 2355 页。

样的杰出武将无疑是当时朝政的中流砥柱，而代宗对郭家的恩泽也足以见此。代宗的人生轨迹显示出他是一位个性相当"宽仁"的君主，正是"少属乱离，老于军旅，识人间之情伪，知稼穑之艰难"①，造就了他朝政大事坚持原则，而又不拘于小节的个性。也正因如此，在驸马口出不敬之言后，代宗非但没有与功臣心生嫌隙，反而加以宽慰，一方面念及郭家功劳，另一方面也是其自身性格使然。

戏曲《打金枝》中称昇平公主为沈皇后之女是不符合史实的，关于昇平公主的出身前文已经有所探讨，那么戏曲中"沈皇后"的原型又是何人？

《新唐书·列传第二》载：

> 代宗睿真皇后沈氏，吴兴人。开元末，以良家子入东宫，太子以赐广平王，实生德宗。天宝乱，贼囚后东都掖廷。王入洛，复留宫中。时方北讨，未及归长安，而河南为史思明所没，遂失后所在。代宗立，以德宗为皇太子，诏访后在亡，不能得。②

唐开元末年，沈氏入选东宫，被赐给当时的广平王李豫，即后来的唐代宗，并于天宝元年(742)生下长子李适即后来的德宗皇帝。安史之乱爆发后，唐皇室逃亡蜀地，沈氏被留在宫中无法撤离，为叛军所掳，拘押在洛阳。肃宗至德二年(757)，广平王李豫率大军收复东都洛阳时见到了沈氏，将她安顿在洛阳宫中就继续向北讨伐叛贼。肃宗乾元二年(759)，史思明再一次攻陷洛阳，沈氏不知所踪。代宗李豫即位后开始派人多方查找，至其子德宗于永贞元年(805)去世之时，皆毫无所闻。昇平公主于永泰元年(765)嫁于郭暧，此时沈后已然不知所踪，可见《打金枝》中的皇后原型并非沈氏。

考察代宗后妃的生平，我们发现，最有可能出面调解公主与驸马矛盾的是代宗贵妃独孤氏。在崔氏去世、沈氏失踪后，独孤氏"以姝艳进，居常专夜"，在李豫登基后被册封为贵妃。独孤氏从大历初年进宫后"宠遇无双"，她去世后被追封为皇后，因其"故殡内殿"，代宗"累年不外葬"③。独孤氏去世时，昇平公主二十二岁，已经嫁到郭家多年，这与独孤皇后在宫中生活的时间大致吻合，可见公主与驸马争吵后回宫告状，出面调解的极可能就是独孤

---

① （后晋）刘昫《旧唐书》卷一一，第213页。
② （宋）欧阳修、宋祁《新唐书》卷七七，中华书局，2000年，第2865页。
③ （宋）欧阳修、宋祁《新唐书》卷七七，第2865页。

氏了，但她生前并未当过皇后。

戏曲《打金枝》中借沈氏之名号塑造了一位睿智宽容、通情达理、爱护女儿、辅佐丈夫的皇后形象，这是因为其时唐代宗并未立后，而沈氏是继任者德宗的生母，以她作为戏曲创作的人物素材也在情理之中。与此同时，戏曲《打金枝》将昇平生母崔氏、代宗宠妃独孤氏的形象嫁接到沈氏身上，使原本复杂的宫廷伦理关系简单化，更类似于普通民间的三口之家（代宗、沈皇后与昇平公主），也为之后民间亲情伦理战胜皇家君臣礼法做了铺垫，这也是《打金枝》能为百姓广泛接受并喜闻乐见的原因之一。

综上，通过考察新、旧《唐书》对《打金枝》中人物的记载，我们发现，戏曲《打金枝》中的人物形象都是基本符合历史人物原型的。戏曲《打金枝》中郭暧的形象十分耿直，深受皇帝宠爱；昇平公主也通情达理，与丈夫重归于好。在塑造代宗形象时也不吝溢美之辞，称他"好一个有道的唐天子"[1]。戏文中，史称"权倾天下而朝不忌，功盖一世而上不疑"[2] 的郭子仪，在儿子郭暧"打金枝"之后绑子上殿请罪，着重体现其功成名就之后忠于皇室、严于律己的一面，透露出忠君爱国的正统思想。可见《打金枝》的创作广泛依托于历史信息，而史料的流传给后世的文人、民间艺人提供了丰富的创作素材。

（二）司马光与"打金枝"

具体到"打金枝"的情节，新、旧《唐书》都没有提到此事。司马光在编撰《资治通鉴》时征引史料极为丰富，所引杂史诸书达数百种，也包括《因话录》，在记载郭子仪家事时关于"打金枝"有如下记载：

> 郭暧尝与昇平公主争言，暧曰："汝倚乃父为天子邪？我父薄天子不为！"公主恚，奔车奏之。上曰："此非汝所知。彼诚如是，使彼欲为天子，天下岂汝家所有邪？"慰谕令归。子仪闻之，囚暧，入待罪。上曰："鄙谚有之：不痴不聋，不作家翁。儿女子闺房之言，何足听也！"子仪归，杖暧数十。[3]

对比《资治通鉴》与《因话录》中的两则材料，可知《资治通鉴》中的记载与《因话录》内容基本相似。司马光在记述此事时，将"琴瑟不调"改为"争

---

① 《打金枝》晋剧，《剧本》1953 年第 4 期，中国戏剧出版社，第 39 页。
② （宋）欧阳修、宋祁《新唐书》卷一三七，第 3625 页。
③ （宋）司马光《资治通鉴》卷二二四唐纪四十，中华书局，2012 年，第 7313 页。

言"，去掉了《因话录》中"骂""啼""泣下"等情绪激烈的用词，删去了结尾"召而慰之""锡赍"等内容，可见正史与笔记小说叙事风格与语言用词的不同。就《资治通鉴》中所记而言，司马光认为"郭暧与昇平公主争言"之事发生过，但并没有赵璘所描述的那么夸张，代宗不怪罪郭暧失言之罪已经表现出对郭家的宽容与恩宠，在郭暧有罪在先的情况下反而"锡赍"未免有失君臣纲纪。

前面我们已经提到了赵璘的家世背景及《因话录》的史料价值，这是司马光取材《因话录》的重要原因之一；除此之外，"郭暧尝与昇平公主琴瑟不调"这则史料被司马光改动后收入《资治通鉴》与司马光本人重视人伦纲常有关。

五代十国时期君不君、臣不臣、父不父、子不子的纲常混乱给宋代士人留下了颇为深刻的阴影，他们往往秉持着正统的纲常伦理观念，司马光也不例外。

首先，他认为君主治民是符合天道的。自上而下，尊卑有分，井然有序的政治秩序是国家安定、百姓安乐的重要前提："夫民生有欲，无主则乱。是故圣人制礼以治之。自天子、诸侯至于卿、大夫、士、庶人，尊卑有分，大小有伦，若纲条之相维，臂指之相使，是以民服事其上，而下无觊觎。"① "君臣之位，犹天地之不可易也。"② 这就肯定了君主"至尊"的地位是不可撼动的。

但是，司马光强调君臣双方对彼此有政治义务，而并非臣子单方面向君主尽忠。"人君降心以接臣，人臣竭忠以事君"③，"君仁"与"臣忠"缺一不可。例如，司马迁在评价隋炀帝的佞臣裴矩时说："古人有言：君明臣直。裴矩佞于隋而忠于唐，非其性之有变也；君恶闻其过，则忠化为佞，君乐闻直言，则佞化为忠。"④ 司马光所推崇的就是这样一种和谐的"君仁臣忠"的政治观念，这种观念既符合天道人伦，又满足了现实的政治需求。

此外，司马光也是极重视家庭伦理关系的，堪称人伦之典范。《宋史·司马光传》载：

> 光孝友忠信，恭俭正直，居处有法，动作有礼。在洛时，每往夏县展

---

① （宋）司马光《资治通鉴》卷二二〇唐纪三十六，第2718页。
② （宋）司马光《资治通鉴》卷一周纪一，第1页。
③ （宋）司马光《乞延访群臣上殿札子》，《司马文正公传家集》卷三〇，商务印书馆，1937年，第405页。
④ （宋）司马光《资治通鉴》卷一九二唐纪八，第2322页。

墓，必过其兄旦，旦年将八十，奉之如严父，保之如婴儿。①

司马光将兄弟间的真挚情谊展现无遗，侍奉兄长如侍父，爱护兄长如爱子。他不仅推崇这样和谐的家庭伦理关系，自己更是将其做到了极致。

那么具体到"郭暧尝与昇平公主琴瑟不调"这则史料，郭暧身为人臣以下犯上，确实有罪在先，但他夫妻二人年岁尚小，争吵时口不择言，情有可原。代宗在处理此事时表现出了高超的政治情商，自比阿翁，宽恕了女婿郭暧，也抚慰了功臣郭子仪之心。司马光编撰《资治通鉴》为的是"以史为鉴"，给世人以启发。这则材料无疑为我们展现出了"君臣""翁婿"的和谐纲常伦理关系，其中关于郭子仪功业的探讨也反映了当时现实的政治局面，这正是司马光所推崇的，所以被收入了《资治通鉴》中。《资治通鉴》将结尾"锡赉""而已"等删去，可见司马光认为代宗在郭暧有罪在先的情况下反而封赏他不合伦常，而郭子仪在得到代宗宽恕的情况下更应该严格约束其子郭暧，是司马光强化这种纲常伦理秩序的结果。

（三）"拜舅姑"与"打金枝"

现有史料并没有告诉我们郭暧与昇平公主琴瑟不调的起因是什么，戏曲《打金枝》里郭暧因昇平公主恃贵不为父亲行祝寿礼而动手打她。从史实角度来看，这段增饰情节不足为信，但民间艺人的想象附会是符合当时风气的，唐代公主恃尊不拜舅姑确有其事。

《新唐书·列传第二十三》载太宗时：

> 子敬直，尚南平公主。是时，诸主下嫁，以帝女贵，未尝行见舅姑礼。珪曰："主上循法度，吾当受公主谒见。岂为身荣，将以成国家之美。"于是，与夫人坐堂上，主执笲盥馈乃退。其后公主降，有舅姑者备礼，本于珪。②

唐太宗时王珪之子尚南平公主，在其奏请下，太宗令公主对舅姑行礼，开创了公主以妇礼侍舅姑的先例。

《唐大诏令集》卷四十二载：

> 如闻公主出降，王妃作嫔。舅姑、父母降礼答拜，此乃子道云替，妇

---

① （元）脱脱等《宋史》卷三三六，中华书局，1999年，第8615页。
② （宋）欧阳修、宋祁《新唐书》卷九八，第3128页。

德不循。何以式序家邦，仪刑闺阃？自今以后，可明加禁断，使一依礼法。若更有以贵加于所尊者，令所司随事纠闻。①

显庆二年（657）高宗颁布诏书责备当时的公主对舅姑仍然不遵循礼法，"以贵加于所尊"，可见实际执行情况并不好。

《唐大诏令集》卷四十二载：

> 爰自近古，礼教陵替。公主郡主，法度僭差。姻族阙齿序之仪，舅姑有拜下之礼。自家刑国，有愧古人，今县主有行，将俟嘉命。俾亲执枣栗，以见舅姑。敬遵宗妇之仪，降就家人之礼。②

到了建中元年（780），昇平公主的异母兄长唐德宗又一次下诏命公主"敬尊宗妇之仪，降就家人之礼"。可见唐代出身高贵的公主们在婚姻家庭中仍然保有优越的地位，不拜舅姑也是常事。结合当时风气来看，戏曲《打金枝》中郭暧因公主不为郭子仪拜寿而对其大打出手，是非常合理的民间想象。

综上所述，戏曲《打金枝》的主要人物形象均有史实依托，昇平公主与郭暧夫妻争执也确有其事，但"郭子仪大寿，公主恃尊不往"等情节不见于史料。《资治通鉴》根据唐代笔记小说集《因话录》首次记录了郭暧夫妻相争的故事，但也仅限于口头争执，争执的原因则没有交代。综合史书中关于昇平公主、郭暧、郭子仪及代宗的记载，我们不难发现：戏曲《打金枝》是集合了各个人物的真实生活碎片于一体，如公主驸马争执、郭子仪拜寿、代宗厚待功臣等，塑造的人物形象也大体基于史实。可以说，《打金枝》是史料的艺术加工。

在整个帝制时代，官修正史是主流文化的代表，为大批读书人所熟知，其影响力是《因话录》所不及的。由于这则史料被载入《资治通鉴》，"打金枝"的故事也进入了更多文人的视野，经历了这个由"笔记小说"到"官修史书"的过程，这则轶事以《资治通鉴》为"跳板"广为流传。

三、文人著述与"打金枝"

自《因话录》与《资治通鉴》对"昇平公主与郭暧争执"之事加以记载后，宋、元、明、清历代文人在自己的文集中对此事多有提及。这些私人著作大多

---

① （宋）宋敏求《唐大诏令集》卷四二，商务印书馆，1969年，第202页。
② （宋）宋敏求《唐大诏令集》卷四二，第202页。

是类书、笔记小说、俗谚书、札记之类。随着印刷行业的兴起，这些书籍也得以更加广泛地传播，推动了"打金枝"的故事广为流传。

通过对宋以来记载"打金枝"故事相关文献的整理归纳，我们发现主要有以下几类：

题材	数量	书目
类书	3 册	《事文类聚》《群书通要》《山堂肆考》
辞书	4 册	《义府》《事物异名录》《称谓录》《释名疏证补》
谚语俗语	3 册	《六语》《古谣谚》《通俗编》
历史	6 册	《通鉴纲目》《资治通鉴补》《通鉴札记》《纲鉴会编》《靳史》《诸史异汇》
文集	2 册	《来恩堂草》《全唐诗》
笔记小说	1 册	《类说》
百科	1 册	《夜航船》
笑话集	1 册	《遣愁集》
演义小说	1 册	《隋唐演义》

李鹏的《论中国古代图书出版的热门选题》一文对古代出版业的畅销图书做了详细的梳理与总结，并认为"与文官选拔考试有关的图书""审美、娱乐、休闲类图书"以及"医卜星相及日常实用类图书"是古代图书出版业的热门选题。其中，"与文官选拔考试有关的图书"包括韵书、史书、类书和八股文；"审美、娱乐、休闲类图书"主要有诗文集、词曲、小说。而我们发现，与"打金枝"相关的文人著作正在此列①。

古代士人写文章必引经据典，需要大量的文史知识作为素材，而且古人修身入仕常"以史为鉴"，必须熟悉历史。但正史往往卷帙浩繁，难以在较短时间内读完，这样一来删繁就简、以类相从的史书就更为受欢迎，因为读者可以通过这些书籍在短期内获取必要的历史知识。《通鉴纲目》《通鉴会编》等正是此类。

唐宋进士科之盛促进了类书的发展。唐宋士人要在进士科考试中成功，除了熟悉儒家经典外，还要写好诗赋和策论，需要积累大量华美辞藻以及熟知各

---

① 李鹏《论中国古代图书出版的热门选题》，《广西社会科学》2013 年第 11 期，第 119—124 页。

类朝章典故。类书，辑录各门类或某一门类的资料，并依内容或字、韵分门别类编排供寻检、征引，这正符合了读书人参加科举考试的需要，因此十分畅销。《事文类聚》就产生于这种背景下，"两坊书市，以类书名者尚矣！曰《事物纪原》，曰《艺文类聚》，最后则《锦绣万花谷》《事文类聚》出焉，何汗牛充栋之多也"①。元代虽然科举不兴，但建阳书坊主们也刊刻了像《事文类聚》这样的类书，由此可见其受众之广。

《隋唐演义》《遣愁集》《类说》等休闲娱乐型图书一直深受读者喜爱，此类图书极具消遣功能，读者群体最为广泛。清代乾嘉时期考据大家钱大昕在其《正俗》一文中感慨："古有儒、释、道三教，自明以来，又多一教曰小说。小说演义之书，未尝自以为教也，而士大夫农工商贾无不习闻之，以至儿童妇女不识字者，亦皆闻而如见之。是其教较之儒、释、道而更广也"②。可见小说演义的影响力。

此外，与百姓生活相关的实用性图书也是古代出版行业的热门选择。《称谓录》《事物异名录》等辞书，《古谣谚》《通俗编》等谚语书以及百科类的《夜航船》都在此列。以《称谓录》为例，它收录称谓词五千余条，涉及各种亲戚关系、师友关系、上下关系、同事同僚关系以及各行各业、三教九流等，与人们的社会生活息息相关，相当具有参考价值和指导意义。

由此可见，与"打金枝"相关的文人著作大多属于古代图书出版的热门类型，其读者群体、传播范围都比较广。"昇平公主与驸马琴瑟不调"之事原本只见于晚唐人赵璘的笔记小说，经《资治通鉴》的记载，成为官修正史之史料，使其为更多的文人士子所知晓。而民间文人对这则史料广泛征引，用于类书、史学、辞书、俗语、小说等各种体裁著作的创作。由于这些著作在当时比较热门，"昇平公主与驸马琴瑟不调"之事也以这些载体为依托，有了更为广泛的群众基础。

四、民间想象：家国与君臣

在"昇平公主与驸马琴瑟不调"之事流传的初期，就蕴含了一种平民式

① （宋）谢维新《古今合璧事类备要》，《文渊阁四库全书》子部第 245 册，台湾商务印书馆，1986 年，第 2 页。
② （清）钱大昕《嘉定钱大昕全集》第九册，江苏古籍出版社，1997 年，第 272 页。

的温情。《因话录》中载代宗引谚："不痴不聋，不作阿家阿翁，小儿女子闺帏之言，大臣安用听。"一句"不痴不聋，不作阿家阿翁"将君臣之别转化为家庭关系，江山社稷之事转变为"小儿女子闺帏之言"，可见唐代宗的待人智慧。民间艺人以此为蓝本创作花部戏曲《打金枝》，展现了民间关于家国、君臣及约束皇权的想象。我们将以成型后的晋剧《打金枝》戏文为例，来分析其中蕴含的民间对于家国、君臣关系的伦理认知。

（一）降就家人之礼

所谓三纲：君为臣纲、父为子纲、夫为妻纲，这是维系中国传统社会秩序的准则。《打金枝》中的人物关系将君臣、父子、夫妻三重伦理关系交织在一起，使这个传统的"三纲"准则受到冲击，代宗与郭子仪既是君臣又是亲家，公主与驸马既是夫妻又是君臣，代宗与驸马既是翁婿又是君臣。那么《打金枝》是如何处理这种错综复杂的人伦关系的呢？一言以蔽之，"降就家人之礼"[1]。

在前文我们已经探讨过唐代公主常常不拜舅姑之事，德宗曾对此下诏，让公主"降就家人之礼"，向姑舅尽孝。《打金枝》就以此拉开了故事的序幕。郭子仪大寿，儿媳昇平公主以君之尊不愿前往为臣拜寿，驸马郭暧在父亲的寿宴上失了颜面，回宫质问公主：

今晨父王寿筵期，哥嫂拜寿在筵席。个个成双又配对，单留本宫独自己。宫中怎样嘱托你，不去拜寿是何道理？[2]

公主振振有词：

盘古至今一贯理，君拜臣来使不的！[3]

驸马不由恼火，在宫下怒打公主：

你父王江山从何起？都是我郭家赚来的！[4]

公主回宫诉苦，添油加醋说与父母听，唐王与皇后却说：

汾阳王今晨寿诞之日，你就该前去拜寿！论起国法莫要说起，论起家

---

① （宋）宋敏求《唐大诏令集》卷四二，第202页。
② 《打金枝》晋剧，第32页。
③ 《打金枝》晋剧，第32页。
④ 《打金枝》晋剧，第33页。

里，人家是你翁爹，你是人家的儿媳，应该前去拜寿，怎说拜不得？①

在这段戏文中，公主与驸马分别代表两个观点，即："先政治身份后家庭身份"与"先家庭身份后政治身份"，而代宗与皇后——权威的代表，也持驸马这一方的观点，最终推动家庭伦理身份战胜政治身份。这其实体现了一种朴素的民间立场。

在传统中国社会，统治者往往会强化政治身份以树立自己的权威，教化百姓"忠君"，皇家享有绝对至高无上的地位。在宫廷政治斗争中，亲缘关系甚至会沦为攀登政治巅峰的垫脚石，武周一朝亲属间的政治倾轧以及历代常有的夺嫡之争都可以表明这点。站在皇家的立场上，公主认为"君拜臣来使不的"并非没有道理，德宗诏命公主拜舅姑也包含了其他政治意图而并非支持亲缘关系凌驾于皇家权威之上。《打金枝》的受众大多是普通百姓，他们的伦理逻辑自然不同于统治阶级，"孝"是最基本的伦理道德。

古有"七出"之条，是在中国古代的法律、礼制和习俗中，规定夫妻离婚时所要具备的七种条件，当妻子符合其中一种条件时，丈夫及其家族便可以要求休妻。其中最首要的就是"不顺父母"。女性出嫁从夫，公婆的重要性更胜过自身父母，只要不顺从公婆就可能被休弃，在实际婚姻中，只要公婆对儿媳看不上眼，就可让儿子休妻。在这种传统氛围中，民间百姓绝对不能容忍儿媳对公婆不敬，婚前身份再尊贵也要"出嫁从夫""降就家人之礼"。这是一种十分朴实的民间伦理逻辑，《打金枝》就通过艺术想象让这种民间伦理战胜了皇家立场。这样一来，君臣关系被弱化，父子、夫妻关系增强，不论政治身份的高低都要遵循"家人"之礼，家庭生活气息也随之增加，满足了底层大众的心理期望。

（二）不痴不聋，不作家翁

国事与家事对于普通人来说泾渭分明，但当事件发生的背景是皇家，那么二者就分不开了。《打金枝》中公主与驸马原本只是发生家庭纠纷，但驸马郭暧一气之下竟口出狂言："你父王江山从何起？都是我郭家赚来的！"驸马口出逆言，既是国事，也是家事，如何处理全在皇帝一念之间。戏文中代宗对郭暧道：

----

① 《打金枝》晋剧，第34页。

少年夫妻不和睦，动不动把王江山提，论国法本该将你斩，王斩女婿我舍不得。①

又对郭子仪说：

郭暧儿年幼孩子气，夫妻们争吵是玩耍哩。自古道清官难断家务事，你何必管他们少年夫妻。②

这段戏文是根据史料中"不痴不聋，不作阿家阿翁，小儿女子闺帏之言，大臣安用听"③一段改编而来的，既体现了唐代宗宽仁的个性又体现了民间百姓的心态。郭暧的言论"你父王江山从何起？都是我郭家赚来的！"将戏剧冲突推到高潮，国事家事交织成结，此结何解？决定权在唐代宗。依国法，郭暧身为臣子说了大逆不道的言论，本该被处死；论家法，驸马夫妻争执，事出有因，不该论罪。史料中代宗引谚：不痴不聋，不作家翁。以小喻大，明智地将国事化为家事，既考虑到郭家的功劳，又念及爱女的婚姻幸福。戏曲中的代宗形象更有人情味，寄托了观众理想的审美期待，台词富有民间生活气息，倏尔拉近了与普通百姓的距离。

代宗作为统治者，他的处事立场在于维护君权，之所以不计较郭暧之罪是在于郭家为江山社稷立下了汗马功劳。郭子仪也深知这一点，事后训诫儿子道：

好一个有道唐天子，不把奴才斩首级。一来老夫功劳重，二来老夫白了须，施上一礼下殿去。郭暧儿哪听仔细，从今后争口气，再莫要宫下惹是非。④

这段戏文为我们描绘了一幅君臣和谐的场景，也是夫妻矛盾化解的关键。在人民大众的期待中，君主贤明有道，虽然宽恕女婿是为了政治大局，但能做到礼重功臣、通情达理就不失为明君。戏曲《打金枝》中，代宗反复与皇后说起郭家于社稷之功，为后来的圆满结局埋下伏笔。这种和谐的君臣关系是民间对于建功立业而受到君主礼遇的美好想象，戏曲弱化其中的政治考量，以温情的平民视角来强化"家事"这一脉络，既满足了大众的艺术期待，也掩盖了

---

① 《打金枝》晋剧，第39页。
② 《打金枝》晋剧，第39页。
③ （唐）赵璘《因话录》卷一，第70页。
④ 《打金枝》晋剧，第39页。

统治者的政治动机，符合上层阶级"美化自身决策动机"的心理。

（三）江山从何起：皇权约束

民间文艺作品中经常会有类似《打金枝》的"以下犯上"的情节，反映了人民大众渴望被平等对待的心态。古有"王子犯法，与民同罪"之语，但从来没有真正实现过，帝制时代，皇权即特权，是底层大众遥不可及的。于是，在民间文艺中产生了一种"约束皇权"的期待。

随着专制王朝的发展成熟，人民大众早已对改朝换代之事司空见惯，"君权神授""天命所归"早已不被民间认可。在百姓看来，君主坐拥江山并非由于他秉承天命，而是依靠臣子的辅佐和固守，是臣子付出智慧与血汗的结果，这就肯定了有功之臣对皇权有约束力。《打金枝》中公主回宫向代宗诉委屈：

> 他言说父王的江山从何说起，本是他郭家父子南征北战、东荡西杀，十大汗马功劳争来的！①

代宗很尴尬，虽然认为郭暧言辞不妥，却不得不承认江山是郭家争来的：

> 小小郭暧，是何道理！你夫妻们争吵，为何动不动提起父王的江山来了。可是儿啊，他说的也是。父王的江山，是他郭家父子南征北战，东荡西杀，十大汗马功劳争来的！②

为了劝慰女儿，唐王佯装要斩杀女婿郭暧，皇后赶忙劝诫：

> 莫说驸马没有罪，纵然间有罪也斩不得。况且来你坐江山谁保你，少不得郭家父子定社稷。③

公主一听要杀自己的夫君也急了：

> 你今日将驸马头首斩去，又恐怕冷淡了翁爹郭子仪，又恐怕文武官纷纷议，怕只怕说君王就把臣欺，又恐怕失去你君臣恩义，况驸马汾阳就驾杀贼他的功劳第一。④

《打金枝》中反复提到郭家父子的功劳，这是代宗宽恕郭暧的根本原因，也可以说是代宗最顾忌的因素。自古以来，常有功高盖主之臣，可见功臣往往对皇权具有一定的约束力。代宗一朝忙于平叛，郭子仪作为当朝最杰出的武将

① 《打金枝》晋剧，第35页。
② 《打金枝》晋剧，第35页。
③ 《打金枝》晋剧，第37页。
④ 《打金枝》晋剧，第37页。

绝对是股肱之臣，代宗没有怪罪郭暧是因为他深知郭暧说的是实话，江山社稷离不开郭子仪。于是，《打金枝》的结尾郭暧连升三级，并且免去与公主的君臣大礼，尊贵的金枝玉叶也不得不低头，观众在现实中无法实现的"约束皇权"的心态得到满足，继而产生欣赏乐趣。这种对皇权的约束，是广大人民群众内心长久以来的呼唤与期盼，通过艺术想象在戏曲《打金枝》中得以充分体现。

所谓天伦，泛指父子、兄弟、夫妻等亲属关系，是自然之道。所谓人伦，是指礼教所规定的君臣、父子、兄弟、夫妻、朋友及各种尊卑长幼关系。君臣关系是人伦，却不是天伦，可见其并不具备与生俱来的自然属性，那么君主至上也不具备自然的合法性。在皇权强势的时期，君主凌驾于一切社会准则之上，包括血缘亲情；在皇权衰落时，君主的特权就会受到种种限制。《打金枝》中代宗就处在唐代由盛转衰的历史时期。皇权衰落，不具备自然属性的君臣纲纪有必要让步于符合天伦的家庭伦理，于是代宗以处理家事的方式去宽慰郭家，教育女儿，让他们夫妻二人和好如初。皇帝作为整个国家的统治者有治世安民的责任，而治世之初在于教化。《打金枝》中代宗的做法正是一种教化。君臣纲纪、御臣之术都不敌平易近人的一句"不痴不聋，不做家翁"更为深入人心。这种翁婿、夫妻的家庭伦理战胜了君臣纲纪与权术，符合自然之道，符合广大人民群众"天赋"的家庭观念。

皇家与民间并非割裂的，家庭伦理是人类社会关系之根本，具有自然属性，皇室、民间都应该恪守家庭伦理纲常。"百善孝为先"，在中国传统民间社会"孝"是一切道德的前提，是至高无上的善行与美德，也是维系基层社会关系的纽带，一定程度地起到了稳定社会秩序的作用。《打金枝》中昇平公主身为媳妇不为郭子仪拜寿，不孝无疑，挑战了大众的基本伦理观念，扰乱了家庭秩序。代宗批评教育公主，封赏郭暧，维护了"孝道"之天则，即便是尊贵的公主也要遵循。这样一来，《打金枝》满足了大众"孝"为礼教之首的普遍道德观，透露出皇家与民间都要恪守"孝"之大节的信息，长幼尊卑有序的家庭伦理秩序被强化。

戏曲《打金枝》传唱至今，已成为一部内涵深厚、常演不衰的戏剧经典。在其文本流变的过程中，先后为笔记小说、官修史书以及诸多私人著作所记载，最终发展为地方戏曲的经典之作。在《打金枝》由史料发展成为戏曲的过程中，正史取材、文人著述和民间想象等几个因素起到了重要作用。与此同时，"皇家与民间的伦理冲突""家庭伦理""皇权约束"等更为深刻的思想内容也被提炼出来，推崇"长幼尊卑有序"之家庭伦理观念的内核被不断强化，表现出民间视角对史料的解读。这种庶民化的演绎方式使藏于故纸的历史信息变成了生动鲜活的民间艺术。